AF351955

Lo cotidiano en la escuela

EDITORIAL UNIVERSITARIA

ESTUDIOS

370.780983
E84e   Lo cotidiano en la escuela. 40 años de etnografía escolar
        en Chile/ Editoras Jenny Assaél Budnik,
        Andrea Valdivia Barrios.
        1a. ed. – Santiago de Chile: Universitaria, 2018.
        211 p. ; 15,5x23 cm.
        Incluye bibliografías.

        ISBN Impreso: 978-956-11-2591-9
        ISBN Digital: 978-956-11-2748-7

1. Educación – Investigación – Chile – Metodología.
2. Etnografía escolar – Chile.
3. Etnografía educativa – Chile.
4. Sociología educacional – Chile.
I. Assaél Budnik, Jenny, ed.   II. Valdivia Barrios, Andrea, ed.

Texto compuesto en tipografía *Palatino 11/13*

Se terminó de imprimir esta
PRIMERA EDICIÓN
en los talleres de Salesianos Impresores S.A.
General Gana 1486, Santiago de Chile,
en julio de 2018.

IMAGEN DE PORTADA
Gentileza *Colegio Eduardo de Geyter, Rancagua.*

DIAGRAMACIÓN
Yenny Isla Rodríguez

DISEÑO DE PORTADA
Norma Díaz San Martín

Jenny Assaél B. • Andrea Valdivia B.

Lo cotidiano en la escuela
40 años de etnografía escolar en Chile

La publicación de esta obra fue evaluada
por el Comité Editorial de Editorial Universitaria
y revisada por pares evaluadores especialistas en la materia,
propuestos por Consejeros Editoriales de las distintas disciplinas.

EDITORIAL UNIVERSITARIA

ÍNDICE

Prólogo

Elsie Rockwell[1]

Dar cuenta de una historia interdisciplinaria e intergeneracional de un campo de conocimiento no es tarea sencilla. Los autores de este volumen lo han realizado con excepcional compromiso, evidente en la consistencia con la que trazan tanto líneas de continuidad como debates dentro del campo de la etnografía educativa en Chile. Este libro refleja un enorme esfuerzo de coordinación y trabajo colectivo a través de una trayectoria de más de treinta años, digna de festejar.

Yo conocí de cerca solo los inicios de esta larga historia chilena que se enlazaba con una historia paralela en México. Una querida colega chilena, Grecia Gálvez, y yo trabajábamos en el Departamento de Investigaciones Educativas (DIE) del Centro de Investigación y de Estudios Avanzados del Instituto Politécnico Nacional (CINVESTAV) en México. En 1974, un buen día Grecia y yo, decepcionadas con la investigación experimental y las encuestas sobre los libros de texto de reciente factura, decidimos adentrarnos a la *caja negra*, como se solía referir en ese tiempo al lugar mismo en donde ocurrían los procesos educativos: el aula. Accedimos sin problema a la escuela pública más cercana y ahí nos sorprendió una compleja realidad, insospechada en las discusiones en torno a la didáctica de las ciencias naturales que sosteníamos en aquel tiempo en el DIE. Grecia aportó a esta aventura su formación en psicología histórico-cultural, y yo contaba con algún conocimiento de antropología y sociolingüística por mi trabajo anterior en educación indígena. Rápidamente dejamos de lado las hojas de palomeo de conductas en el aula y nos empezamos a formar sobre la marcha en la difícil tarea de construir 'descripciones densas' de lo que observábamos en las clases. No tuvimos otros maestros en el oficio que los pocos textos dis-

---

[1] Investigadora Emérita del Centro de Investigaciones y Estudios Avanzados (CINVESTAV) del Instituto Politécnico Nacional en México e investigadora nivel III del Sistema Nacional de Investigadores (SNI). Doctora en Ciencias en la especialidad de Investigaciones Educativas por el Departamento de Investigaciones Educativas (DIE) del CINVESTAV y Magíster en Historia por la Universidad de Chicago. Sus líneas de investigación principales son: Antropología e historia de la educación; historia de las escuelas y de la cultura escrita. Ha tenido un rol central en el desarrollo de la etnografía escolar tanto en México como en Sudamérica.

ponibles en el país en aquel tiempo: en español, Jules Henry y Philip Jackson; en inglés, Ray Rist, Fred Erickson, Eleanor Leacock, Courtney Cazden y Dell Hymes, y algunos de la escuela inglesa como Peter Woods, Sara Delamont, Ray Connell y Paul Willis.

En un contexto repleto de debates críticos sobre la educación escolar, propusimos una mirada desde abajo para dar cuenta de lo que sí ocurría en las aulas en lugar de suponer lo que pasaba o de disponer lo que debía ocurrir en ellas. Al inicio no era bien vista la etnografía en nuestro entorno científico. Tuvimos que justificar ante colegas de diversas disciplinas el fundamento epistemológico de la investigación. A finales de la década, Justa Ezpeleta y Eduardo Weiss llegaron al DIE y apoyaron esta construcción teórico-metodológica con elementos del marxismo argentino (*Pasado y Presente*) y de la hermenéutica alemana. Junto con nuestras primeras colaboradoras –Ruth Paradise, Ruth Mercado y Etelvina Sandoval, Antonia Candela, entre otros– fortalecimos una corriente de etnografía como opción legítima para conocer y comprender los procesos educativos.

En 1979 el International Development Research Center de Canadá nos invitó a acompañar la formación de investigadores en varios países sudamericanos que realizaban proyectos etnográficos bajo la atinada coordinación de Beatrice Ávalos. Se realizaron talleres y luego nació la Red Latinoamericana de Investigación Cualitativa sobre la Realidad Escolar (RINCUARE), un espacio para iniciar una reflexión latinoamericana sobre la etnografía a la luz de las experiencias regionales de educación popular, investigación - acción participativa y talleres con docentes que aportaban varios participantes (Batallán, 1998). Fue clave el grupo del PIIE (ese "pequeño oasis") –Gabriela López, Jenny Assaél y Elisa Neumann–; junto con Rodrigo Vera lanzaron dos pequeñas publicaciones mimeografiadas, la *Revista Dialogando* y los *Cuadernos de Educación,* que portaban tanto traducciones de etnógrafos angloamericanos como los avances de investigación de los propios participantes. Esas hojas reproducidas al por mayor en papel, pues no había internet, circularon por la región y tuvieron mayor impacto formativo que muchas publicaciones indizadas posteriores.

Recuerdo que al inicio del proyecto que llevó a la elaboración del libro colectivo de IDRC (Ávalos, 1986), se esperaba explorar el terreno para encontrar variables que permitieran diseñar un estudio posterior semiexperimental y comparativo sobre los factores escolares internos del fracaso escolar. No se preveía que la etnografía 'trabaja a la luz del conocimiento local', por lo cual el desenlace de cada proyecto resulta ser impredecible al inicio. Cada equipo fue construyendo su propio camino al andar, con categorías deudoras de historias previas y en diálogo con discursos que prevalecían en sus entornos inmediatos. Los cuatro estudios –de Bolivia, Chile, Colombia y Venezuela– encontraron razones del 'fracaso escolar' en las prácticas docentes, pero resultaron ser inconmensurables. No obstante, cada proyecto generó una cadena intergeneracional de grupos de investigación que se entrelazaron con otras corrientes locales, forjando nuevas maneras de mirar y de comprender la educación dentro y fuera de las aulas. Si bien había algunos referentes comunes entre los países latinoamericanos, como las teorías de 'conflicto cultural' y de 'reproducción' en boga, fueron las coyunturas locales las que moldearon cada mirada. En México, durante los años 1980, el movimiento magisterial nos orientó hacia las condiciones escolares del trabajo docente. En Chile el contexto de la dictadura y el discurso de la modernización influyeron en las temáticas y orientaciones de las primeras etnografías[2].

El grupo chileno inicial que asumió el giro hacia la etnografía trabajaba en condiciones precarias y en los márgenes del estado dictatorial que imperaba en esos años, pero con una voluntad de romper con inercias y ver más allá del horizonte, como nos relatan los autores en este libro. Los primeros etnógrafos enfrentaron desafíos metodológicos. Aprendieron que "se investiga a tiempo completo". Encontraron que el trabajo de campo genera una gran cantidad de notas y audios grabados en cintas magnéticas que luego se tienen que transcribir a máquina: ¡Qué hacer con tanto registro! Se trabajaba sin computadora, recurriendo al puro corte y pega para organizar y analizar los datos de campo. Ante el asombro de quienes preferían la comodidad y nitidez de categorías preestablecidas, emprendieron la difícil tarea de construir categorías y conceptos en diálogo con los sujetos –jóvenes, padres y docentes– en cada realidad escolar abordada. Por ello, a veces resultaban ser incomparables los estudios, y, no obstante, a lo largo de los años, se logró continuar con el diálogo, ampliar la mirada y contribuir a la comprensión de los procesos educativos dentro y fuera de las aulas.

Un aporte del presente proyecto y libro es haber descubierto las vetas históricas que han hilvanado la investigación etnográfica en Chile a lo largo de tres décadas. La investigación educativa se desarrolló a partir de los años sesenta del siglo pasado, en un contexto de políticas económicas diseñadas para contrarrestar la influencia de la revolución cubana. Adquirió una dosis significativa de pensamiento radical durante la presidencia democrática de Allende, y luego encontró refugio en las instituciones formadas bajo cobijo de la Iglesia Católica. Los primeros capítulos de la sección de *Historia* (Acuña, Assaél y Contreras) dan cuenta de la experiencia acumulada tanto en la tradición artesanal, emprendida por profesores y educadores, como por los investigadores profesionales, algunos formados en el extranjero y vinculados a la planeación de las

---

[2]   De hecho, construir un marco común para comparar realidades educativas mediante estudios etnográficos sigue siendo un reto en la actualidad (Anderson-Levitt y Rockwell, 2017).

reformas educativas. Los primeros etnógrafos se formaron en ese ambiente. Los siguientes capítulos muestran su relación complicada con la esfera política estatal, que alternaba entre financiar estudios etnográficos como componentes subordinados a estudios de indicadores nacionales, y desatender todo tipo de investigación educativa. En conjunto dan cuenta de la perseverancia con que los etnógrafos han logrado trabajar y formar nuevas generaciones a lo largo de ese periodo, remando a contracorriente en un ambiente que ha privilegiado el análisis estadístico y la evaluación cuantitativa de los docentes y los estudiantes.

La etnografía, como bien debaten los autores de este libro, es una manera particular de enfrentar el desafío de comprender y repensar múltiples aspectos del proceso educativo no solo chileno, sino también mundial. Por diversos caminos, los estudios etnográficos chilenos, como los de otros países, descubren dinámicas propias, procesos de resistencia y de contestación y una diversidad de prácticas y saberes docentes y juveniles que permean las escuelas, muy a pesar de las políticas educativas uniformes de cada época.

Los autores documentan cómo descubrían las consecuencias contradictorias de las tempranas reformas educativas neoliberales, las complejas cadenas jerárquicas de poder por las que 'bajan' a las escuelas los lineamientos, las condiciones terriblemente desiguales que reciben consignas como *calidad e inclusión*. Fue necesario reconocer que no es posible comprender lo que ocurre en las aulas sin estudiar a la vez el complejo institucional y político que las engloba y el entorno social y cultural en el que están inmersas. Aparece una creciente conciencia de la necesaria imbricación de lo que sucede en la caja negra con las estructuras institucionales y de políticas educativas (Edwards, Assaél y López, 1991), que obligaron a mirar el "caudal de relaciones de poder que soportan el problema del 'fracaso'".

Durante el periodo de la posdictadura, según Santa Cruz y Herraz, las reformas neoliberales generaron una vinculación tensa entre la etnografía y las políticas educativas. Convocados a agregar un componente 'cualitativo' a proyectos de métodos 'mixtos' solicitados por el Ministerio de Educación, los etnógrafos mostraron condiciones escolares conceptualmente invisibles para quienes diseñaban las reformas, incluyendo la fuerte desigualdad social en las escuelas. Descubrieron, en estrecha vinculación con el magisterio, las consecuencias insospechadas sobre el trabajo docente y la vida juvenil que tuvieron la municipalización y la privatización escolar de los años 1990 en Chile. Fue revelador el estudio dirigido por Verónica Edwards (Edwards *et al.*, 1995), *El liceo por dentro*, que mostraba la resistencia estudiantil ante una infantilización en el trato. Estas aportaciones tuvieron efecto en el pensamiento educativo. La experiencia también dejó cierta inquietud entre los etnógrafos, pues los tiempos políticos perentorios de estudios requeridos para tomar decisiones políticas no eran del todo compatibles con una perspectiva 'más propiamente etnográfica', que requiere, ante todo, mayor tiempo. No obstante, permitió tomar distancia de las reformas educativas; la descripción densa constituía una crítica fuerte, si bien implícita, de sus fracasos, y cuestionaba la tendencia a culpar a los 'factores externos' del bajo rendimiento escolar. Se abrieron nuevos frentes de investigación y se encontró en las escuelas procesos de generación de cultura y a la vez actos de exclusión de amplios sectores sociales. Comprender la formación ciudadana lograda en espacios escolares, por ejemplo, anticipaba los movimientos estudiantiles y magisteriales de los últimos años en Chile.

La etnografía entre los años 2005 y 2015, reseñada por Valdivia e Hidalgo, capta cierta continuidad con la impronta interdisciplinaria y la mirada crítica sobre las políticas educativas, pero también toma un giro novedoso. Ante la carencia de financiamiento, muchos estudios fueron resultado de las tesis de posgrado y su temática se extendió hacia nuevos terrenos. La idea de *cultura escolar* de los años 1980 se redefinió; el énfasis en la cultura como proceso generativo y creativo informa los estudios sobre escuelas rurales, comunidades mapuche, educación de migrantes, relaciones de género y sexualidad, y el uso juvenil de las nuevas tecnologías. El aprendizaje se conceptualizó como participación en comunidades de práctica y se liberó de la evaluación individualizada del desempeño académico. El desenlace de la educación intercultural y de políticas de inclusión ha sido contexto propicio para renovar el enfoque crítico de la etnografía. Es interesante que se note la 'sintonía' entre los temas y las "agendas de los movimientos sociales". En este contexto, una mirada distinta a la de los años 1980 muestra a los docentes como sujetos activos, ahora "agobiados y contrariados" por las políticas de rendición de cuentas y control burocrático, y que necesariamente traducen las políticas educativas en acciones heterogéneas al interior de las escuelas (Assaél, Acuña, Contreras y Grau, en este volumen).

Las tensiones entre los hallazgos de las etnografías y las políticas educativas se profundizaron. La etnografía, si bien permanecía como fracción marginal y minoritaria en la investigación educativa, pudo develar realidades que a lo largo de los años han incomodado a algunos responsables de las reformas, mostrando los "vacíos, precariedades y reduccionismos" que tenían sus percepciones de los problemas educativos.

Es un acierto de la segunda sección del volumen, Debates Actuales, mostrar las experiencias que dan cuenta de la continua vitalidad del campo. Los etnógrafos veteranos revelan trayectorias en el mundo educativo que transformaron sus miradas sobre facetas de la educación que habían estudiado hacía décadas. Las nuevas generaciones de investigadores formados en diversas disciplinas y tradiciones académicas, dentro y fuera de Chile, dan cuenta de la diversificación temática y también de la continuidad del compromiso con una perspectiva desde el mundo subalterno. Cada texto merece una respuesta, pero esa tarea rebasa este prólogo, por lo cual solo recupero algunos ejes que resuenan con mis propias inquietudes, retomando sin el debido crédito algunas palabras de los autores.

Las contribuciones ponen sobre la mesa argumentos propios que convergen con debates recientes en muchos países. Los textos clásicos nos recuerdan una y otra vez que la etnografía no es un método sino una perspectiva que afecta profundamente a los sujetos que la eligen, permea los conceptos que privilegian y moldea los textos que producen. La experiencia etnográfica forma y transforma subjetividades, como bien lo relatan los autores reunidos en este volumen. Representa a la vez la pluralidad de miradas posibles, informadas por diversas visiones dentro de la antropología cultural, por escuelas que abordan el discurso y el sentido, o bien por la comprensión sociocultural del aprendizaje y de la enseñanza como prácticas situadas. La integración de herramientas conceptuales al análisis no ha sido fácil en la etnografía. Varios autores de la sección reflexionan sobre el "fluir relacional habitual" de lo que ocurre en las aulas y la tendencia a "naturalizar lo familiar", como fenómenos que dificultan la tarea de develar lo significativo dentro de "la normalidad". Queda claro que los propios investigadores no estamos exentos de contradicciones, pues toda selección implica distinguir lo que es 'diferente' bajo el riesgo de naturalizar fronteras y avalar barreras.

Por ello, al hacer etnografía dentro de espacios escolares, como en otras localidades, ha sido cada vez más necesario 'ampliar el foco' hacia contextos mayores, para "relevar procesos complejos que vinculan prácticas sociales, representaciones y organización social" con lo que sucede en las escuelas. Tanto el encuentro con la cambiante cultura mapuche como el ingreso a la cultura digital han incidido en la función tradicional de la escuela como espacio de formación ciudadana. Al observar desde el terreno las consecuencias de las políticas educativas a múltiples niveles y los logros de los movimientos sociales (magisteriales, estudiantiles, indígenas y de género), varios autores problematizan este engarce entre lo escolar y los procesos a otras escalas de análisis. El resultado implica reformular la perspectiva antropológica para dar lugar a estudios que aborden múltiples espacialidades. En cambio, aunque varios notan que la realidad social muta y se reorganiza constantemente, extrañé la relativa ausencia de reflexión sobre las múltiples temporalidades presentes en cada localidad –lo cual requiere historizar la etnografía–, aunque esta dimensión temporal se encuentra implícita en el proyecto mismo de dar cuenta del propio quehacer durante treinta años.

Varios autores abordan otro problema central: la naturaleza y representación del conocimiento producido. Se gira la mirada hacia la propia etnografía, para considerar su "carga colonial" y sus contradictorios orígenes teóricos (como considerar las diferencias entre Geertz, Goffman y Viveiros de Castro) así como su estrecho vínculo con la normalidad académica e institucional. Algunos abordan "el dilema ético de la compleja colaboración con las personas con quienes se produce el conocimiento en la tradición etnográfica". La pasión por la etnografía lleva a observar e interpretar todo el tiempo, a no conformarse con la primera respuesta o la primera reflexión. Incluso, se nota, es necesario comprender los silencios que se producen ante las interrogaciones habituales hechas en el campo, pues también revelan misterios. Se enfrenta el problema de intentar documentar no lo diferente, sino "lo normal en la escuela", de develar como escandalosos los procesos y discursos de normalización en los cuales a veces incluso participamos los propios investigadores.

También el libro permea la reflexión sobre la dimensión institucional y profesional de la etnografía, que en Chile ha transitado de la semiclandestinidad hacia las universidades. El tiempo que requiere realizar trabajo de campo y redactar un texto etnográfico no concuerda con los tiempos institucionales de rendición de cuentas. Varios autores subrayan la dificultad de encontrar las palabras adecuadas para expresar el conocimiento etnográfico. Permanece la sensación de que mucho queda fuera de la formalidad obligada del informe oficial o los estrechos encuadres de artículos publicados en revistas arbitradas. En estas condiciones, se lucha por preservar la perspectiva fundamental al proponer estudios de 'orientación etnográfica' que quepan dentro de los marcos de financiamiento institucional.

Varios autores también asumen posiciones políticas profundas y vínculos con la praxis, dimensiones ineludibles en el trabajo etnográfico (como en toda investigación). Algunos toman partido con diversos actores y movimientos sociales subalternos, o bien se enfrentan a los efectos potenciales de su propio quehacer como etnógrafos. Otros se comprometen a buscar maneras de participar en el mundo educativo de manera consecuente con su experiencia etnográfica.

Aun con la sensación de "no haber comprendido completamente la vida que he vivido", nos dice el antropólogo italiano Leonardo Piasere (2002), el etnógrafo debe escribir; debe "grafiar" el conocimiento logrado en diálogo con otros, su comprensión de los "sentidos y significados que constituyen el mundo para los sujetos" que participan en cada estudio. El etnógrafo no representa, sabemos, la voz de los otros; él o ella es responsable por lo que decide hacer público. Esta consigna ha llevado a muchos, como el etnógrafo de Borges[3], a renunciar a la tarea de dejar rastro escrito y optar por convertir el conocimiento en una práctica pública coherente con lo aprendido en el campo, de intervenir

---

³ Borges Jorge Luis, "El etnógrafo", en *Libro de sueños*, Buenos Aires: Torres Agüero, 1976.

15

de otra manera en la educación, o bien de "educar más y mejor". Ha llevado a otros a explorar maneras colectivas y colaborativas de trabajar y de escribir, de romper con la individualización del quehacer y de evaluación académicas.

El desafío de escribir etnografías es múltiple. ¿Cómo contrarrestar la tendencia colonial heredada de solo "describir al otro"? ¿Cómo asumir la responsabilidad de escribir desde la perspectiva de otros para transformar la mirada hacia el mundo que nos envuelve a todos? ¿Cómo conservar la complejidad de descripciones densas y el conocimiento incorporado en largas estancias en los lugares y no-lugares de la investigación? ¿Cómo dar a conocer lo que se ha aprendido, cuando los canales legítimos para hacerlo público en la comunidad global requieren expresarlo en un formato ajeno y en lengua extraña?[4] ¿Cómo lograr un reconocimiento general de la calidad y novedad de la investigación etnográfica producida en la región latinoamericana?[5].

Dicho esto, felicito a todos los autores de este volumen por una aportación que sin duda será retomada y valorada por quienes compartimos la pasión por la etnografía en todo el mundo hispanohablante. Esperemos que circule este libro ampliamente, como lo logró *Dialogando* hace años, y que nos siga vinculando en una red que tenga la fuerza de contrarrestar las tendencias políticas actuales, que amenazan la construcción y socialización pública del conocimiento en nuestra región.

Referencias

Anderson-Levitt K., Rockwell E. (2017). *Comparing Ethnographies: Local Studies of Education across the Americas*. Washington D.C: American Educational Research Association.

Ávalos B. (1986). *Teaching the Children of the Poor: An Ethnographic Study in Latin America*. Ottawa: Centro Internacional de Investigaciones para el Desarrollo.

Batallán G. (1998). Appropriating ethnography for research in education. Reflections on recent efforts in Argentina and Chile. En G. Anderson y M. Montero-Sieburth, M. *Educational Qualitative Research in Latin America. The Struggle for a New Paradigm*. New York: Garland Publishing, Inc.

---

[4]   Borges Jorge Luis, "El etnógrafo", en *Libro de sueños*, Buenos Aires: Torres Agüero, 1976.

[5]   Un modelo posible es la serie que lanzaron George y Louise Spindler (New York: Holt, Rinehart and Winston) *Case Studies in Education and Culture*, que marcó el rumbo de la etnografía de la educación en Estados Unidos al publicar monografías etnográficas cortas en formato rústico pero comercial, con una extensión que permitía incluir las descripciones detalladas que requiere la etnografía. Actualmente la publicación digital permitiría incluir en ellas la palabra oral y la representación visual de la experiencia en campo.

EDWARDS V., ASSAÉL J. y LÓPEZ G. (1991). *Directores y maestros en la escuela municipalizada.* Santiago: Programa Interdisciplinario de Investigación en Educación.

EDWARDS V., CALVO C., CERDA A. M., GÓMEZ M. V. e INOSTROZA G. (1995). *El liceo por dentro: estudio etnográfico sobre prácticas de trabajo en educación media.* Santiago: Ministerio de Educación de Chile.

PIASERE L. (2002). *L'etnografo imperfetto. Esperienza e cogniciones in antropología.* Roma, Laterza.

Presentación

Andrea Valdivia y Jenny Assaél

En los últimos años el debate educativo es, sin duda, uno de los más vigorosos en el país. Pareciera que es posible observar la complejidad de la sociedad chilena desde las múltiples aristas que tiene este debate: desigualdad, segregación, derechos sociales, lucro, rol de lo público, privatización, gratuidad, agobio, malas condiciones laborales, competencia, movimientos sociales y protestas, son problemas presentes en más de una dimensión de la sociedad chilena. Por alguna razón, ha sido en el campo educacional donde se ha desplegado con fuerza en los últimos diez años un debate que va mucho más allá de lo propiamente educacional. Parafraseando a Lev Vygotsky, cuando señala que una palabra es un microcosmos de conciencia humana, es posible argumentar que el complejo mundo escolar es hoy un microcosmos de la sociedad chilena. El desafío está justamente en cómo comprendemos este microcosmos.

La etnografía ofrece ante tal desafío un modo de aproximarse a la escuela. Un modo sutil y reflexivo de acercarse al día a día escolar, formulando preguntas antes que ofreciendo respuestas; buscando aprender de dicha cotidianidad. En este proceso de aprendizaje la idea es asombrarnos una y otra vez con lo rutinario y así poder descubrir tanto lo permanente, lo validado y lo hegemónico, como las fisuras, las resistencias, los silencios, los vacíos y lo que escapa a la rutina. Este es un aprendizaje que se desencadena en un proceso conjunto gracias al estar ahí y conversar con las diversas personas que pasan tiempo importante de sus vidas en esta institución. Es a partir de estas conversaciones que se despliega un proceso de comprensión del microcosmos que siempre está atravesado por la propia experiencia subjetiva de quien decide entrar al espacio escolar. La etnografía escolar es una inmersión en la cotidianidad de este microcosmos para poder desde allí reconocer las complejidades de nuestra sociedad.

Este libro busca contribuir en la configuración de la etnografía como un campo de investigación relevante en la comprensión de la escuela. Al ser este un enfoque marginal dentro de la investigación educacional en Chile, esperamos que los artículos que se recogen aquí aporten a la discusión y reflexión sobre las potencialidades y debilidades de la etnografía escolar. Consideramos que el actual debate educativo en nuestro país precisa de las más diversas formas de aproximarse a él. Cada perspectiva de investigación permite que aquello que está en debate sea comprendido desde distintos ángulos, enriqueciendo las posibilidades de discutir sobre el fenómeno y, por ende, de comprender lo que está en juego en cada polémica. Nos parece central reconocer otras formas de producir conocimiento sobre los fenómenos educativos, en este caso, una que requiere tiempos y procesos que no siempre siguen los ritmos de la discusión pública, pero que, por lo mismo, puede producir otro tipo de análisis e interpretaciones de los problemas educativos: descripciones densas, nos gusta decir. Este tipo de investigación, creemos, le aporta densidad al debate educacional, justamente porque no se trata de reemplazar o hacer competir perspectivas, sino de aumentar las posibilidades de aprehender la complejidad de un fenómeno social, en este caso la cotidianidad escolar.

Este polifónico libro ha sido fruto del trabajo de quince investigadoras e investigadores. El equipo que ha coordinado el proyecto está compuesto por Jenny Assaél, Andrea Valdivia, Felipe Acuña, Paulina Contreras, Eduardo Santa Cruz, Pablo Herraz, Felipe Hidalgo y José Isla. Esta diversidad de manos ha permitido un trabajo colaborativo y dialógico de suma relevancia para dar los primeros pasos en la dirección enunciada en el párrafo anterior: en el proceso mismo de elaboración de este libro hemos generado vínculos, puentes y redes entre un conjunto de investigadores e investigadoras que consideran a la etnografía como un enfoque privilegiado en la comprensión del microcosmos escolar. Al equipo responsable del proyecto se sumaron Carlos Calvo, Ramiro Catalán, Sofía Duker, Nolfa Ibáñez, Minka Herrera, Laura Luna, Claudia Matus y Carolina Rojas. Todos en conjunto han participado en este proceso de escritura colectiva.

Hemos organizado el libro en dos grandes secciones: Historia de la etnografía escolar y Debates actuales. Cada sección cuenta con una breve introducción donde narramos los procedimientos con que se elaboró la sección y algunos elementos que nos parece relevante destacar para orientar la lectura. Si bien cada sección fue un proyecto en sí mismo, una de las motivaciones fuertes de este libro es tender puentes entre la fragmentada historia de la etnografía escolar en el país y los debates actuales de quienes utilizan este enfoque de investigación para aproximarse a las escuelas. En este sentido, este libro busca ser un primer puente entre una historia reconstruida y un presente en construcción. Esperamos que esta recopilación de artículos ofrezca una materialidad desde donde un sinnúmero de nuevas relaciones entre el pasado y el presente puedan ver la luz.

Finalmente, nos gustaría agradecer a Felipe Acuña Ruz y Felipe Hidalgo Kawada, quienes contribuyeron al trabajo de edición final que da forma a este manuscrito; a María Rosa Neufeld, destacada antropóloga educativa argentina, quien aportó comentarios enriquecedores a este trabajo en el seminario Etnografía Escolar en Chile realizado en la Universidad de Chile en agosto de 2016. Por último, debemos agradecer el apoyo y financiamiento tanto de CONICYT, a través de los Proyectos FONDECYT N° 1160445 y N° 11130640, y del Proyecto Basal FB0003 del Programa de Investigación Asociativa, como de la Universidad de Chile a través de tres instancias: Iniciativa Bicentenario, gracias a la cual pudimos dar vida a la investigación histórica y la conformación de la red de etnógrafas y etnógrafos chilenos; el Programa de Apoyo a la Productividad Académica PROA VID 2017; y el Programa Transversal de Educación.

Las editoras
Santiago, Mayo 2017

PRIMERA PARTE
HISTORIA

Introducción

La producción de esta sección del libro tiene una historia larga y colectiva. Se inicia el año 2012 a partir de una doble inquietud de un grupo de investigadores, algunos con dilatada experiencia y otros que se iniciaban en la etnografía escolar[1]. Por un lado, nos encontrábamos con retazos poco sistematizados de anteriores etnografías escolares realizadas en Chile. Quienes estaban interesados en conocer su decurso desde comienzos de la década de los años 1980 solo contaban, si tenían acceso, con una narración discontinua de su historia, producida de forma oral por quienes habían sido parte de la misma, y con algunas publicaciones que se había logrado conservar. Por otro lado, observamos con interés que un conjunto pequeño pero diverso de investigadores estaba optando por estudiar desde una perspectiva etnográfica distintos fenómenos escolares. Sin embargo en la mayoría de estos casos se desconocía la etnografía escolar producida en décadas pasadas en nuestro país.

La mirada fragmentada que se tenía a partir de la narración discontinua de las primeras etnografías escolares producidas en Chile, junto con la constatación de esta suerte de resurgimiento de la investigación etnográfica en los últimos años, hacía pensar en una suerte de vacío en la primera década del siglo xxi. Variadas preguntas surgieron: ¿qué había pasado con la etnografía escolar en Chile en ese tiempo?, ¿qué factores de contexto ayudarían a explicar ese supuesto vacío?, ¿existían etnografías escolares fuera del circuito centralista y asociado a los grupos de investigación que en las dos últimas décadas del siglo xx habían logrado publicar su trabajo? Estábamos claros que un elemento importante para la consolidación del conocimiento antes de la digitalización, era la publicación y la puesta en circulación.

Como forma de superar este vacío de conocimiento convocamos desde la Universidad de Chile a otros investigadores e interesados en la etnografía y la educación, para iniciar un estudio de las etnografías escolares producidas en

---

[1] El equipo está integrado desde sus inicios por Jenny Assaél, Andrea Valdivia, Paulina Contreras, Felipe Acuña y Eduardo Santa Cruz.

el país. El año 2013 realizamos el seminario "La Etnografía Escolar en Chile". Durante trece sesiones leímos, sintetizamos y discutimos ocho etnografías realizadas en escuelas chilenas en los últimos 40 años, las primeras a las que tuvimos acceso. El seminario también consideró diálogos con investigadores que habían participado en dichas etnografías. Esto arrojó algunas luces acerca del oficio e historia de la etnografía escolar en Chile. Las preguntas y reflexiones que surgieron en ese espacio motivaron el interés por profundizar, sistematizar y publicar este trabajo. Fue así como surgió la idea de escribir este libro, con el propósito de configurar la trayectoria de la etnografía escolar chilena desde sus orígenes hasta los debates que hoy dan vida a esta perspectiva de investigación. Buscamos comprender el particular recorrido que ha tenido, marcado desde sus inicios por un ejercicio interdisciplinario.

Nos planteamos, entonces, dos desafíos: la construcción colectiva de su historia y la generación de conocimiento sobre la etnografía escolar en Chile hoy[2].

Quienes estamos detrás de este trabajo provenimos de distintas disciplinas: psicología, antropología, pedagogía, sociología e historia. Esto nos llevó inevitablemente a poner en diálogo nuestros enfoques, métodos y preguntas, construyendo así una mirada interdisciplinar. En este sentido, esta sección es el resultado de un fructífero diálogo epistemológico entre pares, donde discutimos y reflexionamos colectivamente sobre los contornos de la etnografía escolar. Es un esfuerzo que busca respetar la existencia de pluralidad de voces, pero, al mismo tiempo, incrementar los beneficios de la reflexión colectiva. En cierta medida, este proyecto buscó reeditar el esfuerzo inicial de cooperación que desarrollaron, en los años 1980, académicos e investigadores de América Latina para dar impulso a la etnografía escolar.

La reconstrucción de la historia en un principio consideró un marco de tiempo que comprendió los últimos cuarenta años, desde inicios de la década de los años 1980, cuando se tiene registro de la primera etnografía escolar producida en Chile. Sin embargo, una vez iniciado el trabajo de análisis ampliamos el periodo abordado, pues comprendimos que para dar cuenta de los orígenes de la etnografía escolar debíamos estudiar los escenarios sociales y de investigación que le precedían.

Para el análisis de la historia de la etnografía escolar consideramos tres dimensiones relacionadas. La primera centrada en la etnografía escolar propiamente tal, es decir, indagamos sobre qué problemas y objetos de estudio

---

[2]   Después de dos años de colaboración y construcción conjuntas, este trabajo se vio potenciado al convertirse en un proyecto de investigación interdisciplinaria de la Iniciativa Bicentenario de la Universidad de Chile. Etnografía Escolar en Chile: Historia, Oficio y Debates Actuales, proyecto N° 2000508, 2015. Gracias a este proyecto se integran al equipo Pablo Herraz, Felipe Hidalgo y José Isla.

se abordan en las investigaciones; cómo se estudia teórica y metodológicamente; y su contexto de producción. Con esto último pretendíamos acercarnos a las características de los equipos y condiciones de trabajo. Las otras dos dimensiones buscaron contextualizar y aportar en el ejercicio de historizar la etnografía escolar en Chile, pues creemos que, para configurar y comprender las trayectorias de cualquier fenómeno cultural, en este caso la investigación social de la escuela, es fundamental atender a los escenarios y procesos políticos y sociales en que se sitúa. De tal forma, la segunda dimensión a la que prestamos atención fue la investigación educativa, en términos de tendencias, lógicas de producción y saberes generados, a lo que sumamos un antecedente que es compartido con la tercera dimensión: las políticas de financiamiento de la investigación educativa. La tercera dimensión estuvo vinculada con el contexto sociopolítico en que se sitúan las etnografías escolares, con lo cual buscábamos, por una parte, indagar sobre las condiciones de producción de la etnografía escolar, y además, poner en diálogo los problemas y objetos estudiados por esta. Tal como se señala en la presentación de este libro, la escuela es un microcosmos que refleja y refracta la sociedad chilena, y, en tal sentido, una comprensión etnográfica de sus problemas siempre demanda traspasar las fronteras institucionales; lo mismo buscamos hacer con la investigación de la etnografía escolar en Chile.

El trabajo de indagación histórica contempló una diversidad de fuentes primarias y secundarias: publicaciones disponibles y asociadas a investigaciones etnográficas; informes de proyectos cuando se tuvo acceso; entrevistas a etnógrafos y etnógrafas[3], documentos que aportaron a configurar los contextos de política educativa, investigación educacional y escenarios sociopolíticos nacionales, buscando recurrencias y discontinuidades. Esto nos permitió configurar una suerte de mapa de investigadores, equipos y centros de investigación que han estado vinculados a las etnografías escolares en Chile, pero con escasa vinculación entre ellos.

Tal como señalamos, la tarea fue asumida como una reflexión colectiva e interdisciplinaria; durante dos años trabajamos basándonos en talleres de lectura, análisis y discusión de los materiales recopilados y producidos. Dividimos el periodo estudiado en cuatro grandes etapas: el extenso tiempo en que se desarrolla la investigación educativa en Chile y en la que luego se insertó la etnografía escolar; la década de los años 1980 con el surgimiento y desarrollo de la etnografía escolar en dictadura; la investigación en la posdictadura, periodo de transición entre siglos; y los últimos diez años de producción, considerando

---

como cierre de esta etapa el año 2015, marcado por importantes movilizaciones sociales en nuestro país. El estudio de cada una de estas etapas fue liderado por un integrante o una dupla de miembros del equipo de investigación; sin embargo, el proceso completo implicó la discusión y retroalimentación de todos los integrantes. Luego de la indagación en diversas fuentes, los responsables proponían sus tesis para dar cuenta de la historia de la etapa, cuyos argumentos eran discutidos, sustentados y profundizados en los talleres de trabajo del equipo. En ese sentido, es una construcción que transita entre la autoría individual o dual y la colectiva. Como se verá más adelante, cada etapa fue abordada a partir de las tres dimensiones de análisis, sin embargo el resultado es particular en cada una de ellas, lo que obedece tanto a las posibilidades y características de los materiales y fuentes a que se tuvo acceso, como a las decisiones y énfasis que cada responsable consideró relevante para comprender la etapa estudiada. Esto nos parece significativo, pues el desafío de reconstruir colectiva e interdisciplinariamente la historia de la etnografía escolar ofrece un texto polifónico, rico en modos de aproximación e interpretación.

Esta sección, Historia de la etnografía escolar, consta de cuatro capítulos correspondientes a periodos de esta historia, y un capítulo de cierre que intenta levantar ciertas claves transversales de análisis. El primer capítulo, a cargo de Felipe Acuña, muestra los antecedentes de la etnografía escolar en Chile, vinculando su surgimiento a los orígenes de la investigación educacional en el país. En el capítulo dos, de responsabilidad de Jenny Assaél y Paulina Contreras, se abordan las primeras etnografías, desarrolladas durante la década de los años 1980, adentrándose en el carácter seminal de aquellas primeras investigaciones, y en la importancia que tuvo para esta etapa la dictadura militar y la articulación con investigadoras e investigadores de América Latina. En el tercer capítulo Eduardo Santa Cruz y Pablo Herraz examinan las etnografías desarrolladas después de la dictadura, la diversidad de temas abordados, y la especial relación que se establece con la política educativa en los gobiernos de la Concertación. El capítulo cuatro, a cargo de Andrea Valdivia y Felipe Hidalgo, estudia la etnografía escolar de los últimos diez años, en el contexto de la crisis social y política de la educación. En esta etapa se observa la diversificación y extensión de la investigación etnográfica y la especial vinculación institucional con universidades, cosa que no había sido significativa en las etapas previas. Como cierre de esta sección proponemos una lectura con cuatro claves que creemos aportan a una comprensión transversal, y a su vez abren nuevas reflexiones y preguntas: los temas y problemas que se estudian en las etnografías, identificando con ello continuidades y discontinuidades; la relación que tiene la etnografía escolar chilena con las políticas educativas; los contextos de producción en que se ha desarrollado la etnografía escolar; y una cuarta clave que nos pareció significativa para la reflexión sobre esta historia es la subjetividad de investigadores e investigadoras. Creemos que poner atención a estos cuatro aspectos permite una lectura comprensiva y compleja del decurso de nuestra etnografía escolar.

Finalmente, resta señalar que con este trabajo esperamos aportar en la recuperación, valoración y divulgación del conocimiento etnográfico sobre la escuela chilena, sus procesos y cotidianidad, así como en la configuración y validación de las particularidades que tiene esta práctica investigativa en Chile, puesta en diálogo con sus contextos de producción.

El surgimiento de la voluntad etnográfica en la investigación educacional chilena

Felipe Acuña

Introducción

Este capítulo busca describir los antecedentes históricos en el campo de la investigación educacional que permiten comprender el surgimiento del enfoque etnográfico en el estudio de los fenómenos escolares en Chile. El punto de llegada, como se verá en detalle, es el trabajo publicado en septiembre de 1984 por el Programa Interdisciplinario de Investigaciones en Educación (PIIE) titulado La Cultura Escolar ¿Responsable del Fracaso?, elaborado por Gabriela López, Jenny Assaél y Elisa Neuman. Este estudio lo hemos considerado el primer trabajo institucional de etnografía escolar en Chile[1].

El argumento central que desarrollaré en este capítulo es que el surgimiento de la etnografía escolar está incrustado en el devenir histórico de la investigación educacional del país. Metodológicamente, este trabajo se basa en el análisis de dos tipos de fuentes: por un lado, textos que analizan la investigación educacional en el país, fundamentalmente entre las décadas de los años 1960 y 1980; y por otro, las entrevistas que apoyan el trabajo del conjunto de este libro. Nuestra clave de lectura de ambas fuentes se inspira en el concepto de subjetividad que desarrolla el sociólogo chileno Hugo Zemelman (1997, 2005). Siguiendo la estela de su trabajo, consideramos probable que detrás del surgimiento de la etnografía escolar haya existido una voluntad que consideró *necesario* crear al interior de la investigación educacional un trabajo etnográfico. Así, coloco especial atención a la forma en que las fuentes analizadas argumentan las necesidades que generaron algún cambio al interior de la investigación educacional nacional, pues detrás de estas necesidades es posible delinear voluntades vivas, siendo una de ellas la voluntad etnográfica.

---

[1]   Si bien Carlos Calvo, como se verá en el texto que preparó para este libro y en el siguiente capítulo, presentó el año 1979 su tesis doctoral "Being a taxi-teacher in the chilean educational system" en la Universidad de Stanford, es el carácter institucional y colectivo de la "La Cultura Escolar" lo que nos lleva a referirlo como tal.

Con base en lo anterior, he identificado tres grandes voluntades cuyos aportes considero permiten mapear el surgimiento de la etnografía escolar. Comienzo con la *voluntad experimentadora*, que ubico temporalmente entre la fundación del Instituto Pedagógico de la Universidad de Chile el año 1889 y la fundación al interior de esta institución del Instituto de Investigaciones Educacionales el año 1953. Esta voluntad, por su énfasis en la experimentación, se articula en torno a la necesidad de expandir la investigación educacional, considerando problemas socioculturales y aquellos del sistema escolar. Luego describo la *voluntad planificadora*, que es una especialización y profesionalización de la voluntad anterior y que ubico temporalmente entre el año 1953 y el inicio de la dictadura militar el año 1973. Esta voluntad desarrolla investigación educacional sobre el problema de reformar y ordenar el sistema escolar, articulándose en torno a la necesidad de institucionalizar su quehacer. Prosigo con la *voluntad de sofisticación*, que ubico temporalmente entre 1973 y 1984. Esta voluntad se articula en torno a la necesidad de sistematizar y profundizar la investigación sobre lo que sucede al interior de las escuelas. Se produce una bifurcación al interior de esta voluntad entre un grupo que sigue un camino de sofisticación cuantitativa, mejorando los enfoques cuantitativos, empíricos y estadísticos propios de la investigación que realiza la voluntad planificadora, y un grupo que sigue el camino de la sofisticación etnográfica, que se constituye en oposición al camino anterior, optando intuitivamente por un enfoque cualitativo y etnográfico, emergiendo la *voluntad etnográfica*. Finalizo el trabajo con una breve conclusión.

Voluntad de experimentar (1889-1953): ampliando las temáticas de la investigación educacional

Al interior de la investigación educacional chilena se ha construido una primera gran distinción que es importante constatar: es recién a partir de la segunda mitad del siglo xx que se produce un tránsito desde una "fase artesanal" hacia una fase de institucionalización moderna de la investigación educacional, con mayores recursos y un conjunto de profesionales con alta formación académica (Schiefelbein, 1990; Brunner y Salazar, 2009). Ahora bien: ¿qué significa que hasta mediados de siglo xx la investigación educacional haya tenido un carácter más *artesanal*? Schiefelbein lo explica así: "la investigación educativa solía ser el producto poco frecuente de unos pocos artesanos calificados que trabajaban aisladamente en sus oficinas" (1990, p. 60).

Siguiendo esta línea argumentativa es posible extender la metáfora de lo *artesanal* del quehacer investigativo y señalar que las principales *canteras* de estos poco frecuentes artesanos fueron el Instituto Pedagógico de la Universidad de

Chile creado en 1889, donde se formaban los futuros profesores de Estado que enseñaban en la educación secundaria (Zemelman y Jara, 2006) y las Escuelas Normales, donde se formaban los futuros profesores primarios (Núñez, 2010). Es decir, los *artesanos* eran fundamentalmente profesores y profesoras de enseñanza primaria y secundaria.

Lo anterior no es trivial, pues, como han documentado las historiadoras Myriam Zemelman e Isabel Jara (2006), durante la primera mitad del siglo xx los profesores chilenos tuvieron una participación activa en la discusión pública sobre los problemas educacionales de la época. Ya en el Primer Congreso Nacional Pedagógico, realizado en 1889, los profesores entendieron la relevancia de luchar por la instrucción primaria obligatoria. Esta bandera contribuyó a articular las primeras organizaciones docentes, como la Asociación de Educación Nacional (1904) o la Federación de Profesores de Instrucción Primaria (1915). La Ley de Instrucción Primaria Obligatoria fue resistida durante largos años por la oligarquía criolla, lográndose promulgar recién en 1920 y generando frustraciones entre los propios docentes, pues en muchos lugares esta ley "fue letra muerta" (Zemelman y Jara, 2006, p. 53). Si bien la ley contribuyó a aumentar la cobertura escolar entre 1920 y 1930, al mismo tiempo ayudó a constatar que "la instrucción efectiva no solo dependía de la matrícula sino de la asistencia, y esta se mantuvo como uno de los problemas centrales de la educación elemental, al que se sumó la deserción" (p. 54). Es preciso enfatizar que ya durante la década de los años 1920 la asistencia y la deserción en educación primaria, temáticas de nuestro primer estudio etnográfico, son problemáticas educacionales centrales.

Lo relevante de estos primeros investigadores *artesanales* en educación es que fueron construyendo una visión de la educación. Sin dudas, el grupo docente que logró construir una visión más compleja durante la primera mitad del siglo xx fue la Asociación General de Profesores de Chile. Aquí se organizaron los maestros de la educación primaria durante esa década, ejerciendo un rol protagónico en la "Reforma Integral de la Educación" de 1927-28. Si bien este movimiento comenzó sus luchas por cuestiones sindicales, fue evolucionando hasta convertirse en un movimiento sociocultural de contestación al régimen oligárquico, con un fuerte proyecto pedagógico y un programa de reforma radical de la educación inspirado en la Escuela Nueva y el pensamiento de John Dewey (Núñez, 2004; Zemelman y Jara, 2006; Reyes, 2010).

El movimiento político y sociocultural promovido por la Asociación, donde fueron claves *artesanos* como Luis Gómez Catalán y Víctor Troncoso, creó el periódico *Nuevos Rumbos*[2] como principal órgano de expresión y difusión de sus ideas,

---

[2]   Esta revista contó con un suplemento de difusión de las primeras manifestaciones de la vanguardia artística chilena llamado *Revista Andamios*, cuyo director fue Salvador Fuentes Vega y su codirector Pablo Neruda (Alberdi, 2011).

quizás las primeras reflexiones sistemáticas de un pensamiento pedagógico original en el país, que "tenían un tono más ensayístico que académico-científico. Sin embargo su impacto fue tanto o más fuerte que «El Problema Nacional» de Darío E. Salas respecto a la Ley de Educación Primaria Obligatoria de 1920" (Núñez, 2010, p. 175). Esto, porque era un pensamiento contrahegemónico no construido por la élite intelectual, sino que al interior de las clases medias. Por lo mismo, fue tildado por los grupos dominantes como un pensamiento "subversivo" y, pese a que el movimiento fue derrotado, disuelto y perseguido por el primer gobierno de Ibáñez (1927-1931), las propuestas de los reformadores chilenos perduraron más allá de las fronteras locales, influyendo a pensadores de otros países como José Carlos Mariátegui y Adolfo Ferriére (Núñez, 2010).

Es significativo este movimiento, pues son sus ideales y prácticas pedagógicas los que están en la matriz epistemológica de aquella voluntad que aboga por una *pedagogía experimental* (Zemelman y Jara, 2006; Núñez, 2010). Amanda Labarca promovió la formación del Liceo Experimental Manuel de Salas en 1932, cuya primera directora fue Irma Salas, pionera en la investigación en ciencias de la educación y la primera mujer chilena en obtener el grado de PhD en Educación[3] (Gutiérrez y Gutiérrez, 2008). Así, parte del movimiento derrotado en 1928 se rearticuló en torno a la experimentación pedagógica. Por ejemplo, Víctor Troncoso lideró en los años 1940 el Plan Experimental de Educación Rural San Carlos (Zemelman y Jara, 2006) y los veteranos del movimiento formaron el núcleo conductor de las Escuelas Consolidadas de "Experimentación" (Núñez, 2010).

Un hito relevante en este sentido ocurre el año 1950, cuando en Santiago se realizan las Jornadas de Experimentación Pedagógica de Educación Primaria, cuyos participantes se autodefinen como profesores e investigadores de la educación primaria. Una particularidad de estas jornadas fue que se produjeron cinco informes que, como bien indica el historiador de la educación Iván Núñez (2002), constituyen una fuente invaluable para el estudio del desarrollo conceptual de la pedagogía experimental y de la investigación educacional en el país.

En estos informes se clasifica el periodo que inaugura Pedro Aguirre Cerda con el triunfo del Frente Popular en 1938 como un "resurgimiento", donde se dan condiciones favorables para la experimentación y se estimula la realización de estudios, ensayos y experimentos. La experimentación, como se reconoce en estos informes, estaba viviendo un periodo de ampliación temática: "simultá-

---

[3]   Sus estudios de posgrado los realizó en la Universidad de Columbia, obteniendo su grado académico en 1930 con la tesis "The socioeconomic composition of the high school population in Chile", estudio que es considerado el primer ensayo de aplicación del método científico en educación secundaria (Gutiérrez y Gutiérrez, 2008).

neamente se inició la exploración de otros campos de la vida social, que hasta ese momento no habían sido atendidos" (Boletín de las Escuelas Experimentales, 1951 citado en Núñez, 2002, p. 9). Estos otros campos eran la promoción de la cultura popular, la atención a los menores en "situación de irregularidad social", la radiotelefonía educativa, las relaciones entre escuela y comunidad, la orientación educacional y profesional de los estudiantes, la educación rural, entre otros, todos problemas que el sistema escolar no había abordado hasta entonces (Núñez, 2002, p. 10).

Específicamente respecto a la investigación educacional, son relevantes los Informes N° 1 "Principios filosóficos y sociales de la educación e investigación pedagógica científica" y N° 3 "La investigación y los problemas educacionales". En el primer informe Núñez (2002) reconoce una visión más amplia de investigación que la que tenía la pedagogía experimental a fines de los años 1920, lo que se expresa en los problemas que, según este informe, debían ser sometidos a la investigación pedagógica científica, los cuales fueron categorizados de la siguiente forma:

1° Problemas relacionados con el proceso educacional organizado y dirigido: desarrollo y orientación de la personalidad, programas de estudios, métodos de enseñanza y aprendizaje, calificaciones y promociones, evaluación, cultura popular, etc.
2° Problemas relacionados con el medio natural y social: relación de la escuela y la comunidad, características económicas y sociales del medio, influencia de otros agentes educacionales, *ausentismo escolar*, etc.
3° Problemas relacionados con el sistema educacional y la educación como función social: coordinación y correlación del sistema, Ley Orgánica, formación y perfeccionamiento del magisterio, *educación y asistencia*, etc. (Boletín de las Escuelas Experimentales, citado en Núñez, 2002, p. 14, destacado nuestro).

Lo relevante de este Informe, como indica Núñez, es que "se constituía a la pedagogía en una disciplina amplia, equivalente a lo que hoy es abarcado por las llamadas ciencias de la educación" (2002, p. 14). Lo novedoso es que la investigación pedagógica no debe limitarse a los problemas del desarrollo del niño o a la enseñanza y aprendizaje en el aula, sino que emergen otros problemas relacionados con el contexto de la escuela (problemas socioculturales) y problemas relacionados con la política educativa y la organización del sistema escolar (problemas del sistema escolar). La voluntad experimentadora necesita ampliar las temáticas de investigación educacional, emergiendo la asistencia escolar como un problema relevante tanto a nivel sociocultural como sistémico.

Una profesora e investigadora que encarna esta voluntad experimentadora es Irma Salas, quien entendió la relevancia de articular la experiencia pedagógica con el profesionalismo del quehacer investigativo. Como directora del Liceo Experimental Manuel de Salas y académica del Instituto Pedagógico desde su regreso a Chile en 1930, logró articular ambas experiencias. En esta última institución fue una entusiasta promotora de metodologías de investigación dictando "el novedoso curso de Métodos de Investigación y Estadística" (Gutiérrez y Gutiérrez, 2008, p. 130), preparando a un conjunto de investigadores en educación gracias a sus memorias de título. Una de sus iniciativas más importantes fue su aporte como fundadora y primera directora del Instituto de Investigaciones Educacionales de la Universidad de Chile en 1953, el primer espacio institucional y universitario dedicado exclusivamente a la investigación educacional (Gutiérrez y Gutiérrez, 2008).

De esta forma, es posible sostener que durante la primera mitad del siglo xx un conjunto de profesores y profesoras chilenos fue el que condujo la investigación educacional de forma artesanal, en el sentido de no existir soportes institucionales ni recursos para profesionalizar esta labor. Esta subjetividad se articuló en torno a la *experimentación pedagógica*, tomando conciencia de la necesidad de ampliar la investigación educativa, esto es, vinculando los problemas cotidianos de aprendizaje que vivían en el aula con las complejidades de los contextos socioculturales y la organización misma del sistema escolar. Lo anterior se concreta y visibiliza públicamente en las Jornadas de Experimentación Pedagógica de 1950, cuyos informes operaran como un manifiesto y programa de acción de esta voluntad de experimentar.

Voluntad de planificar (1953-1973): institucionalizando la investigación educacional

En Sudamérica el inicio de la revolución cubana el 1 de enero de 1959 fortaleció una agenda reformista. Apenas dos años después de la revolución el presidente de EE.UU., J. F. Kennedy, lanzó una política de contención revolucionaria llamada Alianza para el Progreso, que consistió en apoyo financiero y técnico por 10 años a los países de la región a cambio de la implementación de reformas estructurales. Junto con lo anterior, esta agenda encontró apoyo explícito en la Iglesia Católica, voz influyente en la región. Gracias al papa Juan XXIII el Concilio Vaticano II y la emergencia de la teología de la liberación, el catolicismo se sumaba a los esfuerzos por desarrollar los países sudamericanos luchando contra la miseria y la ignorancia (Zemelman y Jara, 2006).

Dos apoyos conceptuales fundamentales de esta agenda reformista fueron la teoría del desarrollo y la teoría del capital humano. En ambas el desarrollo económico de las naciones se vinculaba al progreso educacional. La Comisión Económica para América Latina (CEPAL), principal difusora de la teoría del desarrollo, abogaba por modernizar las sociedades sudamericanas mediante reformas estructurales que generasen mayor industrialización, productividad, democracia y participación (Garretón, 2007). Para todos estos fines la educación jugaba un papel central, al punto que García Huidobro y Gutiérrez (1984) señalan que es gracias a esta teoría que la investigación educacional "adquiere importancia y un cierto perfil como actividad" (p. 159). Por su parte, la teoría del capital humano es difundida por economistas norteamericanos como Theodore W. Schultz (1961, 1962) y Gary Becker (1983). El primero presenta en Santiago de Chile el año 1962 un trabajo titulado *La educación como fuente del desarrollo económico*, donde señala que los países de Sudamérica actuarían como "analfabetos económicos" si no invirtieran tanto en educación como en las bases materiales de la industria. Ambos defienden la idea de que la productividad de una empresa y un país está directamente relacionada con los niveles educativos de su población.

Estando clara la agenda reformista emergió la necesidad, como sostiene el sociólogo Manuel Antonio Garretón (2007), de contar con "expertos" en ciencias sociales que pudieran llevarlas a cabo. Así, comienza el proceso de fundación e institucionalización de las Ciencias Sociales tanto en Chile como en Sudamérica. En Chile, entre 1950 y 1970, se crean nuevas facultades e institutos en las principales universidades del país ligadas a las áreas de economía, sociología, antropología[4] y ciencia política.

En materia educacional este espíritu reformista engarza muy bien con las propuestas que la Organización de las Naciones Unidas para la Educación, la Ciencia y la Cultura (UNESCO) venía formulando desde la década de los años 1950 y que consistían fundamentalmente en un aumento de cobertura escolar a los niños y niñas en edad escolar y en la necesidad de "planificar sistemáti-

---

[4] Por su cercanía con los enfoques etnográficos, es importante puntualizar que los estudios antropológicos se mantuvieron en una condición muy marginal durante toda la década de los años 1960 (Garretón, 2007). El antropólogo Marcelo Arnold (1990) reporta que en Antropología Social de la Universidad de Chile, desde la primera tesis de grado en 1977 hasta 1990, se realizaron siete de ellas en "antropología de la educación, organizaciones educativas, etc." (1990, p. 56) de un total de 84, donde solo una, del año 1984, declara tener un enfoque etnográfico. Se trata del trabajo de tesis de Ricardo Herrera, titulado "La educación rural y el mapuche urbano: un estudio exploratorio-descriptivo", donde se aplica un enfoque etnográfico para comprender las expectativas educacionales de padres y apoderados de comunidades mapuche de la región de la Araucanía y algunos migrados a Santiago (Arnold, 1990, p. 84). Por ello, es posible descartar un vínculo entre investigación antropológica y etnografía escolar.

camente el desarrollo educacional completo" (Zemelman y Jara, 2006, p. 115).
Para esta última propuesta se hacía necesario contar con comisiones especiales
de planeamiento educativo, servicios nacionales de estadísticas y evaluaciones
de impacto de los programas propuestos.

Chile hizo eco a las ideas en boga respecto al Planeamiento Integral de
la Educación elaborando diagnósticos sobre la situación socioeconómica y
educativa del país para poder identificar metas educacionales plausibles y
calcular sus costos reales. El presidente Jorge Alessandri (1958 - 1964) crea
una Comisión Especial el año 1961 con el objetivo de proponer, discutir y redactar los principios y fundamentos generales del proceso de planeamiento.
Dicha comisión identifica que el sistema escolar era incapaz de proporcionar los requerimientos educacionales básicos a su población, consignando
como tópicos críticos el analfabetismo, el semianalfabetismo y el ausentismo
escolar (Zemelman y Jara, 2006). Dos años después, a fines de 1963, se crea
la Comisión de Planeamiento de la Educación Chilena, la que debía, entre
otras tareas, diagnosticar los principales problemas educacionales y proponer soluciones a ellos. Por ende, esta Comisión puso en marcha una agenda
de investigación mediante encuestas, estudios estadísticos, mapas y fichas
con datos empíricos sobre las necesidades educativas de las comunas, y estudios sociológicos de valores, actitudes, percepciones y demandas de la población chilena con respecto a la educación (Zemelman y Jara, 2006, p. 122).
Gracias a las comisiones de 1961 y 1963 en el país "se desarrollaron estudios
interdisciplinarios, se acumuló información, se diseñaron metodologías y se
constituyeron y se capacitaron equipos para llevar a cabo el 'planeamiento
integral de la educación', asociado al planeamiento del desarrollo económico
y social" (Núñez, 1993, p. 6).

Ahora bien, Alessandri ni tuvo el tiempo ni el respaldo político suficientes
para poner en práctica el planeamiento educativo, "sin embargo, dejó creadas
las condiciones institucionales, intelectuales y técnicas para que su sucesor, el
gobierno del presidente Frei, lo pusiera en práctica rápida y exitosamente, entre
1965 y 1970" (Núñez, 1993, p. 5). Tan sustantivo fue el trabajo de planificación,
que incluso las medidas de expansión de la oferta y el mejoramiento de la educación fueron políticas continuadas tanto por el gobierno de Allende como por
el régimen militar en sus primeros años (Núñez, 1993). Esto refleja lo transversal del acuerdo social alcanzado en torno a la planificación educacional, proceso que alcanza su más osada realización en la Reforma Educacional de 1965.
Esta reforma puso en acción algunas de las principales ideas de las comisiones
planificadoras, implicando una importante redefinición y reestructuración del
sistema escolar. Sirvan las siguientes palabras como síntesis de este proceso de
reforma y su diferencia con la reforma de 1927-28:

Evidentemente, esta reforma *–concentrada en una detallada investigación cientí-fica–* no surgió de un movimiento sociopolítico de base como las anteriores, sino del trabajo de un *grupo de especialistas*, en el escenario regional de guerra fría, en que se aplicaban reformas para prevenir el avance del comunismo, y en el contexto internacional de un pensamiento socioeconómico proclive a la planificación como el único medio para lograr el tan ansiado desarrollo (Zemelman y Jara, 2006, p. 131, destacado nuestro).

El contexto sociopolítico de este periodo demanda la emergencia de "especialistas", "expertos", "técnicos", "planificadores" capaces de darle racionalidad a la agenda reformista. Así, un grupo humano formado entre las décadas de los años 1950 y 1960 principalmente como docentes, varios de ellos realizando estudios de posgrado en el extranjero en temas educacionales entre la década de los años 1960 y comienzos de 1973 –es decir, una generación formada antes de la dictadura militar–, emergen como los nuevos especialistas de la educación.

Ernesto Schiefelbein, quien fuera Director de Planificación del Ministerio de Educación y un colaborador directo de la Reforma Educacional de 1965, señala, respecto a su propia generación a nivel regional, que el renovado interés que hubo por la investigación educacional en las décadas de 1960 y 1970:

podía atribuirse sobre todo a esfuerzos personales de los universitarios salidos de las buenas universidades de Estados Unidos y Europa y que regresaban a sus países. El propósito de esos especialistas altamente calificados era ampliar los conocimientos existentes en determinados aspectos de la educación o ayudar al ministerio competente o a alguna organización internacional a entender mejor un determinado problema educativo. Era poca la demanda del sector público en materia de investigación y pocos los recursos con que se contaba (1990, p. 60).

Así, lo artesanal de esta generación se reconocía en que la formación en investigación educacional dependía de esfuerzos personales por estudiar en el extranjero gracias "a las numerosas becas bilaterales" (Schiefelbein, 1990, p. 60) que existieron; sin contar con espacios dedicados con exclusividad a la investigación educacional; con una importante falta de recursos básicos para costear investigaciones; con una ausencia de publicaciones profesionales a escala regional para poder comparar los problemas educativos de la región; y con una escasa demanda y financiamiento público para realizar investigaciones. Las pocas que se hacían versaban sobre:

Muchos de los informes preparados para los ministerios de educación durante el decenio de 1960 eran *meros análisis estadísticos* efectuados por planificadores de la educación para determinar las ciudades y las zonas rurales en que había que desarrollar el sistema tradicional de enseñanza primaria y secundaria. A veces esos estudios eran descripciones de otros sistemas educativos y complementados con apreciaciones fundadas en anécdotas y testimonios, más que en el análisis sistemático de los datos objetivos (Schiefelbein, 1990, p. 61, destacado nuestro).

De esta forma, este grupo humano se ve enfrentado a la necesidad de institucionalizar y profesionalizar su quehacer. Ya mencionamos la fundación en 1953 del Instituto de Investigaciones Educacionales de la Universidad de Chile, que impulsó Irma Salas. Respecto a esta institución, la literatura referida es muy escueta[5]. Mucho mejor documentados se encuentran los aportes de los tres centros de investigación educacional más relevantes del país en este periodo: el Centro de Perfeccionamiento, Experimentación e Investigaciones Pedagógicas (CPEIP), el Centro de Investigación y Desarrollo de la Educación (CIDE) y el Programa Interdisciplinario de Investigación en Educación (PIIE).

El CPEIP es un órgano gubernamental creado en 1965 por el entonces Ministro de Educación don Juan Gómez Millas, con el propósito de convertirse en el "motor académico pedagógico de la Reforma Educacional y del desarrollo científico de nuestra educación" (Leyton, 2010, p. 88). Es muy importante resaltar la manera en que la voluntad de planificación hace un guiño a la voluntad de experimentación con el nombre de este centro público, evidenciando continuidad y afinidad epistemológica. Este centro fue en los años 1960 y comienzos de los años 1970 el referente científico pedagógico de la reforma, promoviendo en el campo de la investigación educacional los Encuentros de Investigación a Nivel Nacional (ENIN), vigentes hasta nuestros días y transformándose en un referente internacional (Leyton, 2010).

El CIDE puede entenderse como la contraparte de la Iglesia católica del CPEIP. Creado en 1964 por el padre jesuita Patricio Cariola, también tuvo en sus orígenes el propósito explícito de apoyar con investigación educacional el proceso de reforma de 1965, especialmente potenciando las nociones de comunidad educativa y postulando la centralidad de los "profesores jefes" para asegurar el carácter formativo, y no solo instructivo, de la reforma (Cariola, 1990; CIDE, 2004).

Por su parte, el PIIE se gesta a fines de los años 1960 al calor del movimiento estudiantil que se vivió con especial fuerza en la Pontificia Universidad Católica

---

40

de Chile el año 1967. Dicho movimiento logró que la rectoría fuera ocupada por Fernando Castillo Velasco, militante democratacristiano. La llegada de la Unidad Popular y Salvador Allende al gobierno, con un programa que quería continuar profundizando los cambios en educación, llevó a un conjunto de académicos jóvenes de la PUC, entre los que estaban Ernesto Schiefelbein y Beatrice Ávalos, a proponerles a las autoridades reformistas en 1971 crear una instancia donde los profesionales interesados en el tema de educación pudieran desarrollar investigaciones y estudios al respecto. Así nació el PIIE (Cariola, 1990; PIIE, s/f).

Se observa que la voluntad de planificación se va institucionalizando en puestos de gobierno, universidades o en los nacientes centros de investigación. Esto modifica el origen de sus preocupaciones de investigación, pues la voluntad experimentadora piensa la investigación desde el aula, y desde allí reflexiona sobre el entorno y el sistema, mientras que la voluntad planificadora piensa la investigación desde el sistema y sus reformas y desde allí se interesa por el entorno y el aula. La especialización de este grupo, este tránsito de lo artesanal a lo profesional, genera un proceso de distinción entre ambas voluntades: ya no se trata ni del espacio ni del tiempo de la experimentación, se trata del espacio y el tiempo de la planificación basada en evidencia científica.

Lamentablemente, el golpe militar de 1973 nubla el proceso de emergencia de esta voluntad y la posible articulación entre la planificación y la experimentación que, por ejemplo, representaba el CPEIP. No solo se cuestiona la idea de planificación centralizada como camino de desarrollo, sino que además se violentan los equipos de investigación en ciencias sociales y humanidades a lo largo del país (Núñez, 1993; Garretón, 2007). El CPEIP es desmantelado como proyecto histórico, afectando gravemente el potencial de experimentación e investigación pedagógica del país. Contrario a la suerte que corre el CPEIP, el PIIE y el CIDE viven una paradojal "revitalización", pues la dictadura obligó a generar pequeños oasis, siendo los diversos centros privados nacionales o internacionales verdaderas islas que acogieron gran parte del pensamiento crítico nacional. El PIIE, si bien tuvo que abandonar la Universidad Católica el año 1977 debió alojarse en la Academia de Humanismo Cristiano, fundada por el cardenal Raúl Silva Henríquez: allí floreció, al igual que en el CIDE, un trabajo de resistencia intelectual.

Voluntad de sofisticar (1973-1984): sistematizando y profundizando la investigación educacional

La vorágine reformista produjo a partir de la década de los años 1960, tanto en Chile como en América Latina, "un incremento notable de la investigación e innovación en educación" (García Huidobro y Ochoa, 1977, p. 1). A comienzos de los años 1970 estaban desarrollándose las primeras reuniones entre investigadores educacionales de la región gracias al auspicio de organismos internacionales como la Fundación Ford o el International Development Research Centre (IDRC) de Canadá[6]. Una de estas primeras reuniones fue la Conferencia sobre la Experiencia Educativa de América Latina, realizada el año 1970 con el financiamiento de la Fundación Ford. Allí se diagnosticó la necesidad de contar con "una publicación que se encargara de difundir la información resumida de investigaciones y otros documentos sobre la educación de la región" (García Huidobro, 2007, p. 4). Dicha necesidad la asumió el CIDE, uno de los centros mejor organizados de la región. Con el apoyo de la misma Fundación Ford el CIDE cofinancia el año 1972 la revista *Resúmenes Analíticos en Educación* (RAE), el primer eslabón de un proyecto mayor llamado Red Latinoamericana de Información y Documentación en Educación (REDUC). Schiefelbein es claro al señalar cuál era la necesidad que REDUC venía a enfrentar:

> La primera etapa del REDUC ha consistido en la creación de una *memoria* para recuperar fácilmente lo que se ha aprendido en estudios previos, es decir, para aumentar el conocimiento y no tener que partir desde la ignorancia absoluta cada vez que se enfrentan problemas similares a los del pasado (Schiefelbein, 1982, p. 3).

Esta red, si bien se gesta como proyecto ese mismo año 1972, nace formalmente el año 1977 en Montevideo, durante el V Encuentro de Centros Latinoamericanos de Investigación Educativa. Allí se reúnen diez centros especializados en educación de Argentina, Bolivia, Brasil, Chile, Colombia, México, Paraguay, Perú, Uruguay y Venezuela, decidiendo que el CIDE sea el centro coordinador del principal producto de la red: los RAE (García Huidobro, 2007, p. 6). Ahora bien, ¿qué son los RAE? Tal como su nombre indica, son un resumen de breve extensión (un par de páginas) que, utilizando un lenguaje claro y sencillo, informan de aquellos elementos centrales del documento o estudio en cuestión. Su objetivo es que quien lea un RAE se pueda hacer una idea de qué encontrará en dicho estudio. Así, un RAE posee datos para identificar el documento (autor, año, país, entidad patrocinante, etc.) y datos para comprender su contenido (descripción general, marcos teóricos y metodológicos, principales hallazgos, etc.).

---

[6]   El IDRC tuvo como objetivo explícito mantener vivo el pensamiento crítico –en momentos donde este era reprimido por las dictaduras militares de la región– mediante el apoyo financiero de equipos de investigación. En el caso de Chile, entre 1973 y 1990 el IDRC fue una importante fuente de financiamiento de las ciencias sociales (IDRC, 2014).

El procedimiento de los RAE era procesar las referencias disponibles, enviarlas por correos a los principales investigadores de cada centro de estudio de la región y, ya sea a través de los encuentros nacionales de investigadores o por la red de correos, integrar nuevas referencias disponibles. Al explicar la necesidad que resuelven los RAE, Schiefelbein construye una distinción entre un centro de documentación y los resúmenes analíticos:

> Cuando existe un gran volumen de producción bibliográfica es necesario desarrollar centros de documentación que faciliten el acceso a la información en forma profesional. En cambio, los resúmenes analíticos nacen de la (supuesta) escasez de la investigación y la no explicitación de la producción científica en educación. En 1970 se aceptaba que no había producción científica en educación. Luego, en la década pasada, se acepta que existe una producción importante, aunque en gran volumen; de ahí surge la necesidad de hacer accesible esa información (1982, p. 4).

En 20 años, de 1960 a 1980, el volumen de la producción científica en educación aumenta sustancialmente en la región. Así, los RAE responden a una necesidad primaria de darle cierta sistematicidad y orden al campo de la investigación educacional de la región. No era claro cuál era el volumen total de documentos sobre investigación educacional, ni cuál era el carácter de estos trabajos (más o menos científicos). Sí sabemos que entre 1972 y 1977 se realizaron 1.000 RAE; y que García Huidobro y Ochoa estimaban que probablemente "no más del 30% de lo que se hace esté en los RAE [...] Estas mismas cifras llevan a pensar que alrededor de un 80% del material significativo que circula está incluido en los RAE" (García Huidobro y Ochoa, 1977, p. 18). Es decir, el universo total estimado de investigaciones educacionales en este periodo eran alrededor de unos 4 mil trabajos, de los cuales unos 1.300 eran "significativos" y de ellos el 80% estaba fichado por el CIDE. La relevancia para la investigación educacional de todo este trabajo no era otra que poder:

> preparar descripciones de lo que se sabe en cada país sobre un tema determinado y cuáles son los aspectos nuevos que debieran estudiarse para tener un conocimiento adecuado de este tema, es decir, preparar «estados del arte» sobre temas específicos (Schiefelbein, 1982, p. 21).

De esta forma, REDUC fue profesionalizando su quehacer en gran medida gracias a los resúmenes analíticos, insumo básico que permitía desarrollar otras herramientas de sistematización más sofisticadas, como seminarios internos o internacionales, estados del arte, artículos de periódicos y prediagnósticos, todas estas acciones orientadas a reducir el tiempo de trabajo, acumular y difundir el conocimiento producido, y complejizar el propio quehacer mediante antecedentes sólidamente fundados. Por ello, Schiefelbein considera que REDUC fue el "último eslabón de la cadena de cambios que llevarían a un nuevo modelo de investigación educativa" (1990, p. 63), el paso definitivo de *lo artesanal a lo profesional*.

¿Qué permite el proceso de sistematización del propio quehacer? Permite que por primera vez quienes realizan investigación educacional en la región puedan reflexionar sobre su propio quehacer. Así, por ejemplo, comienzan a realizarse estudios sobre las *tendencias* (García Huidobro y Ochoa, 1977) o *perspectivas y orientaciones* (García Huidobro y Gutiérrez, 1984) de la investigación en educación en Sudamérica, trabajos que nos permiten hacernos una imagen de cómo se iba sofisticando el campo de la investigación educacional.

El trabajo de García Huidobro y Ochoa (1977) permite ahondar en este argumento. Ellos analizan los 1.000 RAE disponibles entre 1972 y 1977 en un trabajo descriptivo muy completo y detallado. Una de sus categorías de análisis fue qué materias trataban las investigaciones, para lo cual, dentro de un conjunto de seis temas, los autores escogen cuáles son los tres prioritarios para cada resumen analítico. Los resultados se observan en la Tabla N° 1.

TABLA N° 1. CLASIFICACIÓN DE LOS DOCUMENTOS SEGÚN LAS MATERIAS TRATADAS.

MATERIAS	N° TOTAL DE ELECCIONES	ELECCIONES PRIMERA PRIORIDAD	ELECCIONES SEGUNDA PRIORIDAD	ELECCIONES TERCERA PRIORIDAD
Proceso enseñanza-aprendizaje	293 / (16.84%)	215	72	6
Alumnos	226 / (12.99%)	127	76	23
Profesores	81 / (4.66%)	23	36	22
Institucionalidad de la educación	566 / (32.53%)	383	156	27
Educación y sociedad	425 / (24.43%)	172	214	39
Contexto de la educación	149 / (8.56%)	62	67	20
Sin información	---	18	379	863
Total	1740 / (100%)	1000	1000	1000

Fuente: García Huidobro y Ochoa, 1977, p. 83.

Dos temáticas abarcan más del 50% de la investigación educacional del periodo: "institucionalidad de la educación" (32,53%) y "educación y sociedad" (24,43%). El primer tema refiere a investigaciones que tratan el tema del planeamiento, el funcionamiento y la administración de la educación, muy coherente con el contexto sociopolítico de la década de los años 1960 que hemos descrito. Es en el segundo tema donde es posible observar un proceso de *sofisticación* de la investigación educacional. Los autores clasifican los 425 resúmenes de educación y sociedad en aquellos que tienen que ver con *temas sociales o sociológicos* (63%) y aquellos que tienen que ver con *temas económicos* (37%). Adicionalmente señalan que los centros privados, como el CIDE y el PIIE, sitúan casi las tres cuartas partes de sus trabajos en los temas sociológicos, mientras que los temas económicos son trabajados fundamentalmente dentro de las agencias gubernamentales, lo que mostraría a:

> los centros privados más proclives a un tratamiento que se califica como más abstracto y teórico de la temática social y a las agencias gubernamentales preocupadas del problema 'educación y recursos humanos' que es una temática más cercana a la resolución de problemas prácticos (García Huidobro y Ochoa, 1977, p. 105).

Junto con ello, agregan que entre más desarrollados sean los países, como es el caso de Chile, concentran una mayor proporción de trabajos en los temas sociológicos, y mientras menos desarrollados, más se dedican a temas económicos. A su vez, el 63% de trabajos dedicados a temas sociológicos se distribuye en tres temas: educación y grupos sociales (38,6%), educación y sistema social (26,0%) y demanda educacional (4,5%). El primer tema, trabajado mayoritariamente por los países más desarrollados, refiere al estudio de las diferencias con que distintos grupos sociales reciben educación, siendo escasos en estos países los trabajos sobre demanda educacional; mientras que en los países menos desarrollados ocurre justamente lo contrario. Los autores señalan que el tema de demanda educacional "supone un nivel de análisis menor, por reducirse a una estimación de necesidades educativas insatisfechas (en términos demográficos o sociales)" (García Huidobro y Ochoa, 1977, p. 106). Basados en esta información podemos caracterizar el trabajo del PIIE y el CIDE en Chile como uno mayoritariamente dedicado a realizar investigaciones educativas de carácter sociológico sobre el problema de la desigualdad educativa entre distintos grupos sociales, utilizando un conocimiento más abstracto y teórico que requiere de un nivel mayor de análisis, lo que da cuenta del nivel de sofisticación que va cobrando la investigación educativa en el país.

Junto con lo anterior, el proceso de sistematización permite reflexionar sobre las perspectivas, orientaciones o marcos teóricos que organizan la investigación educacional en este periodo. Este ejercicio es profundamente relevante, pues supone una reflexión sobre la epistemología que subyace al trabajo de investigación. Ejemplos de este tipo de investigación más teórica e interpretativa son los trabajos de García Huidobro y Gutiérrez (1984) y Brunner (1980, 1984). La tesis fundamental en ambos es que hay un déficit epistemológico o teórico en el oficio de investigación educacional de la región, abriendo una nueva arista desde dónde sofisticar el quehacer.

Las formas de organizar las epistemologías del campo varían sutilmente en estos trabajos; mientras García Huidobro y Gutiérrez (1984) las clasifican de acuerdo con la visión que estas tienen sobre la educación, Brunner (1984) lo hace en función de su foco de estudio. Para García Huidobro y Gutiérrez (1984) lo central es distinguir entre el enfoque preponderante en la década de los años 1960, que llaman *optimista*, del enfoque de la década de los años 1970, que llaman *crítico-reproductivista*. Mientras que para Brunner (1984) lo central es distinguir entre las perspectivas macro que estudian la relación educación y sociedad, de las *perspectivas micro*, que estudian la relación educación y acciones pedagógicas. Así, toda la investigación de la planificación educacional sería optimista y macro, inspirada en el funcionalismo, la idea de movilidad social y el progreso económico; mientras que la investigación que promueve la sociología *crítica* sería reproductivista y macro, desconfiando de la sobrevaloración de la educación como herramienta de progreso y desarrollo social. En este tipo de distinciones los autores fundamentan sus ideas de que "la investigación educacional chilena ha crecido, ostensiblemente, sin teoría" (Brunner, 1980, p. 10) o de que:

> La urgencia de los problemas educativos que enfrentamos, la particular inserción social de la práctica investigativa, no nos han dado tiempo para la calmada reflexión que conduce a la creación de esquemas epistemológicos propios. Lo que hacemos es ir tomando, seleccionando de los enfoques, técnicas y métodos de investigación, aquellos que más se vayan adaptando a las necesidades de una actividad investigativa estrechamente ligada a la resolución de problemas (García Huidobro y Gutiérrez, 1984, p. 28).

Sea optimista macro o micro, o crítico-reproductivista macro o micro, estos enfoques no difieren sustancialmente de los enfoques de la investigación educacional de Estados Unidos o Reino Unido. Ahora bien, pese a estas diferencias, los autores comparten la identificación de un tercer enfoque que parece no acoplarse bien con las lógicas de clasificación que ellos mismos construyen, nos referimos al enfoque crítico-histórico (García Huidobro y Gutiérrez, 1984) o la investigación-acción y la educación popular (Brunner, 1984), perspectiva que no es ni optimista ni reproductora, ni micro ni macro. Lo que sorprende es que, a diferencia de divisiones anteriores, la descripción que hacen de este tercer enfoque es muy coincidente. Se trataría de un enfoque que se nutre de los trabajos del educador brasilero Paulo Freire, que promueve un tipo de investigación cuyo énfasis es "menos de denuncia y más cercana a una búsqueda de profundización y explicitación de los procesos, para que tenga incidencia en la proposición de soluciones a los problemas" (García Huidobro y Gutiérrez, 1984, p. 21) y que intenta trabajar desde la experiencia colectiva de los sectores pobres y marginales para facilitar su organización, aprendizaje y desarrollo. Este enfoque, según Brunner (1984), sería propio de países subdesarrollados donde los sistemas modernos de organización de la cultura (escuela, universidad, etc.) no logran resolver las demandas sociales de estos sectores.

Es en este contexto que tiene lugar un proceso de sofisticación cuantitativa de la investigación educacional, Brunner (1984), describiendo los trabajos de investigación de las *perspectivas macro*, destaca que al interior de aquellas enfocadas a los temas de estratificación y segmentación:

> se vuelven más sofisticados los métodos de investigación de los efectos de la educación sobre la trayectoria de vida de los individuos y, en general, sobre la movilidad social. El 'tracer study' de Schiefelbein y Farrel es aquí un ejemplo, seguramente el mejor (Brunner, 1984, p. 8).

Se refiere a *Eight years of their lives. Through schooling to the labour market in Chile*, de Ernesto Schiefelbein y Joseph Farrel, publicado el año 1982, que para Brunner (1984) representa el surgimiento en la investigación educacional sudamericana de lo que se conoce como "empirismo metodológico", es decir, investigaciones que fundiendo a la sociedad en el individuo, realizan estudios con un fuerte énfasis en los aspectos cuantitativos y procurando un alto grado de rigor mesurable en sus conclusiones (Brunner, 1984). Así, este estudio puede ser entendido como una evolución sofisticada de la investigación que el mismo Schiefelbein caracterizaba como "meros análisis estadísticos" (1990, p. 61); es la evolución sofisticada de la planificación educativa.

En este trabajo los autores estudian el problema de la equidad dentro del sistema escolar y su relación con el mercado laboral. Se identifican cuatro dimensiones de la inequidad: i) inequidad en el acceso a la educación según grupos sociales; ii) inequidad en la sobrevivencia en la educación, esto es, capacidad de distintos grupos sociales de mantenerse en el sistema escolar hasta un nivel definido (primaria, secundaria, superior); iii) inequidad en el rendimiento académico según grupos sociales; y iv) inequidad en los resultados de la escolaridad según grupos sociales (ingresos, tipos de trabajo, posiciones de poder político, etc.). Al situar históricamente el problema señalan que Chile es una excepción en el escenario de países subdesarrollados, pues no ha tenido grandes problemas con lograr equidad en el acceso; por lo mismo, el foco de la investigación se ha centrado en los problemas de equidad en la sobrevivencia:

a lo largo de los años 1950 y los primeros años de la década de los años 1960, el debate educacional se enfocó en gran medida en los *problemas sobre la equidad en la sobrevivencia* a la educación primaria y sobre las dificultades de aprendizajes de los niños pobres. El reconocimiento de que aunque la mayoría de los niños pobres ingresaban a la educación primaria pocos de ellos terminaban el ciclo de 6 años de educación primaria, fue una de las *fuerzas motrices de la reforma educacional chilena de 1965-1970*. Este estudio comienza como parte de un esfuerzo por evaluar los efectos de esta reforma. Su foco estuvo sobre la equidad en la sobrevivencia y los rendimientos en el nivel primario (Schiefelbein y Farrel, 1982, p. 15, destacados nuestros)[7].

Este estudio vuelve sobre el problema del ausentismo y la deserción escolar, que desde 1920 viene siendo central en el país y dialoga con la agenda reformista de la década de los años 1960. Ahora bien, la forma en que se abordó este problema representa un salto cualitativo en el campo de la investigación educacional; tanto así, que incluso hoy es difícil hallar parangón con este trabajo. Schiefelbein y Farrel (1982) realizan un estudio cuantitativo longitudinal de 12 años de duración, que comienza en julio de 1969 y finaliza en agosto de 1981. Reconociendo que estos proyectos son muy complejos y escasos, son conscientes de que este "es el primer estudio longitudinal de gran escala de un sistema educacional en una nación subdesarrollada" (p. 10). Los datos recolectados consisten en un cuestionario aplicado el año 1970 a 3.500 estudiantes que estaban en octavo año básico (último de primaria), a 2.340 profesores y a 353 directivos. El año 1974 se elabora un cuestionario de seguimiento que recibe 986 respuestas de estudiantes, 684 de profesores y 252 de directores. Finalmente, el año 1977 se aplica el último cuestionario de seguimiento a la muestra original de estudiantes, estando muchos de ellos a estas alturas ya en el mercado laboral, obteniéndose 870 respuestas emparejables con la muestra de 1970. Por ello, los autores señalan que estos datos

representan la más rica y detallada información disponible (al menos en los países subdesarrollados – tal vez en cualquier país) respecto a cohortes de personas jóvenes que pasan a través de transiciones críticas desde su adolescencia y condición de estudiantes hacia su edad adulta y condición de trabajadores (p. 10).

---

[7]   Todas las traducciones de este texto son realizadas por el autor.

La sofisticación en la metodología responde a una sofisticación en la construcción del problema de estudio. Los autores indican que durante los años 1960 la investigación educacional ha visto el sistema escolar como una "caja negra", reforzando con ello la idea de que la escuela reproduce los privilegios de nacimiento para los niños de clases superiores y conserva las desventajas sociales para los de clases bajas. Por lo mismo, se ha limitado a contar años de escolaridad y relacionar estos años con ingresos o tipos de trabajo. Realizando una crítica a este reduccionismo, este estudio se plantea el desafío de ir más allá, entendiendo al sistema escolar como uno compuesto por "instituciones sociales complejas en donde los niños son ordenados y clasificados de diversas formas en diferentes etapas" (Schiefelbein y Farrel, 1982, p. 9).

El desafío de ir más allá de la caja negra implica que "tenemos que meternos dentro del sistema escolar" (p. 10). Esto es, ser capaces de "enfocarse en un examen detallado de factores escolares internos de orden más cualitativo, particularmente aquellos que pueden ser manipulados por la política, y vincular varias etapas juntas a partir de un estudio longitudinal" (p. 171). La investigación educacional cuantitativa empieza a entender por primera vez en la historia del país la relevancia de los factores escolares *internos y cualitativos* junto con la dinámica procesual del fenómeno educacional, es decir, entiende que al interior de la escuela ocurren procesos acumulativos complejos que pueden constreñir el futuro de un estudiante. Hay un desplazamiento desde el mero análisis estadístico hacia una estadística que logre *introducirse* en la caja negra; para ello, no solo entiende que estos factores deben ser de *orden más cualitativo*, sino además que hay que considerar la variable *tiempo*: estadística cualitativa longitudinal explorando la caja negra, esa es la gran sofisticación epistemológica del estudio.

Dentro de los hallazgos del libro, aparte de ser una suerte de Informe Coleman (1962) para Chile, al evidenciar que el estatus socioeconómico de las familias es el mayor predictor de la trayectoria educacional de los estudiantes, significando esto que los grupos sociales más pobres tienen menos probabilidades de acceder, sobrevivir y rendir adecuadamente en el sistema escolar; aparte de esto, decíamos, emergen dos variables de alta relevancia en la trayectoria de los estudiantes: la disponibilidad de libros en el hogar y la excelencia pedagógica en el 8° grado. Siendo ambas de relativamente "fácil" manipulación por las políticas educativas, los autores invitan a que los *policy makers* las consideren como objeto de intervención para enfrentar la inequidad en la sobrevivencia y en el rendimiento.

Ahora bien, ¿cómo conecta este proyecto de investigación con el primer estudio de etnografía escolar en Chile? Lo primero que hay que señalar es que La cultura escolar ¿Responsable del fracaso? (López, Assaél y Neuman, 1984) es uno de cuatro estudios etnográficos regionales que componen el libro *Teaching children of the poor: an ethnographic study in Latin America*, coordinado por Beatrice Ávalos (1986). Por ello es importante identificar los puntos de encuentro entre el proyecto de Schiefelbein y Farrel (1982) y el de Ávalos (1986) junto con comprender cómo llega a gestarse este proyecto etnográfico mayor que coordina Ávalos, y sus vínculos con el primer equipo de etnografía escolar en Chile.

Respecto a los puntos de encuentro, ambos proyectos comparten formas de financiamiento y se alojan en una misma institución. En el caso del proyecto de Schiefelbein y Farrel (1982), este contó con apoyo de múltiples organismos internacionales durante sus 12 años de trabajo (OEA, Fundación Ford, Ontario Institute of Education, Banco Mundial), destacando los autores especialmente el apoyo de IDRC de Canadá. Por su parte, el proyecto de investigación de Ávalos (1986) también contó con el "generoso financiamiento" (p. 7) del IDRC. Adicionalmente, tanto el equipo de Schiefelbein y Farrel (1982) como el equipo chileno compuesto por López, Assaél y Neuman (1984) se alojan en el PIIE[8]. Al explicar Ávalos por qué trabajan con el PIIE, señala que el contexto de dictadura hacía muy difícil involucrar al Ministerio de Educación, por ello se escoge el PIIE.

Ahora bien, no es solo financiamiento e institucionalidad lo que comparten ambos proyectos, sino además experiencia de investigación encarnada en sujetos individuales concretos. Schiefelbein y Farrel (1982) reconocen en su libro a dos asistentes de investigación del PIIE que trabajaron muy estrechamente con ellos a mediados de los años 1970 con las siguientes palabras: "su dedicación reflexiva e inagotable hacia el proyecto no será olvidada" (p. 6). Estas asistentes de investigación eran Consuelo Gazmuri y Gabriela López, quienes conocían muy bien el proceso de sofisticación que significó el trabajo de Schiefelbein y Farrel (1982). Así, a comienzo de los años 1980, cuando Gabriela López asume la coordinación del proyecto chileno de etnografía escolar, ella representaba una importante continuidad entre ambos proyectos.

Junto con estas condiciones de posibilidad compartidas existe una lógica de construcción del problema de investigación muy similar entre ambos proyectos: "cuando comenzamos nuestras carreras docentes a principios de los años 1960 en América del Sur, lo hicimos en medio de lo que prometía ser un interesante tiempo de cambio" (Ávalos, 1989, p. 9). El vértigo del optimismo reformista y, con los golpes militares, la caída y fracaso de las reformas era un trasfondo común para la generación de Schiefelbein y Ávalos. Los análisis críticos llevaron a muchos a culpar de este fracaso a las presiones externas y los grupos reaccionarios de cada sociedad. Esta lógica de pensamiento se extendió al análisis del problema educacional:

---

[8]   En el caso del proyecto de Schiefelbein y Farrel (1982), en un comienzo se alojan en el MINEDUC, luego en el PIIE y, desde 1977, en el CIDE.

Como resultado, llegamos a atribuir a los efectos de factores externos el fracaso de la enseñanza en producir un nuevo cuadro de personas. Sin embargo, no examinamos si, y hasta qué punto, reformas sociales, como la de la enseñanza, habían sido en efecto algo más que estructuras nuevas impuestas a las formas tradicionales de la práctica educacional que continuó inalterada en su mayor parte. Era más fácil, en cierto modo, atribuir el fracaso del sistema a factores externos a la escuela y dar la razón a interpretaciones deterministas, de tipo funcionalista estructural o marxista que explicaban la ineficiencia de la enseñanza (Ávalos, 1989, p. 10).

Vemos que tanto el estudio de Schiefelbein y Farrel (1982) como el de Ávalos (1986) comparten una visión de la educación que rechaza el optimismo por ingenuo y el pesimismo por determinista, y cree en la necesidad de comprender la "caja negra" o "el proceso de enseñanza-aprendizaje". El problema de la repitencia y la deserción escolar era la evidencia más rotunda del fracaso de las reformas educacionales de los años anteriores y, frente al discurso que atribuía este fracaso a factores externos a la escuela, ambos proyectos levantan la categoría de "factores internos de fracaso escolar" (Ávalos, 1989, p. 12) como una categoría de pensamiento que desafía el determinismo reproductivista y abre posibilidades de investigación de este problema dentro de la misma escuela.

Schiefelbein y Farrel (1982) reconocen que una de las limitaciones más importantes de su estudio es que se comenzó a trabajar con estudiantes en el último año de educación primaria, cuando ya habían tenido lugar importantes prácticas de diferenciación. Por ello, señalan que "estamos muy necesitados de estudios cuidadosos enfocados en niños pobres en sus años tempranos de enseñanza primaria" (p. 171). Esta línea de trabajo es justamente la que recoge el proyecto que coordina Ávalos al centrarse en "el periodo de mayor riesgo, los primeros 4 años de escuela primaria" (1986, p. 12) mediante un estudio cualitativo etnográfico, es decir, muy cuidadoso.

Hasta aquí los puntos de encuentro dentro de la voluntad de sofisticación que permiten hablar de ella como una subjetividad común. Sin embargo, existieron importantes diferencias entre ambos proyectos de investigación que darán origen a la voluntad etnográfica. La más importante de ellas es la epistemología que orientaba los respectivos procesos y que podemos analizar al comparar las preguntas de investigación de cada trabajo:

Estudio de Schiefelbein y Farrel (1982, p. 10)	Estudio de Ávalos (1989, p. 12)
¿Cómo operan los sistemas educativos? ¿En qué punto ocurren clasificaciones críticas [critical sorting] de los niños? ¿Qué factores determinan si un estudiante se retirará del sistema escolar o sobrevivirá dentro de él? En cada uno de esos puntos críticos, ¿cuáles son los factores internos y externos a la escuela que determinan el destino de los estudiantes? ¿Qué factores determinan el grado de logros académicos de los estudiantes al finalizar los estudios primarios y secundarios, y cambios en los niveles de logros entre estos dos puntos? ¿Qué tipo de experiencias de educación no formal viven estos jóvenes? ¿Cómo sus logros educacionales formales e informales se relacionan con su entrada y éxito en el mercado laboral?	¿Qué acontecimientos en el aula parecen afectar el aprendizaje del alumno y su éxito o fracaso escolar? ¿Qué indicaciones de las características de cada sistema educacional (calificaciones del maestro, relación maestro-alumna, disponibilidad de recursos, lineamientos educacionales, etc.) se expresan en la vida escolar y del aula? ¿Cuáles son las características de la comunidad a la que pertenece la mayor parte de los niños de una escuela dada? ¿Cuál es el nivel comunitario de desarrollo y empleo? ¿Cuáles son las creencias y valores de los padres y otros miembros de la comunidad en cuanto a la educación y las teorías de modernización apoyadas por los formuladores de política y los maestros? ¿Cuál es el idioma que más se habla en el hogar? ¿De qué manera todas estas características de la comunidad se relacionan con el proceso escolar? ¿Quiénes son los maestros y cómo se relacionan con los padres y otros miembros de la comunidad? ¿Qué espera la comunidad de sus maestros en el sentido de la educación de sus niños y de la participación del maestro en la vida comunitaria? ¿Qué piensan a su vez los maestros acerca del papel de los padres y otras personas en relación con las actividades escolares? ¿De qué manera afectan estas relaciones lo que sucede en la escuela?

Es muy interesante observar cómo las diferencias de foco, estando el estudio de 1982 fuertemente centrado en el sistema escolar y el logro académico, y el de 1986 en los actores de la escuela y la comunidad escolar, expresan diferencias ontológicas y epistemológicas significativas. En las preguntas de 1982 el sujeto estudiante aparece *clasificado, determinado, destinado*, es efecto de factores que operan en un nivel sistémico. Ontológicamente, se construye un sujeto-objeto que es efecto del sistema escolar; por ello, epistemológicamente, no importa en tanto sujeto, sino en tanto objeto de clasificaciones. Solo las dos últimas preguntas escapan de esta lógica y se acercan más a la consideración de sujeto –estudiantes, padres o madres y maestros– que tiene el estudio de 1986, donde este aparece como uno al que le *acontecen* cosas, que vive en un espacio con problemas concretos, que habla un idioma, que *espera* cosas del otro y *participa*, que *piensa* y se *relaciona* de tal forma que se ve *afectado*. Es decir, ontológicamente se pregunta por un sujeto-sujeto que hay que estudiarlo en sus diversas expresiones.

Este cambio en el tipo de preguntas es expresivo de una subjetividad distinta que se articula en torno a una convicción común:

> era nuestra convicción que, hasta la fecha, la metodología predominante de investigación utilizada para estudiar los problemas educacionales en Latinoamérica (formas simples de encuestas y estudios correlativos) no era capaz de ocuparse del estudio de procesos. De ahí nuestro compromiso casi intuitivo hacia lo que describíamos como un enfoque de investigación cualitativo […] Por lo tanto, el enfoque apropiado será como el del antropólogo que intenta comprender una cultura convirtiéndose en parte de ella, pero teniendo a la vez la capacidad de sustraerse para interpretar sus procesos a la luz del mundo social más amplio del cual forma parte (Ávalos, 1989, p. 13).

Esta voluntad etnográfica se constituye en oposición a una investigación educacional "empírica y cuantitativa, caracterizada por el desarrollo de pruebas y cuestionarios estandarizados" (Shaeffer, 1989) que era hegemónica en los países subdesarrollados. Lo otro, lo cualitativo, de pequeña escala inscrito en contextos más amplios, lo íntimo e intensivo, abundante en descripción, existía, pero en otras partes del mundo o, más bien, "en el medio investigativo educacional norteamericano y en el sociológico británico" (Ávalos, 1989, p. 13), donde el uso de la observación participante y de las entrevistas no estructuradas o semiestructuradas a diversos actores educacionales, junto con el análisis de documentos producidos por estos mismos actores, habían producido importante información sobre el fracaso escolar. Había un conjunto de investigadores interesados en este tipo de enfoques[9], siendo Beatrice Ávalos parte de este grupo (Shaeffer, 1989), quienes propusieron el primer estudio cualitativo etnográfico en cuatro países de la región en un encuentro sostenido por diversos investigadores cualitativos de América Latina en Bogotá, Colombia, el año 1980.

Ahora bien, este *compromiso casi intuitivo* se vinculó con la antropología, probablemente porque en un campo dominado por lo cuantitativo, lo empírico y la estadística, el referente alternativo mejor articulado era la antropología. Así,

---

[9]   Aquí es clave la Red Latinoamericana de Investigación Cualitativa sobre la Realidad Escolar (RINCUARE), formada a principios de los años 1980 y donde se comienza a organizar este interés por lo cualitativo. Véase Batallán (1998), para más detalles sobre la Red.

después de tomar la decisión de realizar el estudio sobre los procesos que conducen al fracaso o al éxito escolar, se vio la necesidad de estructurar una experiencia de entrenamiento en investigación cualitativa y, más específicamente, etnográfica (Ávalos, 1989, p. 23).

Estos talleres de autoformación son considerados por Batallán (1998) como el origen de la primera generación de etnógrafos educacionales latinoamericanos, el surgimiento de la voluntad etnográfica. Auspiciados por IRDC, se organizaron dos talleres donde participaron las coordinadoras de cada país: Araceli de Tezanos (Colombia), Maritza de Crespo (Bolivia), Gabriela López (Chile) e Irma Hernández (Venezuela), junto con otras investigadoras como Beatriz Diconca (Uruguay) y Graciela Batallán (Argentina). Primero se realizó un taller de un mes sobre la teoría y la práctica antropológica organizado por la Dra. Susan Heck en el Centro de Investigación y Desarrollo de la Educación de la Universidad de Texas, en Austin. Y luego un taller de tres semanas sobre técnicas de investigación y teorías relacionadas con la escolarización en el contexto social y económico de América Latina, coordinado por la antropóloga Elsie Rockwell (2009), una de las intelectuales que más ha aportado al campo de la etnografía educacional en Sudamérica, en el Departamento de Investigaciones Educativas (DIE) del Instituto Politécnico Nacional de México. Este proceso de entrenamiento

> fue, en general, un éxito, en el sentido de que transmitió sistemáticamente información sobre investigación etnográfica a individuos interesados en ella pero inadecuadamente preparados para tal investigación. Aparentemente no solamente logró situar la etnografía en el contexto más amplio de la ciencia social y la fenomenología, sino también proporcionar abundante experiencia en observación del aula, toma de notas, entrevistas y análisis de datos cualitativos (Ávalos, 1989, p. 175).

Autoformándose, se gestaba una subjetividad de investigadores educacionales cualitativos, quienes ganaban la confianza necesaria para emprender su primera experiencia de investigación de etnografía en contextos escolares, voluntad viva que en el caso de Chile objetivó su experiencia bajo el nombre de *La cultura escolar ¿Responsable del fracaso?*, nuestro punto de llegada.

Conclusión

A modo de conclusión, me gustaría relevar tres problemas que despliegan las ideas principales desarrolladas en este texto como una estrategia para sintetizar las mismas y animar futuros debates.

El problema de las categorías. Un aporte de este trabajo consiste en evidenciar la relevancia que tiene el fenómeno de la deserción y repitencia escolar en la constitución de una subjetividad interesada en investigar los problemas de la educación. Desde la década de los años 1920 este fenómeno ha sido caracterizado como central para comprender la educación chilena, orientando reformas educativas y movilizando la investigación educacional a través del siglo xx. Por ello es posible afirmar que el nombre que escoge el primer estudio etnográfico en Chile, *La cultura escolar ¿Responsable del fracaso?*, no es casual, sino todo lo contrario, expresa que el origen de la etnografía escolar está incrustada en el devenir del acontecer educacional del país. Si el argumento anterior hace sentido, hay un problema importante por abordar: la multiplicidad de formas de nombrar el fenómeno de "deserción y la repitencia escolar". Parecen ser sinónimos los conceptos de inequidad en la sobrevivencia, eficiencia interna de la educación básica y fracaso escolar, pero ¿están nombrando lo mismo? ¿Qué muestra y qué oculta cada nombre? Una historia o genealogía de la deserción y la repitencia escolar, identificando las categorías con que se nombra este problema, puede ser un interesante ángulo desde donde observar la historia de la educación chilena en el siglo xx.

El problema de la subjetividad y la voluntad. La voluntad que mejor he delineado es la que denomino de sofisticación, pues es producto de una tensión en su interior que emerge del grupo humano que realiza el primer estudio de etnografía escolar en el país. La tensión interna se articula en torno al problema de cómo introducirse a esa "caja negra" llamada escuela y explorar allí por qué desertan y repiten los estudiantes chilenos. Unos escogen el camino de la estadística con sensibilidad cualitativa y de carácter longitudinal. Pero otros, justamente creando una oposición identitaria con este grupo, niegan este camino cuantitativo, empírico y estadístico por ser poco sensible con los procesos escolares. Emerge la necesidad de echar mano a lo cualitativo, y el referente mejor articulado de lo cualitativo era la antropología, que construye conocimiento fundamentalmente desde la etnografía. Así, emerge una voluntad etnográfica en la investigación educacional. Ahora bien, esta voluntad de sofisticación la he intentado vincular con dos voluntades previas: la voluntad de planificación, que prima en las décadas reformistas de los años 1960 y 1970, y la voluntad de experimentación, que he ubicado en la primera mitad del siglo xx. Ambas voluntades son centrales para entender el devenir de la investigación educacional en el país, que permite el surgimiento de la etnografía escolar. Mientras la voluntad de experimentar piensa desde el aula cómo investigar el entorno y el sistema escolar, la voluntad de planificar piensa el sistema escolar desde el gobierno, la universidad o los emergentes centros de investigación, y desde allí se pregunta cómo vincularse con el entorno y el aula. En este cambio de posición subjetiva emerge la escuela como "caja negra". Y es desde la voluntad planificadora que emerge la voluntad de sofisticación, que en un contexto de repliegue y expulsión de los espacios de reforma que propicia la dictadura, busca volver a comprender esta caja. Ahora bien, ¿qué tensiones internas había dentro de la experimentación y la planificación? ¿Cómo actualizan las coyunturas estas voluntades históricas, por ejemplo, en las actuales reformas educativas o los movimientos educacionales? ¿Podemos ver hoy en acción estas voluntades? ¿Qué otras voluntades podemos describir actualmente dentro de la investigación educacional? ¿Qué nuevas tensiones emergen dentro de la investigación que se piensa sofisticada?

Finalmente, el problema de la etnografía. Fuertemente vinculado con las dos ideas anteriores, el tercer aporte consiste en evidenciar que la matriz epistemológica del proyecto donde se aloja el primer estudio de etnografía escolar en Chile busca reencontrarse con el entorno local y el aula, en una especie de reencuentro con la matriz epistémica de la experimentación. ¿Qué nos dice esto sobre la etnografía como enfoque de investigación? Si bien el etnógrafo o la etnógrafa no es un docente investigando su entorno y sistema escolar desde su escuela, sí es un investigador o una investigadora que entiende que para comprender la educación no bastan los sistemas, hay que ir al entorno y a la escuela. ¿De qué forma el dispositivo "etnografía" logra vincular la distancia que se produce entre la voluntad experimentadora y planificadora? ¿Podemos leer aquí un reencuentro de la investigación con la intuición y la experimentación como formas de construir conocimiento? ¿Qué puntos de encuentro tiene lo cualitativo y lo etnográfico con la experimentación, con el observar una y otra vez lo que sucede en el día a día? ¿Qué aprende (y aprehende) un etnógrafo en las escuelas? Al menos parece que la voluntad de experimentar y la voluntad etnográfica comparten una curiosidad epistemológica importante desde donde explorar e investigar.

Referencias

ALBERDI B. (2011). La revista *Andamios*: apertura, voces divergentes y pluralidad máxima. *Aisthesis, 50*, 253–274. doi: http://doi.org/10.4067/S0718-71812011000200014

ARNOLD M. (1990). *La antropología social en Chile. Producciones y representaciones*. Santiago de Chile: Dicomgraf.

Ávalos B. (1986). *Teaching children of the poor: an ethnographic study in Latin America.* Ottawa: International Development Research Centre.

Ávalos B. (1989). *Enseñando a los hijos de los pobres: un estudio etnográfico en América Latina.* Ottawa: International Development Research Centre.

Batallán G. (1998). Appropriating ethnography for research in education. Reflections on recent efforts in Argentina and Chile. En G. Anderson y M. Montero-Sieburth, M. *Educational Qualitative Research in Latin America. The Struggle for a New Paradigm.* New York: Garland Publishing, Inc.

Becker G. S. (1983 [1964]). *El capital humano: un análisis teórico y empírico referido fundamentalmente a la educación.* Madrid: Alianza Editorial.

Brunner J. J. (1984). Algunas consideraciones sobre la investigación educacional en América Latina. Documento de trabajo Programa FLACSO-Santiago, Número 203. Santiago de Chile: FLACSO Chile.

Brunner J. J. (1980). Vacíos en la investigación educacional y carencia de teoría. Material de Discusión Programa FLACSO-Santiago, Número 3. Santiago de Chile: FLACSO Chile.

Brunner J. J. y Salazar F. (2009). La investigación educacional en Chile: Una aproximación bibliométrica no convencional. Documento de Trabajo CPCE N° 1. Santiago: CPCE.

Cariola P. (1991). *La investigación educacional en América Latina: factores asociados a su desarrollo (1960 - 1991).* Santiago de Chile: CIDE.

CIDE (2004). *CIDE 40 años.* Santiago de Chile: CIDE. Recuperado de http://biblioteca.uahurtado.cl/ujah/reduc/pdf/pdf/mfn309.pdf

García Huidobro J. E. (2007). La experiencia de REDUC (Red Latinoamericana de Información y Documentación en Educación). Ponencia Primer Simposio Internacional de Documentación Educativa (SIDOC), Palma de Mallorca, España, 14 y 16 de febrero de 2007. Recuperado de http://redined.mecd.gob.es/xmlui/bitstream/handle/11162/5582/01220073000163.pdf?sequence=1

García Huidobro J. E. y Gutiérrez G. (1984). *Orientaciones de la investigación educacional en América Latina.* Santiago de Chile: CIDE.

García Huidobro J. E. y Ochoa J. (1977). Tendencias de la investigación en educación en América Latina. Documento de trabajo 1-78. Santiago de Chile: CIDE.

Garretón M. A. (2007). Las Ciencias Sociales en Chile. Institucionalización, Ruptura y Renacimiento. En M. A. Garretón, G. De Sierra, M. Murmis, J. L. Reyna, Hélgio Trindade (Coord.), *Las ciencias sociales en América Latina en perspectiva comparada* (pp. 193-248). México: Siglo XXI.

Gutiérrez F. y Gutiérrez C. (2008). *Forjadores de la ciencia en Chile. Problemas y soluciones.* Santiago de Chile: RIL editores.

IDRC (2014). What we do. Country profile. Chile. Recuperado de http://www.idrc.ca/EN/AboutUs/WhatWeDo/Pages/DetailedCountryProfile.aspx?CountryProfileID=15

Leyton M. (2010). Los inicios del Centro de Perfeccionamiento, Experimentación e Investigaciones Pedagógicas (CPEIP). *Docencia, 40,* 85-91.

López G., Assaél, J. y Neumann E. (1984). *La Cultura Escolar ¿responsable del fracaso?* Santiago de Chile: PIIE.

Núñez I. (2010). Escuelas normales: una historia larga y sorprendente. Chile (1942-1973). *Pensamiento Educativo, 46,* 133-150.

Núñez I. (2004). El pensamiento de un actor colectivo: los profesores reformistas de 1928. *Pensamiento Educativo, 34*, 162-178.

Núñez I. (2002). Las Jornadas de experimentación pedagógica de educación primaria de 1950. Ponencia presentada a las VII Jornadas Nacionales de Historia de la Educación Chilena, Universidad de Biobío y Sociedad Chilena de Historia de la Educación, Chillán, 2002.

Núñez I. (1993). Investigación, planificación y evaluación del sistema. En I. Núñez (Coord.), H. Contardo y J. Castillo. *Sistema Educativo Nacional de Chile: 1993*. Santiago de Chile: MINEDUC y OEI.

PIIE (s/f). Institución, Historia. Recuperado de http://www.PIIE.cl/index.php/institucion/historia

Reyes L. (2010). Profesorado y trabajadores: movimiento educacional, crisis educativa y reforma de 1928. *Docencia, 40*, 40-49.

Rockwell E. (2009). *La experiencia etnográfica. Historia y cultura en los procesos educativos.* Buenos Aires, Argentina: Paidós.

Schiefelbein E. (1990). La investigación educativa en América Latina: de la fase artesanal a la fase industrial. *Perspectivas: Revista trimestral de educación comparada, 1*, 61-67. Recuperado de http://dialnet.unirioja.es/servlet/articulo?codigo=3113786

Schiefelbein E. (1982). La recuperación y sistematización de la información sobre educación en América Latina. Documento de trabajo 8/82. Santiago de Chile: CIDE.

Schiefelbein E. y Farrel J. P. (1982). *Eight years of their lives. Through schooling to the labour market in Chile*. Ottawa: International Development Research Centre.

Shaeffer S. (1989). Prefacio. En B. Ávalos (Ed.), *Enseñando a los hijos de los pobres: un estudio etnográfico en América Latina* (pp. 5-6). Ottawa: International Development Research Centre.

Schultz T. W. (1962). La educación como fuente del desarrollo económico. Conferencia sobre educación y desarrollo económico y social en América Latina, Santiago de Chile, 5-19 Marzo de 1962. Naciones Unidas - Consejo Económico y Social.

Schultz T. W. (1961). Investment in Human Capital. *The American Economic Review, 51*(1), 1-17.

Zemelman H. (2005). *Voluntad de conocer. El sujeto y su pensamiento en el paradigma crítico.* Barcelona: Anthropos.

Zemelman H. (1997). Sujetos y subjetividad en la construcción metodológica. En E. León, E. y H. Zemelman (Coords.), *Subjetividad: umbrales del pensamiento social* (pp. 21-35). México D.C.: Anthropos.

Zemelman M. y Jara I. (2006). *Seis episodios de la educación chilena, 1920-1965*. Santiago de Chile: Ediciones Facultad de Filosofía y Humanidades, Universidad de Chile.

La etnografía escolar en la década de los años 1980

Jenny Assaél y Paulina Contreras

Introducción

El presente capítulo busca dar cuenta de los inicios de la etnografía escolar en Chile. Para ello recorreremos el decurso de las primeras etnografías escolares, identificando los problemas, metodologías y técnicas que la caracterizaron durante la década de los años 1980. A la vez, mostraremos las condiciones de producción de estos trabajos en el contexto sociopolítico en general y de la investigación educativa en particular.

Al inaugurarse esa década la principal preocupación de la investigación educativa en América Latina era la calidad de la educación, en el marco de políticas de ampliación de la cobertura escolar en toda la región. En este proceso se estaban produciendo serios problemas de repitencia y deserción, cuestión que se denominó fracaso escolar, por lo que los trabajos empíricos se abocaban, principalmente, a conocer los factores que lo favorecían. El énfasis estaba en el estudio de los niños provenientes de sectores populares, donde se daban altos índices de repitencia en los primeros años, asociados con la deserción escolar definitiva del niño. La gran mayoría de dichos estudios, de carácter cuantitativo, ponía énfasis en el papel de las características individuales, familiares y ambientales en el fracaso escolar, entendidas como variables de entrada, donde la variable de salida era el fracaso escolar. En Chile esta tendencia se mantuvo durante toda la década, y la mayor parte de los estudios trataban el tema de rendimiento escolar y eficiencia interna, ambos entendidos en términos de repitencia, deserción y desempeño de los estudiantes (Briones, 1990)[1].

---

[1]   Briones recopila las investigaciones empíricas realizadas entre 1980 y 1989, recogiendo un total de 134. Los principales temas abordados son: rendimiento escolar (37) y eficiencia interna de la escuela (13), todos de carácter cuantitativo, realizados principalmente por el Centro de Perfeccionamiento e Investigaciones Pedagógicas (CPEIP), dependiente del Ministerio de Educación y publicados en su "Serie de estudios". Aparecen también investigaciones respecto a: práctica docente/conductas del profesor (8); comprensión lectora y lenguaje (14); representaciones e imáge-

En respuesta a la predominancia de la investigación cuantitativa, se conforma la Red de Investigación Cualitativa de la Realidad Escolar en América Latina (RINCUARE), con el objetivo de fomentar el intercambio entre investigadores latinoamericanos interesados en la investigación cualitativa en educación, especialmente en etnografía escolar[2] (Ávalos, 1989; Batallán, 1998). Al alero de esta red, se financia un proyecto para realizar etnografía escolar en cuatro países –uno de ellos Chile– para comprender el fracaso escolar, en línea con la preocupación sobre la investigación educativa de la región. Se consideraba que la investigación cuantitativa no lograba dar cuenta del fenómeno del fracaso escolar, pues separaba la realidad en variables medibles y cuantificables, sin comprenderla en su singularidad y complejidad integrada. Además, se planteó que la investigación de la época no consideraba los procesos que se daban al interior de las escuelas, ni los contextos en que las escuelas se desenvolvían. Se pretendía llenar estos vacíos mediante la etnografía en la medida en que permitía desentrañar "la caja negra" de la escuela (López, Assaél y Neumann, 1984).

Tal como lo menciona Acuña en el capítulo anterior, para dar inicio a este trabajo se nombraron cuatro coordinadoras de proyectos, que durante seis meses viajaron a la Universidad de Texas en Austin y al Instituto Politécnico Nacional (IPN) en Ciudad de México para formarse en etnografía. Luego, cada una de ellas formó a los equipos en cada país, que en el caso de Chile estuvo alojado en el Programa Interdisciplinario de Investigaciones en Educación (PIIE). Si bien el grueso de la producción en etnografía escolar durante esta década correspondió al equipo que se formó en el PIIE, paralelo a la conformación de RINCUARE, Carlos Calvo realizaba su tesis doctoral "El profesor taxi en Chile" (1979).

---

nes escolares (18); metodología de la enseñanza (9); formación y perfeccionamiento de profesores (9). Las demás investigaciones reseñadas aluden a aspectos relacionados con el sistema educativo y los cambios estructurales que este estaba teniendo respecto a los procesos de municipalización/ privatización impuestos por la Dictadura a partir de los años 1980, de los cuales 9 se refieren a administración escolar y funcionamiento de las escuelas; 6 a municipalización/ descentralización, y gasto y rentabilidad de la educación, y 4 a desigualdad educativa. Por último, describe 2 investigaciones sobre trabajo de escolares y 2 respecto a drogadicción y salud del escolar.

[2]   RINCUARE, coordinada por Rodrigo Vera, investigador del PIIE, fue un importante referente para la investigación cualitativa y crítica en América Latina durante la década de los años 1980. Promovió el intercambio entre investigadores y equipos, principalmente a través de la producción y difusión de material de formación (*Revista Dialogando* y *Cuadernos de Educación*) y la organización de seminarios internacionales, donde se encontraban estos investigadores. La recopilación y sistematización del material producido en este contexto resulta difícil, pues eran publicaciones informales que no han sido digitalizadas y hoy se encuentran dispersas.

La primera etnografía escolar en Chile

En estricto rigor, la tesis que Calvo desarrolló en el marco de sus estudios en Stanford es la primera etnografía escolar que se realizó en el país, aunque sin relación con la posterior producción en esta área. Si bien Calvo reconoce el apoyo institucional del PIIE a su tesis, lo cierto es que la manera en que plantea su investigación se aleja de lo que en ese momento se estaba discutiendo en RINCUARE y el PIIE. En este sentido, no se inscribe en la preocupación por el fracaso escolar, sino que responde más bien a su inquietud respecto a la cultura escolar. Declara su interés por estudiar a los profesores en escuelas en relación con los efectos que en ellos estaba teniendo el autoritarismo, producto del régimen dictatorial instalado en ese momento. Es desde allí que explora los efectos en el rol del profesor y las relaciones que este establece con sus estudiantes de las subculturas que caracterizan a establecimientos educacionales secundarios públicos y privados. Para ello realiza una etnografía con una profesora y un profesor de biología que trabajan juntos, tanto en un liceo público como en un colegio privado. De ahí la denominación de "taxi", en tanto los profesores se desplazaban de un establecimiento a otro. El trabajo de campo se realizó durante un año escolar, en el cual observó a estos dos profesores en el aula y la escuela, además de recoger información acerca de las historias de vida de los profesores estudiados.

La investigación etnográfica en el PIIE

Conformación del equipo

En la década de los años 1980 el PIIE, junto al Centro de Investigación y Desarrollo de la Educación (CIDE) eran los centros que aglutinaban a intelectuales e investigadores de la educación críticos a la Dictadura. El PIIE había sido expulsado de la Pontificia Universidad Católica a fines de la década anterior y se encontraba al alero de la Academia de Humanismo Cristiano. Sus miembros estaban activamente involucrados en la lucha contra la Dictadura, y su trabajo era una extensión de esta lucha. Su propósito declarado era contribuir al cambio social a través del cambio educacional, tanto a través de la investigación como del trabajo con organizaciones sociales (PIIE, 1988). En este centro se fueron formando jóvenes investigadores y activos militantes contra la dictadura.

En este marco, Gabriela López, joven investigadora con título de profesora de la Pontificia Universidad Católica, luego de su corta estadía de formación en etnografía, conformó en el PIIE un equipo de etnografía con dos ayudantes:

Jenny Assaél y Elisa Neumann, a quienes transmitió los conocimientos adquiridos al respecto. Ellas habían terminado recién su formación de pregrado en Psicología en la Universidad de Chile, contaban con una breve experiencia en observación estructurada en su trabajo de tesis de pregrado, realizadas en el marco del equipo de Johanna Filp, investigadora del CIDE, y habían ingresado al PIIE recientemente para realizar su práctica profesional en jardines infantiles comunitarios. A partir de entonces, y durante toda la década, desarrollaron siete investigaciones etnográficas que fueron publicadas en cuatro libros (Figura 1 y Anexo 1), algunos artículos en revistas y el capítulo de un libro (Tabla 1).

La formación del equipo consistió en el estudio de textos de autores de etnografía, como Geertz; de etnografía escolar, principalmente Rockwell, aunque también Ezpeleta, Delamont y Hamilton, De Tezanos, Rist, Hymes, McCutcheon, Ogbu, Wilcox, Jackson; de la resistencia y la reproducción, como Passeron, Bourdieu, Bernstein, Baudelot y Establet, Giroux, Althusser, Apple, Foucault y Willis; y otros como Berger y Luckman y Heller. A la vez, practicaban la observación etnográfica en el barrio donde se ubicaba el PIIE. Los espacios de formación e intercambio eran reducidos, y fundamentalmente se compartía con investigadores del CIDE y de FLACSO. RINCUARE, por su parte, producía materiales de autoformación, difundidos a través de los Cuadernos de Formación y la *Revista Dialogando*, publicaciones artesanales confeccionadas por los propios miembros de la red en los que se reproducían artículos o capítulos de libros de autores clásicos, tales como Dilthey, Weber, Habermas, Adorno, etc. También realizaban algunos encuentros presenciales.

Trabajaron durante toda la década, en plena Dictadura Militar, y se fueron desarrollando tanto teórica como metodológicamente, autoformándose, al inicio, a través de lecturas teóricas y la práctica etnográfica en las escuelas. Luego, dos investigadoras del PIIE, Ana María Cerda y Verónica Edwards, realizaron la Maestría en Educación en el Instituto Politécnico Nacional de México y desarrollaron sus tesis en etnografía escolar[3]. A su regreso, y hacia finales de la década, se incorporaron al equipo de etnografía, ampliando miradas teóricas y metodológicas. Este grupo de trabajo se desarrolló gracias al financiamiento que recibió del International Development Research Center (IDRC) de Canadá, además de proyectos CLACSO y FONDECYT, a través de fondos concursables (Figura 1).

En la búsqueda de explicaciones más globales y profundas sobre el fracaso escolar, y de avanzar en la formulación de un marco interpretativo para abordar este problema, estas investigaciones tenían como propósito dar cuenta de la vida cotidiana de las escuelas, de la práctica educativa y del rol docente. Busca-

---

[3]   Sus tesis de grado, realizadas en México, fueron publicadas en los libros de Cerda (1995) y de Edwards (1990).

ban estudiar lo particular y lo diverso, reconstruyendo las tramas de relaciones que van constituyendo la cultura escolar, permitiendo aproximarse a la relación pedagógica, que había sido reducida a un problema técnico, sin considerar que involucraba personas, instituciones y culturas.

De esta forma, el equipo se entiende a sí mismo como fundacional, inaugurando una nueva forma de investigar en educación en Chile, tal como aparece en la Presentación de Rodrigo Vera, coordinador de RINCUARE, en el libro *La Cultura escolar ¿Responsable del Fracaso?*:

> En relación con la metodología utilizada, representa el primer estudio etnográfico por nosotros conocido, en el campo de la educación chilena. No estamos habituados a este enfoque y menos aún a enfrentarnos a una perspectiva descriptivo-analítica que requiere un esfuerzo largo y prolongado como el que las investigadoras han recorrido en este caso. La observación etnográfica implica una innovación frente a las indagaciones tradicionales que recurren a cuantificar sus observaciones (López *et al.*, 1984, p. 2).

Estas etnografías se desarrollaron en el marco más amplio de la investigación educativa en Chile. De acuerdo con la recopilación de Briones (1990), de las 134 investigaciones que incluye en su revisión encontramos que 100 son cuantitativas y apenas 34 son cualitativas, mostrando claramente la predominancia de las primeras y el carácter incipiente de las segundas. Este dato puede ser explicado tanto porque la investigación cualitativa era un campo nuevo en ese momento, como por la dificultad concreta de trabajar en escuelas y con docentes. Dado el contexto, existía un fuerte control político sobre los establecimientos, tanto sobre el currículum como sobre la práctica docente, a través de profesores y alumnos que delataban a sus compañeros, o había colegas que no se atenían a las prescripciones de la dictadura respecto a, por ejemplo, el tratamiento de ciertos temas, la participación en organizaciones o la resistencia al régimen, todo lo cual dificultaba realizar trabajo en terreno. El propio Calvo en su tesis menciona las dificultades para registrar a los profesores en audio y video, cuestión que atribuye al contexto político.

En cuanto a las instituciones desde las cuales se realizaban las investigaciones, la mayoría se hacía desde el Gobierno a través del Ministerio de Educación, particularmente de su Centro de Perfeccionamiento, Experimentación e Investigaciones Pedagógicas (CPEIP) (36%). Le seguían el CIDE (16%), la Pontificia Universidad Católica y la Universidad Austral (10% respectivamente), y el PIIE (8%). El resto se distribuía entre algunas universidades como la Universidad de Chile y centros como FLACSO o la Corporación de Promoción Universitaria (CPU). El desmantelamiento de las universidades estatales durante la dictadura explicaría que la mayor producción se realizara desde el propio Ministerio de Educación, así como por centros que tenían un cierto carácter militante antisistema y que recibieron respaldo internacional para realizar sus investigaciones. Cabe señalar que, dentro de las investigaciones cualitativas, la gran mayoría de ellas (23 de las 33) fueron desarrolladas por CIDE y PIIE.

Las formas de hacer etnografía

A lo largo de la década el equipo de etnografía del PIIE mantuvo una posición epistemológica explícita, que deja claramente estipulada, destinando un apartado metodológico en los cuatro libros publicados. El referente central era Elsie Rockwell, quien a su vez tomó de Clifford Geertz (1973) la idea de la descripción densa para comprender la interrelación de significados que constituyen la cultura. A ello Rockwell agrega la necesidad de considerar tanto el contexto histórico como los determinantes estructurales para interpretar los significados, pues constituyen el marco en el que se construyen dichos significados (Rockwell y Ezpeleta, 1985; Rockwell, 1985). En consecuencia, en las publicaciones del equipo se plantea que la unidad de estudio está inserta en una totalidad mayor, que en alguna medida lo determina. Señalan también la importancia de documentar lo no documentado, en un trabajo de campo prolongado, durante el cual existe una estrecha relación entre observación y análisis, en un proceso continuo, durante el cual se va construyendo el objeto de estudio. No obstante las categorías *a priori* siempre están presentes, deben ser lo suficientemente flexibles para posibilitar la comprensión de las categorías de los propios sujetos estudiados. En ese sentido, consideran que la descripción analítica es siempre el resultado de dos modelos de la realidad, el del investigador y el del investigado.

En cuanto a los establecimientos escolares en que se llevaron a cabo las etnografías, fueron todos de sectores marginales, municipales y particular subvencionados, de distintas comunas de la región Metropolitana. Al comienzo, se centraron en el primer ciclo de enseñanza básica: por una parte, porque en la época los índices de deserción y repitencia se daban entre primero y cuarto básico, y por otra, por la importancia que tienen los primeros años de escolarización en los procesos de socialización, tendientes a adaptar al niño a la escuela. Luego se trabajó también con los últimos años de educación básica, como una forma de entender el fracaso desde el "éxito escolar", o sea, desde aquellos estudiantes que no desertaban.

Consecuente con sus planteamientos metodológicos, todos los estudios se caracterizaron por un prolongado trabajo de campo, de al menos un año en cada establecimiento, con visitas una o dos veces por semana. La entrada a los establecimientos no era fácil, dado que se encontraban bajo control directo de la Dictadura, cuestión que dificultaba el contacto directo con el Ministerio de Educación desde el PIIE, cuya posición era crítica. Para salvar este escollo fue fundamental el contacto que el PIIE tenía con un investigador del CPEIP, organismo que conservaba cierto prestigio como centro de investigación que había sido referente pedagógico. Dicho contacto permitió que el CPEIP abriera las puertas de los establecimientos donde se realizaron las etnografías de este periodo. Sin embargo las dificultades no se agotaban en la entrada a los establecimientos, pues una vez dentro el equipo tuvo que enfrentar la desconfianza de los profesores frente a investigadores que eran presentados por los directores de las escuelas, habitualmente al servicio de la Dictadura. Esta segunda dificultad fue enfrentada con diálogos sostenidos con los profesores, donde se buscaba dejar en claro que el PIIE era un centro independiente, no relacionado con el Gobierno.

Sobrellevadas estas dificultades el trabajo de campo resultó fructífero, se produjo abundante material, registros de observación de aula, de recreos, de consejos de profesores y entrevistas a profesores, directivos, alumnos y apoderados, ya sea en la escuela o en los domicilios de los apoderados. Aun así, los autores reconocen que existían limitaciones para la investigación en el contexto de Dictadura, "el cual no ha permitido preguntar ni acceder a ámbitos que habría sido interesante incorporar" (López *et al.*, 1984, p. 5).

En cuanto al análisis, el equipo de investigación mantuvo la técnica de análisis categorial, que se hacía por etapas en un trabajo colectivo. Paralelo al trabajo de campo se iban analizando los registros que el equipo producía. Las etnógrafas realizaban una primera descripción al ampliar sus registros, los que luego compartían con todo el equipo, donde se levantaban categorías preliminares y preguntas que orientaban las observaciones y entrevistas siguientes, además de motivar lecturas teóricas para abordarlas, cuestiones que quedaban registradas. A medida que se iban acumulando los registros y entrevistas, y que aparecían nuevas categorías, volvían a revisar el material más antiguo a la luz de las nuevas, cuestión que quedaba registrada en borradores que más tarde servían de insumo para realizar los informes para las instituciones que estaban financiando las investigaciones. Se hacían las primeras "anticipaciones interpretativas", se abrían temas nuevos, a la vez que se descartaban otros. El análisis se iba focalizando y, en función de ello, se descartaban algunos registros. En cualquier caso, el punto cúlmine de las etnografías era la escritura de los libros. Una vez finalizado el trabajo de campo el equipo se abocaba a la escritura etnográfica, para lo que volvía a revisar algunos registros con base en lo ya sistematizado en los borradores, incorporando elementos teóricos. La abundancia del material obligaba a realizar selecciones de temas que se incorporaban en el libro correspondiente. Aquellos temas luego se retomaban en investigaciones posteriores, por lo que la escritura etnográfica plasmada en los libros contenía datos producidos en distintas investigaciones.

Para este equipo novel el trabajo desde esta perspectiva significaba un desafío que no estuvo exento de dificultades, como reconocen en su primer libro: "La tarea no fue fácil. Constituyó un desafío desde el principio, donde la inseguridad frente a una forma de trabajo desconocida, el cansancio y agobio que implicó el trabajo de campo y el qué hacer frente a los registros fue algo permanente" (López *et al.*, 1984, p. 4). Cabe señalar que dicho agobio se puede asociar también a que la tecnología de la época volvía más lentas y engorrosas las tareas propias de la etnografía. Por ejemplo, los registros ampliados, transcripción de entrevistas y escritura de las etnografías se realizaban en máquina de escribir, mientras que los análisis se hacían recortando con tijeras los trozos de texto, ordenándolos y pegándolos con cinta adhesiva.

Si bien todas las investigaciones se enmarcaban en el problema del fracaso escolar, los focos fueron variando en cada una de ellas. A continuación revisaremos cuáles fueron estos focos y cómo se construyeron a partir de los hallazgos de las mismas investigaciones.

Las investigaciones

La cultura del fracaso escolar

Los primeros estudios (Assaél y Neumann, 1989; López *et al.*, 1984) buscaban caracterizar los procesos pedagógicos y las relaciones sociales al interior de la escuela y, más específicamente, en la sala de clases. Pretendían entregar elementos para comprender el fracaso escolar a través de las dinámicas que se generaban al interior de la escuela y del aula, entendidas estas como una "trama o red de interrelaciones que conforman los procesos de enseñanza-aprendizaje institucionalizados en el sistema escolar" (López *et al.*, 1984, p. 25).

De manera específica, caracterizaron el proceso pedagógico como centrado más bien en la enseñanza que en el aprendizaje, con escasa incorporación de la experiencia personal y el bagaje cultural que llevaba el niño a la escuela. El profesor aparecía como protagonista que determinaba qué se enseñaba y con qué ritmo, sin considerar las habilidades y experiencias del alumno. En este sentido, tomaba importancia la repetición mecánica de lo dicho por el profesor a través de copias, dictados, cuestionarios y repetición de ejercicios. Aparece también la manera en que los profesores apodaban en forma descalificadora a algunos alumnos y cómo este apodo se mantenía a lo largo del año y era utilizado también por los demás niños.

Estas prácticas del profesor exigían como comportamiento la sumisión y la pasividad de los alumnos, desconociendo la motivación, la acción y los ritmos de aprendizaje de cada uno. Además, encontraron que ciertas definiciones o rotulaciones prematuras que desde la escuela se hacía de los niños y sus familias predefinían de alguna manera su trayectoria escolar. En suma, consideraban que existirían dos mundos diferentes: el del niño y el de la escuela, donde el segundo tendía a anular al primero con el objeto de adaptarlo a códigos y formas de conocimientos ajenos a la experiencia de vida de los alumnos.

Se observa en esta primera etapa una fuerte influencia del concepto de reproducción (Baudelot y Establet, 1971) y de la idea de la escuela como el lugar donde se busca adaptar a los niños a determinados códigos culturales (Bernstein, 1972; Blumer, 1962). Además, la idea de los efectos de la rotulación o profecía autocumplida en la imagen de sí mismos de los niños y, en consecuencia, en su comportamiento (Rist, 1970).

A partir de estos hallazgos el equipo conceptualiza la "cultura escolar del fracaso", que fue definida como la red de significaciones que la sociedad y los actores que participaban en la escuela construían respecto al fracaso escolar.

Del choque cultural a la normatividad social

El equipo se propuso el desafío de profundizar el análisis del fracaso escolar con nuevos estudios y perspectivas, focalizando las preguntas e hipótesis desarrolladas en los estudios anteriores recién reseñados.

Se inician los nuevos estudios postulando la hipótesis de que existiría una contradicción entre lo que el equipo llamó "cultura escolar" y "cultura popular" (familiar) que estaría influyendo en la producción de fracaso, cuestión que debía profundizarse focalizando tanto en las prácticas escolares como en los discursos que los distintos actores (alumnos, padres y profesores) construían sobre la escuela, a partir de las preguntas "¿Cómo se ubica la escuela, discursivamente, en relación con la familia popular? ¿Cómo construye la familia popular los significados sobre la escuela y la educación? ¿En qué forma el discurso de los alumnos se encuentra mediatizado por la institución escolar y familiar?" (Assaél, Edwards, López y Adduard, 1989). Se trabajó con distintos tipos de alumnos (con altas calificaciones, con bajas calificaciones, alumnos que participando en clases no tenían una calificación acorde con las capacidades demostradas), sus apoderados y sus profesores.

En relación con el discurso, se trabajó con el concepto de discurso ideal, entendiéndolo como aquellos procesos mediante los cuales se construyen significados en prácticas constituidas histórica y materialmente, y en relación con otras prácticas. Se entendía que el discurso construía realidad y normaba el comportamiento y la práctica, lo que a su vez era reelaborado por los sujetos. Se planteaba que, en la construcción de este discurso por el sujeto, intervenían múltiples procesos de idealización, negación, sublimación, entre otros. Habría un discurso ideal que se constituiría a partir del ideal del yo. En este caso, la escuela representaba el ideal del yo para alumnos y padres. El discurso educativo construido desde el ideal del yo configuraba la educación ideal para el sujeto, señalando su posición en el mundo. El discurso educativo se movía en el espacio entre el ser (con falta) y el deber ser (como promesa para colmar esa falta).

Además, al equipo le pareció interesante buscar un contraste desde lo que se había estudiado anteriormente, por lo que optó por mirar a los alumnos que habían sobrevivido a la enseñanza primaria, o sea, desde la perspectiva del éxito. Siguiendo la teoría de la transmisión cultural, plantearon que los alumnos que llegaban a octavo año básico en un sector urbano popular serían aquellos que habían logrado desarrollar y adaptarse a estrategias de permanencia. Observar entonces la escuela en este nivel ayudaría a mirar los fenómenos de transmisión cultural y su apropiación, así como estudiar la zona de fricción, es decir, contradicciones y ajustes que se producen a nivel de escuela entre las perspectivas del sistema escolar y las de la familia popular.

En los hallazgos de la investigación encontraron que la tensión señalada entre ambos mundos o culturas tendía a diluirse, observándose más bien similitudes entre las concepciones y deseos de alumnos, padres y profesores. Esto se evidenció en que para todos existía una distinción entre el "adentro", que sería la institución, la escuela, y el "afuera", que sería "la calle", "las malas juntas". El adentro de la escuela significaba la protección moral que distancia y diferencia a los alumnos del afuera de ella. Esto ponía de manifiesto que existían importantes elementos de continuidad entre escuela y sector popular, logrados a través de un proceso de internalización de la normatividad social (Assaél y Neumann, 1989).

En los planteamientos y análisis de estos estudios se observan, de manera importante, las influencias teóricas de Berger y Luckman (1968) y Bourdieu (1981), con respecto a los procesos de socialización en la escuela, así como del psicoanálisis (Millot, 1979 y Laplanche y Pontalis, 1986) y de la conceptualización del lenguaje de Donald (1882) en el trabajo relacionado con el discurso ideal.

En estas primeras etnografías, si bien no eran su foco de estudio, se relevaron otros aspectos que incidían en las relaciones sociales y en los procesos de aprendizaje al interior de la escuela, relacionados con ciertos aspectos estructurales de la organización del trabajo docente, como productos surgidos a partir de la municipalización del sistema escolar, tales como trabajo aislado de los docentes, sobrecarga de trabajo, compartimentalización de funciones en una división técnica del trabajo, control sobre el trabajo docente (Assaél *et al.*, 1989; Assaél y Neumann, 1989; López *et al.*, 1984).

Efectos de las políticas educativas sobre la cultura escolar y rol docente

Hacia el final de la década, a partir de las aristas que se habían abierto en las primeras investigaciones respecto de las condiciones en que se llevaba a cabo el trabajo docente, el equipo de investigación decidió profundizar en los efectos de las políticas de municipalización y privatización sobre la vida cotidiana y la cultura de la escuela. Definió su foco en los procesos que configuran el rol de los docentes a través de las relaciones institucionales en la escuela municipalizada, en la perspectiva de comprender cómo en estas relaciones se teje –por medio de diversos mecanismos– una red de normatividades controladas que van configurando –explícita o implícitamente– un determinado rol para el quehacer docente (Edwards, Assaél y López, 1991).

Consideraban que el rol pedagógico no se conformaba solo en el aula (el docente como profesor), sino que estaba también determinado por el rol del maestro como sujeto institucional (el docente como trabajador), idea que ya había esbozado Calvo al estudiar las determinantes del tipo de institución escolar en el rol del docente. Sobre esta base, entendían el rol como la definición institucional de un determinado quehacer, la cual no era asumida por los sujetos en forma total o totalizante, ni se identificaban con ella de modo unívoco, sino que requería ser apropiada mediante un proceso de identificación con aspectos parciales del rol. En este proceso el sujeto iba construyendo, a la vez, su identidad. Es por ello que el rol no se confería, sino que se construía mediante una negociación constante entre fuerzas centrípetas (tendencia hacia la norma) y centrífugas (voz de la resistencia en contra de la autoridad). De esta manera, el equipo se abrió a mirar ya no solo la reproducción, sino la resistencia.

Los hallazgos de esta investigación describen detalladamente, desde la escuela, la cadena de poder muy jerárquica y autoritaria que constituye a la estructura escolar, que va desde las instancias centrales de poder y decisión del Estado hasta las escuelas, estructura de poder que se reproduce, también, de alguna manera, al interior de la escuela. Asimismo, identifican y describen los contenidos del control en la escuela, que se refieren a la eficiencia pedagógica-administrativa, la imagen de la escuela, el control administrativo, económico, político y político-institucional, y también la evaluación de los docentes. Se concluye que, pese a la estricta cadena jerárquica y definición de límites en las relaciones, los docentes desarrollan diferentes estrategias que implican simulaciones y complicidades para burlar las normativas y prescripciones, por lo cual permanentemente se están construyendo esos límites. Por último, se con-

cluye que la municipalización de la educación acentuaba el carácter burocrático de la escuela, imponiéndose fuertemente la lógica administrativa por sobre
la pedagógica.

A lo largo de la década se puede apreciar una evolución del objeto de estudio.
Si bien inicialmente fue el fracaso escolar en términos amplios, tema tomado de
las investigaciones educacionales de la época, con el tiempo el objeto se va espe-
cificando. En una primera etapa el objeto está encerrado en la escuela, y a pesar
de que se releva la importancia del contexto, se refiere más bien al contexto del
fracaso escolar, que sería la escuela, más que al contexto social en general. En
las investigaciones posteriores la etnografía se va abriendo a un contexto más
general, desde lo pedagógico a condiciones de trabajo, hasta el rol docente y
el rol de la escuela en la sociedad. En la segunda etapa, para profundizar en el
tema del fracaso escolar, *Alumnos, padres y maestros* (Assaél *et al.*, 1989), si bien
parte de la premisa bourdiana de que existiría un conflicto cultural, incorpora
nuevos conceptos, donde destacan los de institución y discurso. Este desarrollo
puede ser producto de la influencia de nuevos referentes teóricos en miembros
que, formados en México, se incorporan al equipo de investigación. Esto podría
explicar que no se confirmara la hipótesis inicial de un choque entre la cultura
popular y la cultura escolar, encontrándose más bien continuidades entre ambas, a partir de una conceptualización de la escuela no solo como reproductora
de la estructura social, sino también como productora de subjetividad. De esta
forma, al final de la década se abre, teóricamente, un espacio para mirar ya no
solo la reproducción, sino también la resistencia.

Proyecciones de la etnografía escolar de los años 1980

Al finalizar la década, y luego de haber realizado siete investigaciones, el contexto cambia. En 1989 se termina la dictadura y, con ella, una etapa del PIIE
marcada por la resistencia a la misma. Como muestra el capítulo siguiente, la
investigación en educación se adapta a las nuevas circunstancias. Además, con
el fin de la dictadura se termina también el financiamiento de los organismos
internacionales, forzando al PIIE a buscar nuevas formas de sustentarse. Carlos
Calvo, por su parte, si bien no publicó más etnografías durante los años 1980,
volvería a hacerlo en la década siguiente.

La producción de etnografía durante la década fue abundante, una parte
del material producido por el equipo del PIIE nunca llegó a incorporarse en
ninguna publicación y con el paso del tiempo se perdió. Durante este periodo
el equipo logró aprender el oficio del etnógrafo y proyectar su trabajo hacia el
futuro, no solo dentro del PIIE, sino también hacia otras instituciones que más

tarde retomaron el trabajo etnográfico en la escuela. Esta proyección no fue solo en el ámbito de la academia, sino también hacia organizaciones de profesores.

El equipo de etnografía escolar del PIIE no solo investigaba, también llevaba a cabo trabajo con profesores. Este trabajo en paralelo estaba íntimamente ligado con la etnografía y se afirmaba en la convicción de que era necesario un cambio en la escuela, en tanto lugar privilegiado de formación de sujetos que, sin embargo, reproducía el orden existente. Creían que este cambio debía hacerse no solo a nivel estructural, sino en la vida cotidiana de la escuela. Esta convicción produjo y alimentó el interés por la etnografía como forma de producción de conocimiento, a la vez que el conocimiento producido de esta manera alimentó la importancia que se le daba a la vida cotidiana. Esto se tradujo en el trabajo con profesores, donde se utilizó el material producido por la etnografía, sobre todo los registros de observación, para trabajar en talleres que buscaban propiciar la reflexión docente. Detrás de esta actividad estaba el interés por modificar las prácticas pedagógicas para producir sujetos críticos, que a su vez pudieran realizar los cambios estructurales y cotidianos que se consideraban necesarios.

Una proyección interesante de las etnografías producidas en los años 1980 ha sido su uso en la formación de docentes, tanto en Chile como en Latinoamérica, especialmente de las obras *La cultura escolar ¿responsable del fracaso?* y *Clima emocional en el aula*, pues tratan el tema de las relaciones pedagógicas.

TABLA 1: INVESTIGACIONES Y PUBLICACIONES ASOCIADAS:
ARTÍCULOS EN REVISTAS Y CAPÍTULOS DE LIBRO.

INVESTIGACIONES	OTRAS PUBLICACIONES
El Fracaso Escolar en la Escuela Básica Chilena	López G., Assaél J. y Neumann E. (1995). Fracaso escolar ¿Quién es el responsable? En A. Bar-Din, *Los niños marginados en América Latina: una antología de estudios psicosociales* (pp. 252-282). México: UNAM.
Interacción social en la Escuela, Valores, Actitudes y Concepciones Subyacentes	Assaél J. y Neumann E. (1984). Mecanismos de discriminación al interior de la escuela. *Revista Dialogando*, 3. RINCUARE.
Clima Emocional en el Aula y su Incidencia en el Rendimiento Escolar	Assaél J., Neumann E. (1985). Condicionantes de la práctica escolar. *Revista Dialogando*, 6. RINCUARE.
Procesos de Enseñanza y Socialización en 8vo. año de Enseñanza Básica	Assaél J., Edwards V. (1991). Directores y maestros en la escuela de Chile. En *La investigación cualitativa en la Educación Latinoamericana*. San José, Costa Rica: Universidad de Costa Rica, Facultad de Educación, IIMEC.
La Configuración Institucional del Rol Docente	Assaél J. y Edwards V. (1992). ¿Directora - Madre, profesor - hijo? *Revista de Educación*, 199, Ministerio de Educación, 33-37.

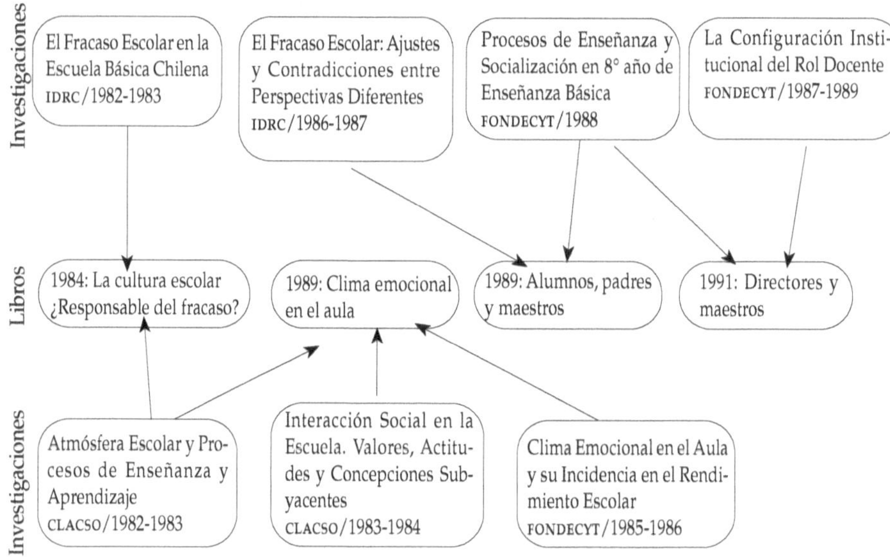

Figura 1: Investigaciones con año y fuente de financiamiento y libros asociados.

Referencias

ASSAÉL J. y NEUMANN E. (1989). *Clima emocional en el aula*. Santiago: PIIE.

ASSAÉL J., EDWARDS V., LÓPEZ G. y ADDUARD A. (1989). *Alumnos, padres y maestros: la representación de la escuela. Estudio etnográfico en escuelas urbano-populares*. Santiago: PIIE.

AVALOS B. (1989). *Enseñando a los hijos de los pobres. Un estudio etnográfico en América Latina*. Ottawa: Centro Internacional de Investigaciones para el Desarrollo.

BATALLÁN G. (1998). Appropriating etnography for research in education. Argentina y Chile. En G. Anderson y M. Montero-Sieburth (Eds.), *Educational qualitative research in Latin America: the struggle for a new paradigm* (pp. 35-50). New York y Londres: Routledge.

BAUDELOT C. y ESTABLET R. (1971). *L'ecole capitaliste en France*. Paris: Maspero.

BERNSTEIN B. (1972). A critique of the concept of compensatory education. En C. Cazden, V. John y D. Hymes (Eds.), *Functions of language in the classroom* (pp. 135-151). New York: Teachers College Press.

BLUMER H. (1962). Society as symbolic interaction. En A. Rose (Ed.), *Human behavior and social processes: an interactionist approach* (1a ed.). Boston: Routledge.

BRIONES G. (1990). *Generación, diseminación y utilización del conocimiento en educación* (Volumen II). Santiago: FLACSO.

CERDA A. M. (1995). *Normas, principios y valores en la interacción profesor-alumno*. Santiago: PIIE.

Edwards V. (1990). *Los sujetos y la construcción social del conocimiento en primaria: un estudio etnográfico*. Santiago: piie.

Edwards V., Assaél J. y López G. (1991). *Directores y maestros en la escuela municipalizada*. Santiago: piie.

Geertz C. (1973). La descripción densa: hacia una teoría interpretativa de la cultura. En *La interpretación de las culturas*. Barcelona: Gedisa.

López G., Assaél J. y Neumann E. (1984). *La cultura escolar ¿Responsable del fracaso?* (2a ed.). Santiago: piie.

piie. (1988). *Ruptura y construcción de consensos en la educación chilena*. Santiago: piie.

Rist R. (1970). Student social class and teacher expectations: the self-fulfilling prophecy in ghetto education. *Harvard Educational Review*, 40(3), 411-451. doi: http://doi.org/http://dx.doi.org/10.17763/haer.40.3.h0m026p670k618q3

Rockwell E. (1985). Etnografía y teoría en la investigación educativa. *Revista Dialogando*, 8, 29-56.

Rockwell E. y Ezpeleta J. (1985). La escuela: relato de un proceso de construcción inconcluso. En F. Reicher y G. Namo de Mello (Eds.), *Educaçao na América Latina. Os modelos teóricos e a realidade social* (1a ed., pp. 151–172). Sao Paulo: Cortez.

Etnografía escolar en la posdictadura (1990-2005)

Eduardo Santa Cruz y Pablo Herraz

Este capítulo aborda el estado de la investigación etnográfica durante la transición y consolidación de la democracia en Chile. En el plano sociopolítico es un periodo marcado por la necesidad de afianzar la naciente democracia y disminuir las posibilidades de una regresión autoritaria. Este imperativo determinó las características que asumió el campo educativo, donde se combinaron, de modo no siempre armónico, las políticas de cambio y de continuidad (Picazo, 2013). Durante la década de los años 1990, y al igual como ocurrió en la mayor parte de los países de América Latina (Abraham y Rojas, 1997; Rivero, 1994), la investigación educativa en Chile se plegó al esfuerzo de reformar los sistemas educativos. Esto significó el intento deliberado de proveer conocimiento actualizado que sirviese de fundamento para el desarrollo de una agenda de consenso para los gobiernos democráticos en el periodo transicional (Cox, 1989). Esto tuvo profundas consecuencias para el campo de la investigación educativa y, como se mostrará, la investigación etnográfica no fue inmune al carácter referencial de la política educativa. Aun cuando no la absorbiera por completo, la política educativa limitó las temáticas, los enfoques teórico-metodológicos y los usos del saber construido. En un contexto académico débilmente institucionalizado la etnografía escolar tuvo dificultades para expandirse y consolidarse. Pese a eso, en el periodo estudiado se desarrollaron distintas investigaciones etnográficas que, aunque discontinuas, abordaron algunas de las principales transformaciones que se estaban produciendo en el sistema escolar.

A efectos de mostrar lo anteriormente señalado, este capítulo se propone historizar la trayectoria de la investigación etnográfica entre 1990 y 2005. En un primer apartado se aborda el difícil contexto de desarrollo de la investigación educativa en el marco de una transición política pactada. En el segundo se describen las etnografías escolares realizadas durante el periodo, divididas entre: i) trabajos que formaron parte del corpus de evidencia que buscaron dar mayor sostén empírico a las distintas reformas impulsadas en educación durante la década de los años 1990 y comienzos de la década siguiente; ii) investigaciones que analizaron críticamente las transformaciones del campo educativo en este periodo; y iii) estudios que no pueden ser clasificados en el tono general que estructura la investigación etnográfica en el periodo, algunas de las cuales emergen hacia el final del periodo y se consolidarán como objetos relevantes de la investigación etnográfica en la fase siguiente. Finalmente, con base en lo anterior, en el tercer apartado se discute la situación de la etnografía escolar en la posdictadura.

Investigación educativa en el contexto de la posdictadura

A la vuelta de la democracia en 1990 el diagnóstico hecho por el gobierno de Chile señalaba que la situación de la educación no parecía ser tan crítica. Se sostenía que el sistema escolar mostraba logros importantes –especialmente en escolarización y alfabetismo–, pero que también presentaba problemas en equidad, calidad y gestión, fundamentalmente en la situación de los profesores y en el financiamiento (García-Huidobro y Cox, 1999). Este ambivalente diagnóstico consolidó la convicción de que la tarea del gobierno entrante consistía en afianzar aquellos aspectos positivos de las reformas introducidas por la dictadura y concentrarse en las muchas facetas deficitarias. Considerando esto, la nueva administración tomó la decisión estratégica de no revertir la municipalización ni modificar el modelo del *voucher* establecido en 1981 (Cox, 2003), manteniendo por temor y/o por convicción la matriz institucional, competitiva y descentralizada (Donoso, 2004)[1]. Esto se tradujo en el desarrollo de una agenda política no antagónica, que asumió el cuadro institucional heredado de la dictadura y planteó que la política educativa transicional solo debía consistir en explotar las posibilidades del sistema escolar "en términos de mejoras sustantivas en la calidad de los saberes transmitidos, así como en la equidad de su distribución" (Cox, 1989, p. 44), sin entrar a revisar aspectos de base del modelo implementado en dictadura.

---

[1] Las decisiones sobre no introducir cambios significativos a los ejes de las reformas educativas impulsadas por la dictadura han sido motivo de debate en la investigación educativa. Algunos enfatizan el temor existente de poner en peligro la frágil transición a la democracia y de no tener la mayoría parlamentaria necesaria. Para otros, sin embargo, la decisión estratégica de mantener el *statu quo* respondió en mayor medida a la creciente aceptación de aspectos nucleares del modelo impuesto por la dictadura por parte de actores claves, políticos y académicos, de la coalición entrante (Ruiz, 1993; Santa Cruz G., 2016). Sobre la creciente valoración de aspectos de las reformas estructurales introducidas por la dictadura, Picazo sostiene que este es un proceso que también es vivido al interior del campo de la investigación educativa: "el trabajo de investigación educativa realizado durante casi dos décadas en los centros disidentes condujo a estos futuros *policy makers* a hacer la crítica de algunos postulados míticos en la sociedad chilena, como el Estado Docente, y a evaluar positivamente ciertas transformaciones militares" (2013, p. 116).

Desde un inicio de la transición comenzó a operar una nueva configuración estatal, formada por la simbiosis de dos lógicas tendencialmente contradictorias. Por un lado se profundizaron las políticas basadas en mecanismos de mercado (privatización, competencia, elección, descentralización y evaluación estandarizada), mientras que, por otro, se desarrollaron distintas políticas que intervinieron en el sistema educacional buscando generar mejores condiciones de funcionamiento para los establecimientos. Mientras los instrumentos de cada una de las lógicas –o racionalidades, según Donoso (2013)– fueron capaces de mostrar mejoras, el delicado equilibrio entre ambas se mantuvo. Una vez que los resultados académicos medidos por la prueba SIMCE se estancaron, la lógica de los incentivos de mercado buscó incrementar su dominio sobre las políticas de mejoramiento. Así, comenzaron a consolidarse las lógicas de presión desde el año 2000 en adelante, dando forma al Estado Evaluador y al discurso de la rendición de cuentas que actualmente impera en el sistema educativo en Chile (Bellei, 2015; Falabella, 2015; Santa Cruz G., 2016).

En el periodo en curso la relación entre la investigación educativa y la formulación de la política educativa se fue intensificando, en comparación con lo observado durante la dictadura. Ahora bien, durante la década de los años 1980 centros académicos independientes, de preferencia el Programa Interdisciplinario de Investigación en Educación (PIIE) y el Centro de Investigación y Desarrollo de la Educación (CIDE), se convirtieron en verdaderos laboratorios de ideas, lo que les permitió prefigurar el programa de reformas que se implementaron durante todo el periodo (Picazo, 2001). Durante los años 1990 la investigación educativa buscó contribuir a la consolidación del naciente Estado democrático. Esto se expresó en dos procesos convergentes: por un lado, investigadores de los principales centros académicos independientes (CIDE y PIIE) formaron parte medular del equipo programático que elaboró el programa en educación del primer gobierno democrático y, una vez asumido Patricio Aylwin, muchos de ellos pasaron a formar parte del primer Ministerio de Educación en democracia (Santa Cruz, 2016)[2]. El ingreso de importantes investigadores hacia el Ministerio de Educación fortaleció técnicamente un disminuido aparato estatal, pero

---

[2]   La composición del equipo del Ministro de Educación Ricardo Lagos, cuando este asume en 1990, es una prueba clara de la incidencia de los centros académicos independientes. Como recuerda Picazo, el equipo se conformó del siguiente modo: "jefe de gabinete Carlos Eugenio Beca, ex director del PIIE; Juan Eduardo García Huidobro, ex CIDE, responsable del programa de las 900 escuelas; Ricardo Hevia, ex PIIE, encargado de relaciones internacionales; Cristián Cox, ex CIDE y FLACSO, más tarde director del programa MECE; María de la Luz Silva, ex PIIE, encargada del tema género y educación sexual; Alfonso Bravo, ex Círculo de Educación, encargado de las relaciones con la Iglesia y con el gremio magisterial; Eduardo Castro, ex Círculo de Educación, responsable de temas curriculares y pedagógicos; e Iván Núñez, ex PIIE, encargado de asuntos relacionados con el magisterio y con el tema de la descentralización" (2013, p. 278).

debilitó los centros académicos independientes, principales responsables del desarrollo del campo de la investigación educativa durante la anterior década.

Por otra parte, creció la exigencia de producir evidencias como condición deseable para la formulación de algunas de las políticas más relevantes de la década, lo que, en cierta medida, condicionó la amplitud y los énfasis en las temáticas abordadas en el campo de la investigación educativa. Esto se expresó, por ejemplo, en el predominio de estudios sobre calidad, equidad, formación docente y nuevas tecnologías, en comparación con problemáticas como financiamiento, descentralización y segregación, por nombrar algunas (Corvalán y Ruffinelli, 2007)[3]. Por otro lado, el Ministerio de Educación y otros organismos públicos fueron los principales mandantes de investigaciones y estudios durante el periodo (Corvalán y Ruffinelli, 2007; Téllez, 2011). Coherente con este marco general, la mayor parte de las investigaciones asumió un marcado tono propositivo, muchas de las cuales, financiadas o no por el Estado, buscaron formular propuestas para orientar el diseño y la implementación de políticas educativas, incorporando innovaciones educacionales concretas en ámbitos específicos (Abraham y Rojas, 1997), teniendo en algunos casos una alta incidencia en la política resultante, como fue el caso del Programa Mece-Media (Téllez, 2011).

Sin embargo, pese al interés mostrado por el Estado en generar conocimiento para su agenda de reformas, esto no derivó en la consolidación de un campo de la investigación educativa con autonomía, suficiente financiamiento, altas capacidades de investigación y espacios de comunicación (revistas y congresos) y diálogo entre pares (Abraham y Rojas, 1997; Brunner y Salazar, 2009). En relación con esto, un aspecto crucial fue la fuerte dependencia de los fondos estatales, siendo en el periodo 1995-2007 más del 72% del total, y de estos solo el 28% correspondiente a FONDECYT (Corvalán y Ruffinelli, 2007), fondo de financiamiento público donde es mayor la independencia del investigador sobre los objetivos, metodología y usos de la investigación. La estructura de financiamiento tendió a fortalecer el polo consultorial de investigación, en detrimento del académico (Abraham y Rojas, 1997), lo que, en el caso de Chile, se expresó en el creciente dominio de lógicas de evaluación y desarrollo de proyectos de ejecución, con

---

[3]   De acuerdo con Corvalán y Ruffinelli (2007, p. 30), al revisar las investigaciones realizadas en Chile entre 1995 y 2007, muestran que un 24% son de eficacia/eficiencia educativa, un 14% de pedagogía y de formación docente, y un 7% de calidad de la educación, de nuevas tecnologías y de análisis global del sistema educativo. Por el contrario, estudios sobre financiamiento (3%), educación pública/privada (1%) y descentralización educativa (0,8%), son minoritarios. En el caso de la etnografía escolar, cabe indicar que esta no aparece como categoría, aun cuando, por la revisión realizada para este capítulo, se puede afirmar que tampoco recibieron una atención preferente dentro del campo de la investigación educativa.

poco espacio para desarrollar estudios longitudinales y extensivos en tiempos (Corvalán y Ruffinelli, 2007). Como lo sostuvo la Comisión OCDE el año 2004:

> el equipo de revisión se formó la opinión de que no todo está bien en la investigación educacional en Chile (situación que en todo caso no es exclusiva de Chile). En primer lugar, parece ser que la proporción del presupuesto de educación para la investigación educacional es muy pequeña. (…) El apoyo financiero tiende a ser intermitente. Los recursos para estudios longitudinales e investigación básica parecen ser bastante escasos. (…) El equipo también se enteró que el Ministerio es a veces impaciente con los resultados de las investigaciones, si no revelan resultados favorables en cuanto a los avances (OCDE, 2004, p. 155).

En suma, la investigación educacional forjó un camino fuertemente atado a las exigencias de parte del Estado y de los organismos internacionales (Abraham y Rojas, 1997; Beech, 2007) de contar con una base de conocimiento y evidencia que permitiera un mejor diseño, implementación y evaluación de la reforma educativa en marcha. Dada la debilidad del sistema de educación superior, que podría haber servido de contrapeso, el carácter antes mencionado tendió a someter al campo de la investigación educacional a lógicas consultoriales antes que académicas, haciendo difícil su institucionalización y el desarrollo de investigación básica. Este es el contexto general que permite entender el difícil tránsito de la investigación etnográfica, la que encontró un espacio de reconocimiento y de desarrollo subordinado dentro del campo de la investigación educacional y cuyos rasgos centrales convivieron con dificultad con el modo de hacer investigación dominante en el periodo.

Etnografías escolares de la posdictadura: 1990-2005

Tal como se señaló, la investigación etnográfica escolar no escapó a los rasgos generales que delinearon el campo de la investigación educativa durante este periodo. La caída en el financiamiento del exterior (Corvalán y Ruffinelli, 2007) incidió directamente en la dificultad para sostener materialmente los equipos dedicados a la investigación etnográfica, vinculados en su mayor parte al PIIE. En la medida que fue avanzando la década estos encontraron una creciente dificultad para desarrollar investigaciones extensas y ambiciosas. Si bien es posible rastrear producción etnográfica durante toda la década de los años 1990 y comienzos de la siguiente, también son bastantes los investigadores que, habiendo participado de trabajos etnográficos, no continuaron desarrollando estudios de este tipo. Las débiles condiciones de acumulación y de transferencia del saber conspiraron contra una mayor institucionalización y autonomía de la etnografía escolar.

Sin embargo, pese a las difíciles condiciones, la revisión muestra la existencia de un conjunto significativo de investigaciones. Como se mencionó anteriormente, un grupo de trabajos asumió las preguntas, urgencias y, en definitiva, la agenda proveniente de los diseñadores de política (Arredondo, Catalán, Monsalves y Montesinos, 2001a; Edwards, Calvo, Cerda, Gómez e Inostroza, 1995). En otras ocasiones, los mismos equipos de investigación tomaron distancia respecto de los propósitos e intereses que imponía la agenda de consenso impulsada por el gobierno en el marco de la reforma de los años 1990. Esto fue posible cuando los centros de investigación independientes consiguieron financiamiento FON-DECYT (Assaél y Cerda, 1998; Assaél, Cerda y Santa Cruz G., 2001; Cerda, Assaél, Ceballos y Sepúlveda, 2002; Cerda, Assaél y Santa Cruz G., 2001; Sepúlveda, 1998) o el apoyo de la Fundación Ford (Cerda, Egaña, Magendzo, Santa Cruz G. y Varas, 2004). Esto les permitió interrogar y cuestionar la reforma, aunque no siempre de modo explícito, en un periodo donde la investigación educacional crítica sobre dichas transformaciones no abundaba. Finalmente, también investigadoras e investigadores universitarios continuaron desarrollando etnografías escolares en torno a temáticas derivadas, más que de la política, de sus propias trayectorias de investigación (Calvo, 2005) o se empiezan a configurar ámbitos específicos al interior de los estudios etnográficos escolares, que irán adquiriendo creciente relevancia hacia el siguiente periodo, como es el caso de las investigaciones que comienzan a abordar la temática intercultural (UNESCO, 2005; Vergara, 2004).

Etnografía para la política

La base de conocimiento para las políticas que el gobierno democrático comienza a implementar al iniciarse la transición democrática había sido construida durante la década de los años 1980 (Picazo, 2001). Esta lógica de construcción de la política se intensificó en la posdictadura, asumiéndose que era necesario complementar el corpus de saber en aquellas áreas donde la información disponible todavía no era suficiente. Es lo que ocurre, por ejemplo, en el caso de la reforma curricular y de los programas que intervienen sobre la educación media. En la misma dirección, las agencias internacionales que financiaron la mayor parte de los programas fundamentales de la reforma pusieron como condición la existencia de estudios previos y, en ocasiones, también de evaluaciones posteriores. Aunque desde un lugar secundario, la investigación etnográfica también fue parte de dicho proceso. Es el caso de aquellas etnografías escolares que se realizaron encargadas y financiadas por el Ministerio de Educación durante los años 1990 y cuyos resultados se orientaron directamente a la generación, seguimiento o evaluación de políticas educativas. Acotados en sus alcances empíricos y teóricos, estos trabajos permitieron la elaboración de nuevas preguntas de investigación, dieron continuidad a equipos de investigación y favorecieron la participación de la etnografía en debates relevantes del periodo.

Entre las investigaciones que surgen asociadas a una demanda del Estado por contar con conocimiento actualizado sobre el sistema educacional, sin duda la más importante en términos de su envergadura, el contexto de su producción, las preguntas y temas que releva, es *El Liceo por dentro: estudio etnográfico sobre prácticas de trabajo en educación media* (Edwards *et al.*, 1995). Esta etnografía fue una de las trece investigaciones sobre la educación media del país que en 1991 encargó el Ministerio de Educación, y donde participó un conjunto de instituciones de educación superior y centros académicos independientes (Ministerio de Educación, 1994). El propósito de estos trabajos era generar evidencia que diera sustento empírico a la formulación del futuro Programa de Mejoramiento de la Calidad y Equidad de la Educación (MECE), con el fin "de establecer bases de conocimiento adecuadas para el diseño de una política de renovación del sector" (Edwards *et al.*, 1995, p. i). Estas investigaciones, financiadas por el Banco Mundial (Ministerio de Educación, 1994), buscaban responder a un vacío de conocimiento respecto a la realidad de la educación media en Chile, en el marco de su creciente masificación y del reconocimiento que este era un nivel que, a diferencia de la educación primaria, no había sido investigado suficientemente durante la década anterior (Bellei, 2003).

A efectos de situar el objetivo anterior sociohistóricamente, estas investigaciones buscaron responder a "las nuevas demandas de competitividad que surgen del modelo económico y la integración sociocultural en un contexto más diverso, con sus correlativos efectos de formación de recursos humanos, currículum e institucionalidad" (Edwards *et al.*, 1995, p. i). En términos interdiscursivos, los distintos trabajos encargados por el MINEDUC se enmarcaron en el debate existente en torno al discurso sobre el desafío de competitividad y supuesta necesidad de integrarse a una acelerada globalización, luego del fin de la guerra fría y de las dictaduras en América Latina. Este discurso, promovido por las agencias internacionales, con fuerte ascendencia en el conjunto de las reformas educativas de la región (Beech, 2007), tuvo su mejor expresión en el documento de la CEPAL-UNESCO "Educación y conocimiento: eje de la transformación productiva con equidad" (1992). Este documento servirá de base, poco tiempo después, al informe de la Comisión Brunner (1994), donde se reafirmó la idea de un Estado subsidiario que combinaba las políticas de apoyo y promoción con la introducción de incentivos de mercado en el sistema educativo.

El estudio etnográfico, coordinado por Verónica Edwards, fue desarrollado durante el año 1992 por un equipo conformado por investigadores de tres instituciones: el Programa Interdisciplinario de Investigación en Educación (PIIE), la Universidad de La Serena y la Universidad Católica de Temuco[4], y consistió en una investigación mixta, etnográfica y cuantitativa. En su parte etnográfica, el objeto de investigación fueron las prácticas pedagógicas, buscando comprender, en un inicio, las prácticas institucionales, las prácticas pedagógicas en el aula y el espacio de interacción entre los alumnos en liceos y colegios de enseñanza media (Edwards *et al.*, 1995). El libro fue finalmente publicado el año 1995, año en que también apareció un resumen de la investigación en forma de capítulo de libro en una compilación de investigaciones publicadas por la UNESCO[5].

En términos metodológicos, *El liceo por dentro* se trató de un diseño mixto que, por una parte, desarrolló una investigación etnográfica basada en la inserción en terreno, la observación y el carácter interpretativo; mientras que, por otra parte, se propuso construir una investigación cuantitativa que permitiera complementar la información producida cualitativamente[6]. Este diseño, propuesto originalmente por el MINEDUC, fue justificado en el propio escrito a partir del objetivo de "aprehender dos dimensiones de una misma realidad y potenciar así el análisis de los datos (…) [y] construir la realidad de los discursos públicos (o de 'deber ser') de los sujetos en estudio" (Edwards *et al.*, 1995, p. 18). La muestra cuantitativa correspondió a 85 establecimientos, de distinta dependencia y de cinco regiones del país. Por su parte, la muestra cualitativa fue de 18 establecimientos, enviándose a cada uno de ellos a un etnógrafo ayudante a observar y registrar aula, fiestas y ritos escolares, consejos de profesores, actividades informales, reuniones de apoderados y de estudiantes, por nombrar algunas de las unidades de observación.

---

[4]   El equipo de investigación estuvo compuesto por los investigadores Verónica Edwards, Carlos Calvo, Ana María Cerda, María Victoria Gómez y Gloria Inostroza; y por los ayudantes de investigación Claudio Almonacid, Juan Marcos Barra, Doris Erlwein, M. Eugenia Espiñeira, Nery González, Roberto González, Eugenio Godoy, Roberto Leni, Carlos Marín, Pilar Molina, Lorena Olivares, Karen Quevedo, Pilar Recio, Omar Rodríguez, Angélica Sánchez, Rodrigo Sepúlveda, Patricia Soto y Rodrigo Vivar.

[5]   Véase Cerda A. M., Edwards V. y Gómez V. (1995).

[6]   Como se sostiene en el propio texto, en el caso de todos los trabajos que estaban orientados a generar información para la nueva política de educación media, el diseño de investigación fue definido por quienes financiaban: "A mediados de 1991 el Ministerio definió los términos de referencia de un conjunto de once investigaciones que licitaría a fines de ese año (…) En el concurso participaron más de treinta instituciones y equipos de investigación, cuyas propuestas fueron evaluadas por tres organismos internacionales que cooperaron generosamente con el Ministerio de Educación: el Programa Regional del Empleo para América Latina y el Caribe (PREALC); la Oficina Regional de Educación para América Latina y el Caribe de UNESCO, y la Comisión Económica para América Latina y el Caribe (CEPAL)" (Edwards V. *et al.*, 1995, p. ii).

En términos de sus resultados, el diagnóstico construido sobre los establecimientos de enseñanza media fue particularmente negativo. En los distintos contextos estudiados predominaba una situación mermada o precarizada a nivel de las realidades institucionales, prácticas docentes y participación activa de los alumnos en el aprendizaje. Esta situación era especialmente compleja en la educación municipal, donde los efectos negativos de la municipalización en los liceos (estaban en una situación de deterioro material y moral) fueron advertidos en la investigación, y también en los colegios particular-subvencionados, *de reciente creación y baja calidad educativa*, donde el "el discurso pragmático y de rentabilidad reemplaza al discurso del proyecto educativo" (Edwards *et al.*, 1995, p. 206). De acuerdo con Ana María Cerda, la investigación permitió revelar un conjunto de problemáticas que parecían estar invisibilizadas:

Esto de los establecimientos particulares subvencionados causó gran impacto en todos nosotros, en los equipos ministeriales, fue bien impresionante darse cuenta de ese mundo. Uno sabía de los grandes negociados de algunas cadenas de establecimientos, pero lo que vimos en establecimientos pequeños (…) [por ejemplo] donde [el colegio] era un antiguo gallinero mal arreglado y el sostenedor tenía un Mercedes Benz; donde se formaban técnicos en computación y había dos computadores y las clases se hacían en teclados dibujados en cartón y los estudiantes respondían de memoria las teclas que tenían que apretar para lograr aprender a usar el computador, escribir un texto, etc. ¿Qué le pasó al Ministerio con eso? Debe ser la investigación que más impactó, yo creo, porque le dio una nueva información, porque no se tenía idea de la magnitud de lo que estaba sucediendo[7].

En el plano de las prácticas pedagógicas, las observaciones en aula mostraban un panorama complejo. Predominaba la forma de enseñanza como transmisión de conocimientos, con un proceso pedagógico que "gira en torno a la calificación y no al aprendizaje significativo" (Edwards *et al.*, 1995, p. 207). Esta infantilización de los estudiantes tendrá como respuesta la emergencia de diversas formas de resistencia de los estudiantes a la "homogeneización que la escuela hace de ellos en el 'rol de alumnos', irrumpiendo en el espacio escolar con elementos propios de su cultura" (Edwards *et al.*, 1995, p. 208). Esta última idea, ciertamente la más novedosa del texto, será de suma relevancia para comprender la hebra investigativa desarrollada por investigadores de este mismo equipo durante los años siguientes.

[7]   Entrevista realizada en 2016 en el marco de la realización de este y otros capítulos del libro.

Desde el punto de vista de sus efectos, *El liceo por dentro* fue efectivamente un insumo relevante para la política. Las conclusiones derivadas del "descubrimiento" de las culturas juveniles y de su relación de tensión creciente con el orden escolar serán el fundamento sobre el cual se construirá el Componente Jóvenes del MECE-Media (Ministerio de Educación, 1994). El impacto de este estudio sobre las políticas se proyectó incluso hasta el programa "El Liceo para Todos"[8], implementado a partir del año 2000, donde la relevancia del problema de la cultura juvenil y la tensión que se establece con la cultura escolar se mantuvo como un foco permanente de intervención por parte de la política pública. Sin embargo, cabe tener presente que este posicionamiento crítico de la etnografía dirigió de preferencia sus dardos hacia la institución escolar de la posdictadura, sin entrar a cuestionar las políticas educativas imperantes ni las condiciones estructurales de segregación y desigualdad del sistema escolar, las que muchas veces aparecen en el texto minuciosamente descritas en sus mecanismos más cotidianos.

Pese a lo anterior, el modo de hacer trabajo etnográfico y la traductibilidad inmediata al lenguaje de la política pública generó un bajo aprovechamiento del ingente material generado durante el trabajo de campo. Al ser un estudio encargado por el Ministerio, esto tuvo también algunas consecuencias en el margen de libertad con el que operó el equipo encargado de la redacción del estudio[9]. Al ser considerado un insumo de la política pública, se tendió a trabajar en función de los ritmos y con los focos de las necesidades de los hacedores de política, sin someter el material de campo al juicio reflexivo propio de los trabajos etnográficos. Como señala Rodrigo Sepúlveda, en aquel momento investigador de campo:

Yo creo que al final, hubo una cierta decepción de ese trabajo porque se hizo una súper producción etnográfica. No sé, seríamos 18 etnógrafos en Chile y 18 liceos etnografiados al mismo tiempo en un tiempo también muy acotado, en un año máximo. Entonces, hubo algo medio "marmimoc": medio de sacar algo e instalarse en lógica de política pública y hacer una producción para los requerimientos y para los tiempos de la política pública en esa época, que requería decisiones rápidas y, en el fondo, no se hizo un

---

[8]   Sobre el programa y su evaluación, véase Ruiz y Vergara (2005) y Marshall (2004).

[9]   De acuerdo con Ana María Cerda: "nosotros presentamos el informe para que el Ministerio lo publicara y hubo control, nos llamaron para plantearnos que no podíamos tener una categoría de establecimientos con fines de lucro (…) En ese punto discutimos mucho. Nosotros decíamos "pero bueno, existen, no se están cumpliendo las leyes de este país. Pero eso existe y están las evidencias". Tuvimos una discusión, no nos aceptaron y finalmente llegamos a denominarlos como liceos de reciente creación para distinguirlos de otros particulares subvencionados".

análisis en profundidad de los registros (…) se trataba de armar un discurso "aggiornado" a las políticas públicas, pero con una traducción inmediata, sin haber pasado por la reflexividad ni búsqueda libre que tiene la etnografía. De todas maneras, hubo cosas interesantísimas. Igual salieron cosas muy importantes. Yo creo que lo que se publicó no fue más de 5% de lo que se encontró[10].

Lo anterior muestra que existió una gran cantidad de información que no pudo ser desarrollada en el contexto de la propia investigación, debido a las condiciones de trabajo que se le impuso externamente al equipo por la contraparte ministerial. En ese sentido, la lógica de construcción del trabajo etnográfico resultaba difícil de compatibilizar con la demanda apremiante desde el Estado y los organismos internacionales que financiaban las investigaciones de tener concluido el trabajo de campo, el análisis y el informe final en el curso de un año. Fruto de esto, no parece haber sido suficientemente aprovechada la reunión de los más relevantes etnógrafos del país y un conjunto prometedor de ayudantes de investigación, de distintos orígenes disciplinarios y de diferentes instituciones, en torno a una investigación. Esta circunstancia excepcional no constituyó un punto de partida para una comunidad de pares en torno a la etnografía escolar. Los investigadores continuaron participando de una débil comunidad académica de investigadores educacionales, donde la etnografía escolar carecía de estatus propio y autonomía como subdisciplina.

Pese al importante efecto que tuvo *El liceo por dentro* sobre la política de mejoramiento de la enseñanza media durante los años 1990, esto no se tradujo en el uso masivo de la etnografía como parte de los dispositivos de construcción de saber para el diseño de nuevas políticas de reforma. Por lo mismo, en el contexto de la reforma curricular que comenzó el año 1996, donde estas iniciativas de transformación del sistema escolar se aceleraron, la etnografía escolar solo se pudo mantener accediendo a los fondos concursables de investigación, en especial de FONDECYT. Una excepción a esto la constituyó la evaluación del proyecto Red Enlaces, política financiada por el Banco Mundial que buscaba incorporar las nuevas tecnologías a las escuelas. En términos formales, este programa gubernamental comenzó en 1995, en el marco de una gran confianza en que "las tecnologías de la información tienen un potencial transformador que opera por sí mismo" (Arredondo *et al.*, 2001a, p. 136). En términos de promesa, su incorporación a las aulas del país, en especial de las escuelas donde asisten los más pobres, traería aparejadas mejoras en la calidad de la enseñanza y en

---

[10]   Entrevista realizada en el marco de la realización de este y otros textos del libro.

la equidad del sistema. Hacia el final de siglo surge la necesidad de evaluar la eficacia del programa y, por encima de todo, determinar la dimensión sociocultural en el uso y aprovechamiento de esta nueva política. Con financiamiento del MINEDUC, la etnografía aparece, entonces, como una herramienta de investigación que ofrecía la posibilidad de representarse lo cotidiano en el aula, permitiendo evaluar la efectividad de la política y las prácticas sociales concretas a las que hubiera dado lugar.

En términos metodológicos, la investigación se desarrolló en dos escuelas rurales de la VII región del Maule ubicadas en contextos de pobreza. La evaluación, encargada por el MINEDUC a un equipo del PIIE[11], tuvo como propósito indagar en las prácticas sociales y en los efectos culturales que se producían en el ámbito rural-local a partir de la introducción de las nuevas tecnologías. Los resultados enfatizaron, en primer lugar, la importancia de la significación construida en las instituciones escolares, problematizando la existencia de lógicas sociales en oposición al momento de validar la presencia de las nuevas tecnologías en el aula. En segundo lugar, en esta investigación se planteó que toda optimización en la enseñanza de las tecnologías de la información y la comunicación (TIC) pasa por considerarla una parte integral en la formación de sujetos activos (Arredondo, Catalán, Monsalves y Montesinos, 2001b). En tercer lugar, se menciona la imposibilidad de las prácticas escolares en relación con el uso de las TIC de reducir la brecha digital, cuestión que se ve agravada por la "perspectiva estrictamente cuantitativa" del MINEDUC (Arredondo *et al.*, 2001a, p. 167), por la fuerte correlación que existe entre uso y aprovechamiento de las TIC y mayor nivel socioeconómico. Pese a este reconocimiento, es un estudio que no profundiza en las causas de la desigualdad estructural de los distintos capitales en la sociedad, sino que solamente constató que esta afectaba a la política pública de favorecer el acceso a las nuevas tecnologías.

Interrogando las transformaciones educativas de los años 1990

La emergencia del tema de "la cultura juvenil" en los liceos, provocada por *El liceo por dentro*, inauguró una serie de nuevas preguntas que orientaron a la etnografía escolar sucesiva. Algunas de ellas pudieron desarrollarse de una forma *más propiamente etnográfica*, a través de estudios que encontraron financiamien-

---

[11] El equipo de investigación que se hace cargo de esta evaluación al programa Enlaces estuvo dirigido por Miguel Ángel Arredondo, investigador sin experiencia previa en etnografía escolar, y como ayudantes se encontraban los antropólogos Jorge Montesinos, Sebastián Monsalve y Ramiro Catalán. Este último investigador, como se aprecia en este mismo libro, ha continuado trabajando en el campo de la etnografía escolar.

to ya no en el Ministerio de Educación, y que, por ende, pudieron distanciarse de los objetivos y los tiempos inmediatos de la política. Estas investigaciones buscaron profundizar y problematizar no solo las prácticas, valores y modelos dominantes en la cultura escolar y en las prácticas pedagógicas, sino también indagaron en la cultura juvenil y en las posibilidades para la participación ciudadana de los jóvenes.

Esto se produjo en el contexto de una fuerte masificación de la educación secundaria y de la implementación de importantes políticas tendientes a mejorar las condiciones de los establecimientos y el currículum (Bellei, 2015; Cox, 2003). A mediados de la década de los años 1990, estas reformas comenzaron a afectar directamente a la educación secundaria mediante distintos programas compensatorios y ciertas herramientas que abarcaban al conjunto de los establecimientos. Dentro de esto se puede mencionar la Jornada Escolar Completa (JEC), la red Enlaces, el programa MECE-Media y la reforma curricular (García-Huidobro y Cox, 1999; Santa Cruz G., 2016). Un aspecto significativo fue la promoción del uso de los espacios formales e informales de participación por los jóvenes en sus propios establecimientos. La preocupación por la cohesión social, en el contexto de una sociedad que, por su grado de desigualdad estructural, generaba fuerzas en la dirección contraria y hacía difícil la constitución de un nosotros (Lechner, 2002), estaba sobre la base de estas reformas.

En este marco, durante los años 1997-1998, y financiado por FONDECYT, el PIIE realizó una investigación etnográfica que dio lugar al libro *Joven y alumno: ¿conflicto de identidad? Un estudio etnográfico en liceos de sectores populares* (Cerda, Assaél, Ceballos y Sepúlveda, 2002)[12]. A través de la observación de las prácticas cotidianas en la escuela este estudio buscó problematizar la distinción entre "cultura escolar" y "cultura juvenil", profundizando en las preguntas abiertas en el estudio encargado con anterioridad por el MINEDUC, donde participó parte de este mismo equipo, como fue el caso de Ana María Cerda y Rodrigo Sepúlveda. En esta ocasión la investigación fue propiamente etnográfica, es decir, prescindió de un cruce con datos cuantitativos. Este acercamiento fue justificado en el anexo metodológico de dicho libro, señalando que:

Desde un punto de vista teórico y metodológico, el análisis y comprensión de la multiplicidad de relaciones presentes en la escuela obligan a estudiar casos en profundidad. Esto podría cuestionar la factibilidad de desarrollar conceptos generales o generalizables. Sin embargo, los estudios se insertan en una sociedad que posee una cultura y relaciones específicas establecidas

---

[12]   Proyecto FONDECYT n° 1971181: "Contenidos valóricos y normativos que construyen jóvenes en el espacio escolar: un estudio etnográfico", 1997-1998, desarrollado por el PIIE.

material y socialmente. De esta manera, el conocimiento en profundidad de un hecho particular permite acceder al conocimiento de la significación social subyacente (Cerda *et al.*, 2002, p. 149).

En este sentido, *Joven y alumno* reivindicó la relevancia, el valor y el sentido del conocimiento que genera la etnografía, lo cual puede observarse incluso en su escritura, que, en cuanto texto, conserva una narratividad propia de lo que se entiende por etnografía en su sentido clásico. Se presenta como etnografía en su escritura, en sus preguntas, incluso tematizando –también de forma narrativa– los dilemas y reflexiones que se derivan del lugar del investigador. En este sentido, esta investigación se esfuerza por presentar un conocimiento "mostrando" el escenario desde donde surge, implicada en los malestares y con los actores que allí encuentra, dándole a esto una importancia incluso mayor que a la fundamentación teórica. Por lo mismo, se plantean explícitamente "abandonar la comodidad de las categorías", ubicarse en el *mundo de vida* de los jóvenes y aprehender sus códigos. Es así como se propusieron "mirar lo que ellos miran, escuchar lo que ellos escuchan, conversar de lo que ellos conversan, generar confianzas y complicidades, nos fue abriendo progresivamente un espacio cercano a su cotidianidad" (Cerda *et al.*, 2002, p. 7). Frente a un discurso social que destacaba la anomia juvenil –resumida en la expresión de no estar "ni ahí"–, la investigación enfatizará la densidad cultural y valórica del mundo juvenil (Assaél y Cerda, 1998; Cerda y Assaél, 1998), al que sería posible acceder a través de la mirada experta del etnógrafo.

Esta investigación se posiciona en el marco de una sociedad segmentada, en la cual se requiere repensar el valor de la norma y la disciplina en establecimientos de sectores populares, y potenciar los aprendizajes dirigidos a la formación de "sujetos capaces de ejercer ciudadanía". En este sentido, los jóvenes de sectores populares aparecen como los sujetos que el sistema no reconoce ni valora, y que, educativamente hablando, solo busca normarlos. *Joven y alumno* muestra una cultura juvenil que, reducida al "alumno", es marginalizada e invisibilizada por la política educativa y la institución escolar, pero que, sin embargo, existe, es rica y tiene valor. Tal como aparece en la Introducción:

En ese contexto, la aparición de rasgos identitarios propiamente juveniles no resulta evidente. Al menos no en un primer momento. Afortunadamente, la presencia constante nos va permitiendo, poco a poco, traspasar la superficie del liceo para centrar la atención en lo subyacente, en aquellas señales antes juzgadas intrascendentes y en realidad cargadas de significados. Resulta ser ahí donde los rasgos identitarios propiamente juveniles son posibles de ser leídos. Lo de siempre adquiere nuevos significados. Ya no vemos los uniformes (sabemos que son todos más o menos iguales). Nos interesan más las poleras que, bajo las camisas celestes, anuncian la presencia de un bullanguero, un thrash incondicional de Sepultura, un admirador del "Che" Guevara, de Salas o de Jim Morrison. Los chalecos azules reglamentarios adquieren otro significado cuando el largo de las mangas nos indica que el joven en cuestión es un rapero (Cerda *et al.*, 2002, p. 6).

Desde este punto de vista la escuela aparece como un espacio de generación de cultura, pero, al mismo tiempo, es un lugar institucionalizado para su exclusión, normalización y control, cooptando los espacios y dinámicas donde las expresiones juveniles buscan emerger. En este sentido, el potencial crítico de esta investigación estriba en recuperar y reivindicar una cultura juvenil poliforme, que era sistemáticamente excluida por el sistema escolar. Si bien esta investigación no se posicionó explícitamente respecto a la reforma en curso, la tensionaba, exigiendo de ella que reconociese una realidad que, en muchas ocasiones, le resultaba incómoda. Sin embargo era una mirada que cuestionaba más la institución escolar que la política educativa.

El trabajo sobre la cultura juvenil permitió ampliar la mirada y abrir nuevas interrogantes. Una de estas se refirió al carácter de los espacios de participación formales y de expresión juvenil al interior de los liceos de sectores populares durante la transición democrática. Los hallazgos indicaban que los centros de alumnos, que estaban tratando de ser revitalizados en el contexto de la reforma mediante el cambio de la norma que los regía (Decreto 524), no eran espacios que diesen suficiente cabida a las formas más novedosas de expresión de la cultura juvenil (Ceballos, Assaél y Cerda, 2001; Cerda, Assaél, Ceballos y Sepúlveda, 1998). De hecho, la poderosa organización estudiantil de la dictadura era un recuerdo casi mítico para los propios estudiantes (Assaél *et al.*, 2001). De modo contraintuitivo, el proyecto FONDECYT dirigido por los mismos investigadores de *Joven y alumno* buscó indagar en el espacio que se mostraba carente de sentido y sujeto a una fuerte instrumentalización tanto por el nivel central –para mostrar resultados exitosos de su política de participación–, como por las propias autoridades de los liceos, quienes utilizaban este espacio social institucional simulando la participación y el compromiso de los estudiantes con los fines y medios que las autoridades escolares definían. De acuerdo con la investigación de Salinas y Franssen (1997) y de la propia investigación de *Joven y alumno*, los centros de alumnos eran considerados espacios funcionales a los propósitos e intereses de los directivos de los establecimientos que habían sido vaciados de protagonismo juvenil, en el contexto de una discursividad colmada de significantes en torno a la participación estudiantil.

Esta idea de la falta de protagonismo de los actores en el contexto de las transformaciones en el sistema escolar de los años 1990 también fue desarrollada en un proyecto FONDECYT del año 1995-96, adjudicado por el PIIE y dirigido por Graciela Batallán, donde además trabajaron Jenny Assaél, Verónica Edwards y Soledad Cid como investigadoras[13]. La tesis central del informe, que nunca fue publicado, esbozaba la idea de que era necesario el trabajo político de recontextualización de las reformas educativas por parte de los actores escolares –especialmente los docentes–[14]. En dicha ocasión el trabajo de campo se llevó a cabo en el colegio Manuel de Salas, donde se buscó rescatar no solo la traducción e interpretación de la política por parte de una comunidad docente activa, sino también rescatar la memoria de procesos de reforma anteriores aún presentes en dicho colegio.

A partir de estos indicios, un equipo del PIIE desarrolló entre los años 1999 y 2000 una nueva investigación, también financiada por FONDECYT. Participaron como investigadoras Jenny Assaél y Ana María Cerda, y como investigadores en terreno Rodrigo Sepúlveda y Eduardo Santa Cruz. En esta ocasión se trabajó en seis establecimientos de la región Metropolitana, ubicados en distintos contextos sociales y de distinta titularidad jurídica. El foco de esta investigación estuvo en indagar en las significaciones construidas por los jóvenes sobre estos espacios de participación formal. El trabajo de campo consistió en acompañar a los centros de estudiantes en actividades informales y reuniones, tanto dentro como fuera de los liceos, así como también se hicieron entrevistas grupales e individuales con sus dirigentes. Pese a las restricciones económicas del equipo, que impedían una completa dedicación, esta investigación permitió la publicación de tres artículos (Assaél *et al.*, 2001; Assaél, Cerda, Santa Cruz G. y Sepúlveda, 2000; Cerda *et al.*, 2001). Un hallazgo central de esta investigación fue la necesidad de ir más allá de la intuición que había movido al equipo a estudiar los centros de alumnos. Fue evidente para el equipo que donde los espacios de participación se ceñían a la estructura de participación construida desde la política pública, estos espacios aparecían vaciados de sentido y protagonismo juvenil. Sin embargo, la experiencia de los liceos emblemáticos mostraba centros de alumnos vitales, lo que había sido posible por el desbordamiento de la institucionalidad y las finalidades que la normativa señalaba y las propias autoridades de los establecimientos prescribían. Esto llevó a una acelerada politi-

---

[13] Como ayudantes estuvieron René Varas, Florencio Ceballos, A. Urmeneta y Paula Agurto.

[14] El borrador del informe entregado al FONDECYT pudo ser revisado para esta publicación. En la actualidad, esta línea de investigación de valoración de la recontextualización de las políticas en los espacios locales está siendo desarrollada por el equipo de Etnografía Escolar y Política Educativa que dirige Jenny Assaél en la Universidad de Chile.

zación de dichos espacios, producto de la organización de colectivos y grupos estudiantiles que vieron la necesidad de tomarlos (Assaél *et al.*, 2001; Cerda *et al.*, 2001). En este camino la etnografía permitió describir en detalle el uso de la memoria como material en los procesos de subjetivación política (Assaél *et al.*, 2001), algo que comenzará a ser común entre los estudiantes secundarios a partir del año 2001. A diferencia de la mayor parte de los trabajos sobre jóvenes en el periodo, las experiencias de estos pocos liceos permitían rescatar el valor de la política en los procesos de socialización juvenil, en un contexto social donde esta era identificada como causante natural de conflicto y división social. Es a partir de esta lectura que los artículos etnográficos que se derivaron de esta investigación cuestionaron fuertemente el Chile transicional.

Tres años más tarde, durante 2003, se realizó una nueva etnografía escolar que continúa una veta de lo que *El liceo por dentro*, *Joven y alumno* y el proyecto sobre centros de alumnos venían indagando: el problema de la participación escolar, aunque en esta investigación en concreto, se aborda la formación ciudadana en escuelas básicas. Esto da origen al libro *El complejo camino de la formación ciudadana. Una mirada a las prácticas docentes* (Cerda *et al.*, 2004), también realizado por el PIIE con financiamiento de la Fundación Ford[15]. Esta investigación plantea la necesidad de una transformación en relación con la herencia de la dictadura y, a partir de ello, interrogará la formación ciudadana en las prácticas pedagógicas. En este marco, el estudio se presenta como una contribución a un debate: "esta investigación etnográfica apunta a colaborar en la necesaria redefinición del concepto de ciudadanía, que dé cuenta de los cambios en curso, así como los desafíos que presenta la construcción de un proyecto país en los nuevos contextos" (Cerda *et al.*, 2004, p. 8). Si bien existe una permanente preocupación por contribuir y dialogar con los hacedores de política, algo que responde también al interés de incidencia de la Fundación Ford, este trabajo expresa una creciente distancia respecto del curso de la reforma. Esto no supuso ningún tipo de constricción al trabajo etnográfico y, pese a la sugerencia por incidir, esta faceta estuvo lejos de cumplirse. Al tomar distancia respecto de la reforma, la que mostraba síntomas de agotamiento durante el primer lustro del nuevo siglo (Bellei, 2015; Santa Cruz G., 2016), las posibilidades de diálogo eran cada vez menores.

---

[15] La investigación etnográfica correspondió al segundo año del proyecto financiado por la Fundación Ford. Durante el primer año se analizó la implementación de los Objetivos Fundamentales Transversales, una de las novedades de la reforma curricular iniciada en 1998, poniendo el foco en el débil diseño de implementación, el escaso protagonismo de las comunidades escolares y el débil posicionamiento crítico de la reforma en su conjunto. Se trabajó con estudios de caso, entrevistándose a docentes y directivos de escuelas ubicadas en sectores populares. De esta investigación, véase Egaña, Cerda, Magendzo, Santa Cruz, y Varas (2003).

A diferencia de las investigaciones anteriores, esta etnografía privilegió fuertemente las bases teóricas de las preguntas y el problema que buscaba abordar, de forma que dedica un espacio relevante a exponer las apuestas teóricas y políticas de los investigadores sobre el problema. De ese modo, esta investigación tiene un posicionamiento crítico mayor en términos de la realidad sociohistórica de Chile, pues ofrece un aparataje conceptual que permite conectar explicativamente las prácticas cotidianas en las escuelas con las transformaciones de la cultura política del país. En buena medida, se posiciona reconociendo el déficit de cohesión social existente y la debilidad de los lazos sociales construidos en una sociedad donde el mercado ocupa un lugar central. Por esto, en términos interdiscursivos, este texto se ubica donde aún resuena el debate sobre el debilitamiento de las identidades colectivas, la imposibilidad de construir un nosotros inclusivo (Lechner, 2002) y la transformación del Chile actual (Moulian, 1998), que se manifiestan en una esfera pública crecientemente privatizada. Este es el contexto que desafía la formación ciudadana de la escuela y es la referencia que tienen de modo permanente los autores en su análisis tanto de las interacciones en el aula como de las dinámicas micropolíticas de las escuelas. Tal como lo señalan en las conclusiones del estudio:

> los desafíos para la formación ciudadana en nuestro país son importantes y están relacionados tanto con las condiciones del contexto societal como con lo que ocurre en el sistema escolar, constatándose carencias en la práctica ciudadana en nuestra sociedad y también problemas en las instituciones escolares para formar en estas prácticas (Cerda *et al.*, 2004, p. 244).

En términos metodológicos, el trabajo de campo se realizó en cuatro escuelas –dos municipales y dos particulares subvencionadas–, observándose de preferencia los espacios de aula. También hubo entrevistas individuales y grupales, y se observaron espacios de interacción informales y actividades recreativas de las escuelas. Los registros construidos permitieron describir las interacciones entre docentes y estudiantes –como también entre estos últimos–, a partir del supuesto que "las prácticas cotidianas en el aula llevan, implícita o explícitamente, elementos de formación ciudadana" (Cerda *et al.*, 2004, p. 9). De acuerdo con esto, se privilegió un abordaje etnográfico, pues permitía conocer la cotidianeidad de las prácticas docentes, considerando la escuela como una cultura específica que permite conocer de forma directa y "en situación" los comportamientos de los actores sociales que son parte de esa cultura, así como los significados que le atribuyen a dichas prácticas.

En cuanto a los resultados, el texto concluye que la participación se posibilita a partir de una relación entre las características particulares del docente y las orientaciones o proyectos educativos de las instituciones escolares. A este respecto, señala:

> los mejores logros en relación con la participación en el aula se producen cuando en las escuelas existen prácticas participativas institucionales, que retroalimentan las practicas docentes, cuando los aprendizajes de calidad están en el centro de la preocupación de los docentes y se busca la forma de lograrlos, cuando los contenidos de aprendizaje se relacionan con las experiencias y vida cotidiana de los alumnos y se contextualiza en las realidades sociales que estos viven. También juega un rol significativo la cantidad de alumnos y alumnas por curso y la motivación por el aprendizaje que es posible desarrollar en estos, lo que facilita el control disciplinario y la interacción docente-alumno (Cerda *et al.*, 2004, pp. 239-240).

El trabajo sobre formación ciudadana en la escuela cierra un camino de estudios etnográficos por parte de un equipo de investigación ubicado en el PIIE. Las investigaciones que se han analizado en esta parte muestran cómo la etnografía escolar se planteó como objeto las transformaciones que estaban ocurriendo en el sistema escolar. Así, en un inicio, la pregunta indagó sobre la tensión que le generaba a la institución escolar la presencia creciente de una cultura juvenil, irreductible a los códigos de la cultura escolar, en el contexto de una educación secundaria que se masificaba. La respuesta de la política de abrir canales de participación formales, acotados y controlados por la propia institución, funcionales a los propósitos del sistema escolar y de los propios adultos, derivaban en vaciamiento de sentido o en su desborde por la politización de esos y otros espacios por parte de estudiantes de liceos emblemáticos, que estaban anunciando lo que vendría masivamente desde 2006 en adelante. Esto llevó a la pregunta por la transformación sobre las prácticas escolares de formación ciudadana, algo que se esperaba ocurriera producto de los cambios curriculares y pedagógicos iniciados a mediados de la década de los años 1990. La mirada en la etnografía escolar sobre estas transformaciones estará marcada, sin embargo, por un cierto desencanto, lo que se expresará en los trabajos finales con un mayor cuestionamiento hacia la reforma por la lógica jerárquica que primó en su construcción, cuestionándose con mucha fuerza la distancia existente entre las promesas de participación e integración de la reforma y el mundo de la vida de las escuelas y liceos, en particular de aquellos municipales ubicados en zonas populares. Los trabajos etnográficos fueron registrando durante el periodo, la dificultad de la reforma de modificar las condiciones de reproducción de la desigualdad del sistema escolar.

Etnografías en los márgenes de la reforma

Pese a que el grueso de la etnografía escolar se realizó en estrecha relación con los ejes sobre los cuales trabajó la política educativa durante aquellos años, existen también otras investigaciones que se realizaron fuera de este marco de prioridades. Estas investigaciones abren el espectro de las preguntas y temáticas que son abordadas etnográficamente. En ocasiones, corresponden a líneas de investigación de largo alcance y que las continuarán en el futuro; en otras, corresponden a experiencias puntuales de investigadores que parecen acercarse a la etnografía ocasionalmente.

En este conjunto destaca el trabajo de Carlos Calvo, quien desde la Universidad de La Serena posee una larga trayectoria como investigador en etnografía escolar. Durante este periodo profundizó en la distinción conceptual entre educación y escolarización. En el marco de un Proyecto FONDECYT, el año 2005 publicó *Entre la educación corporal caótica y la escolarización corporal ordenada* (2005)[16]. Esta etnografía escolar se plantea comprender el caos y su relación con lo educativo por oposición a lo escolar. En concreto, el texto buscó mostrar, por una parte, que el misterio, la incertidumbre y la improvisación son parte de la experiencia de la relación infantil del cuerpo con la naturaleza, es decir, son formas de aprender a aprender; y por otra, que el sistema educativo, entendido como escolarización, falla en lograr sus propios objetivos por cuanto se orienta a predefinir, programar las relaciones posibles y controlar el cuerpo. Este es un texto teórico que, si bien se deriva de una investigación etnográfica realizada con el financiamiento de FONDECYT, no se plantea metodológica ni escrituralmente como tal. Es una reflexión teórico-epistemológica que presenta una mirada crítica a la escolarización en general.

La relación familia-escuela también ha sido objeto de indagación etnográfica, como es el caso del proyecto FONDECYT de 1993 de Gladys Villarroel y Ximena Sánchez, de la Universidad de Playa Ancha. En su artículo "Relación familia y escuela: un estudio comparativo en la ruralidad" (2002), publicado en la revista *Estudios Pedagógicos*, las académicas sostienen que existe una disparidad en las percepciones de docentes y familias sobre las expectativas educacionales familiares acerca del futuro de los niños. Esta falta de coherencia entre ambas agencias de socialización en los sectores rurales afectaría los aprendizajes de los menores. En este caso la etnografía aparece como un recurso metodológico, antes que como un enfoque, y el trabajo de campo se realizó en dos escuelas rurales.

---

[16] Artículo escrito gracias al proyecto FONDECYT n° 1030147/2003, Chile: Procesos educativos y teoría del caos: potencialidades de la educación y limitaciones de la escuela.

Finalmente, los estudios etnográficos sobre temáticas interculturales comenzaron a tener una presencia relevante al iniciarse el nuevo siglo. Ciertamente destaca la publicación de UNESCO del año 2005, *Discriminación y pluralismo cultural*, donde aparecen dos etnografías sobre la educación intercultural en Chile, junto a casos de Brasil, Colombia, México y Perú. Una primera corresponde al trabajo de Francisco Vergara y Luis Campos (2005), de la Universidad Academia de Humanismo Cristiano[17]. Este estudio etnográfico fue realizado en dos escuelas municipales de la ciudad de Santiago, en zonas de extrema pobreza. El uso de la etnografía para indagar sobre la diversidad étnica permitió mostrar la escuela como un espacio social fragmentado y en conflicto, lo que sería "reflejo de una determinada sociedad marginal que no logra integrarse a un pretendido proceso de modernización que los deja a un lado, reproduciendo un fuerte sentimiento por parte de los alumnos de exclusión, de estar viviendo en un *ghetto*, existencia de una profunda fractura social entre profesores y alumnos" (Vergara, 2004, p. 934). En un contexto donde el discurso social de la multiculturalidad y el respeto a la diversidad se encontraban presentes, todavía predominaba un modelo de institución escolar único y centralista.

La segunda etnografía correspondió a tres microetnografías, desarrolladas en las comunas de Villarrica y Panguipulli, en el sur de Chile, a cargo de la investigadora Sonia Vásquez (2005) de la Universidad Católica, sede Villarrica[18]. Los tres estudios se desarrollaron en contextos homogéneos, insertos en comunidades mapuche, lo que explicaría que no se observen actitudes ni comportamientos discriminatorios manifiestos. Pese a esto, las microetnografías reportan discriminación implícita, la que se expresa principalmente a través de la indiferencia en la práctica pedagógica. Se cuestiona, por ende, la capacidad de las instituciones escolares para trabajar en forma compleja la diversidad de la cultura local. Esta línea de investigación que enfatizó los problemas de la institución escolar para reconocer, más allá de lo formal, la condición multicultural de muchas escuelas también fue desarrollado en un trabajo de Quezada, Llaña y Sánchez (1999), de la Universidad de Chile, presentado al Encuentro de Investigadores en Educación, y que abordaba la existencia de un currículum oculto en la escuela de Isla de Pascua, que desvalorizaba la cultura rapanui.

En suma, hacia el final del periodo estudiado, se observó una creciente apertura en términos temáticos y de los espacios institucionales donde se realizaban

---

[17]   El equipo de investigación estuvo conformado por Francisco Vergara, Luis Campos, Pablo Acuña, Isabel Araos, Natalia Caniguan y Diego Muñoz, profesores y alumnos de la Escuela de Antropología de la Universidad Academia de Humanismo Cristiano, y miembros del Núcleo de Estudios Étnicos y Multiculturales.

[18]   El equipo de investigación, además, lo compusieron Laura Luna (investigadora principal), Eliseo Cañulef (investigador asesor), María Lara y Manuela Alchao (investigadoras de terreno).

estas etnografías. En un conjunto donde empezaron a aparecer pluralidad de focos y miradas destaca la emergencia de investigaciones que abordaron la temática multicultural, algo que será un eje de la etnografía escolar del siguiente periodo. Pese a esto, estas nuevas producciones etnográficas aún no constituyen líneas de investigación consolidadas y no publican continuamente sus resultados. También cabe resaltar la continuidad de ciertos etnógrafos, quienes durante todo el periodo continúan su producción en el campo y en el espacio de la formación de nuevos docentes[19].

Discusión: la etnografía escolar en los límites de la política educativa

Al poner en perspectiva las etnografías escolares revisadas durante el periodo estudiado, una primera cuestión que salta a la vista es el hecho de que la etnografía escolar ocupó un lugar subordinado en la investigación educacional y en la política educativa. Dicha posición se debe entender como un efecto del entramado de limitaciones económicas, institucionales y académicas que marcaron el carácter de la etnografía escolar durante el periodo, pero también del campo donde dicha actividad se inscribe.

Respecto a este punto, las dificultades institucionales y de financiamiento para generar y mantener equipos de investigación y líneas de trabajo, llevaron a que, con excepción del PIIE, no hubiera otros espacios institucionales independientes capaces de proporcionar un soporte mínimo para el despliegue de este tipo de investigación. Por su parte, las alicaídas universidades no tenían la capacidad de aportar con los recursos necesarios para desarrollar etnografías escolares. Donde esto se hizo correspondió a esfuerzos individuales o puramente excepcionales, fruto de la obtención de fondos concursables o de la realización eventual de algún trabajo de tesis. Sin embargo, se debe tener presente que, en el caso de las universidades, los programas de formación de posgrado en educación o en ciencias sociales eran escasos. El envío de profesionales a estudiar

---

[19]   Un trabajo que grafica este relativo *aislamiento* en el que se realizaron muchas de las investigaciones etnográficas en el periodo lo constituye la investigación de la académica Araceli de Tezanos, quien desde el Instituto Profesional de Osorno obtuvo financiamiento para desarrollar un proyecto FONDECYT, el año 1994, denominado *Estudio etnográfico sobre inserción laboral de profesores egresados en el IP Osorno*. Sin embargo, no contó con publicaciones en Chile. Este proyecto amplía aún más el campo temático de las etnografías y abre, sin duda, como campo de exploración futuro, la discusión sobre el uso desde hace décadas de la etnografía como herramienta de formación pedagógica de futuros docentes en muchas universidades del país.

con becas de posgrado al extranjero todavía no poseía la masividad que tendrá en la década siguiente con el programa de Becas Chile.

En ese sentido, la etnografía escolar comparte varias de las dificultades institucionales y económicas de la actividad académica en general, en especial de las ciencias sociales, de las humanidades y de la educación. En el periodo estudiado, quienes se dedicaban a la etnografía escolar carecían de espacios suficientes de intercambio y discusión académica que nutrieran a su actividad de nuevas miradas y enfoques; y, si establecían diálogo, lo hacían con el colectivo de los investigadores educacionales –referenciales eran los Encuentros Nacionales de Investigación organizados por el CPEIP–, sin contar con instancias de debate de aquellos que compartían propiamente la condición de hacer etnografía. Se estaba en presencia de un campo de la investigación débilmente institucionalizado y, en el caso de la etnografía escolar, estas carencias son aún más evidentes.

Por otro lado, pese al valor de las investigaciones reseñadas en el acápite anterior, en términos generales el impacto de la etnografía escolar sobre la política educativa no fue extensivo. Como se expone en el capítulo El liceo por dentro, tuvo una enorme influencia en el diseño de la política de educación secundaria. Este aporte no puede ser desdeñado. Sin embargo, lo cierto es que, a nivel de la discusión sobre política en su conjunto, el espacio de la etnografía se fue apagando en el transcurso de la década. Como señala Ana María Cerda:

> la etnografía fue perdiendo. Yo diría que ganó reconocimiento con esa investigación porque fue una investigación que tuvo peso, porque abrió los ojos, pero después todos quieren cosas rápidas… tal vez después de 20 años más podrían financiar otra, pero nunca logramos la segunda pata…[20].

En este sentido, la rapidez y el tipo de conocimiento que demanda la política educativa, unido a las dificultades que marcan el contexto de producción de investigación educativa y que no permitieron dar un impulso suficiente, explican que la presencia de la etnografía se fuera haciendo intermitente. Sin embargo, esta no desapareció. En este sentido, la huella de la etnografía escolar en la posdictadura ha podido ser rastreada y reconstruida durante todo el periodo de quince años que estamos analizando.

En esta misma línea, una mirada sobre los aspectos metodológicos muestra que la trayectoria de la investigación etnográfica ha buscado, según sus posibilidades, posicionamientos más propios. En este marco, es posible encontrar etnografías que son parte de un diseño mixto mayor, en las que se propone que

---

[20]   Entrevista realizada en el marco de la realización de este y otros textos del libro.

el cruce de lo cualitativo y cuantitativo otorga un grado mayor de validez de la investigación y sus resultados, por sobre el conocimiento que la etnografía puede generar por sí misma. En otros términos, la etnografía tendrá que referirse como un conocimiento parcial. Sin embargo, las etnografías escolares que se realizaron con financiamiento venido no directamente del MINEDUC buscaron justificar el valor del conocimiento en profundidad que la etnografía proporciona sobre un escenario singular. Este trabajo de posicionamiento comienza a ocurrir hacia finales de la década de los años 1990, en la medida que surgen proyectos financiados desde CONICYT y organismos internacionales. Junto con eso, lentamente todavía, el espacio institucional de este tipo de investigaciones se comienza a desplazar, apagándose su presencia en el PIIE y emergiendo, aún con intermitencia, en algunas universidades.

En términos temáticos, la cultura juvenil y la participación fueron ejes relevantes de la etnografía escolar en todo el periodo. En esta línea, es importante recordar que durante los años 1990 se realizó un número no menor de investigaciones etnográficas, las que, aunque discontinuas, pudieron dialogar con los debates académicos del periodo, con las transformaciones que se estaban produciendo en el sistema escolar, como es el caso de los cambios en el currículum, introducción de nuevas tecnologías, por nombrar algunos, y abordaron procesos culturales centrales para el periodo, como son las culturas juveniles, y la participación y formación democrática, que habitaban y estaban transformando la cotidianidad de la institución escolar. Sin embargo estos ámbitos no agotan lo estudiado por los diferentes equipos de investigación. Se han mostrado distintas vetas que empiezan a ser exploradas, varias de las cuales serán continuadas en la fase siguiente: socialización, micropolítica en la escuela, interculturalidad, por nombrar algunas de las más relevantes.

Al mismo tiempo, como se ha mencionado anteriormente, el contexto de reforma influyó en el encuadramiento de las investigaciones, no abordándose de forma directa temas que cuestionaban aspectos centrales del modelo educativo imperante. En este sentido, el proceso de estandarización y sus consecuencias en las prácticas docentes, el modelo de formación docente, la instalación de una agenda cercana a la Nueva Gestión Pública (SNED, Ley SEP, Aseguramiento de la Calidad, etc.), la descentralización, la segregación escolar y las dinámicas de competencia quedaron ausentes de la reflexión etnográfica. Este conjunto de transformaciones telúricas del sistema escolar aparecieron en los trabajos del periodo como elementos de contexto o se reflexionaba sobre ellas lateralmente. Cabe tener presente que esta deuda con el conocimiento sobre los procesos que transformaron estructuralmente el sistema escolar, algo que se hace evidente a partir del año 2006, corresponde a la investigación educacional en su conjunto y no solo a la etnografía escolar.

Pese a estas limitaciones, dichas investigaciones, partiendo de la comprensión de lo cotidiano, también hablaron de procesos que estaban transformando profundamente el sistema escolar. Esto no es casual, sino que se desprende del énfasis que la etnografía otorga, en mayor o menor medida, a las prácticas culturales habituales y cotidianas que tienen lugar en el escenario escolar. En este sentido, es importante notar que, con independencia de los avatares que sufrió la investigación etnográfica en la posdictadura, el hecho de que se concentrara en los modos en que se dan las relaciones sociales concretas y en contextos situados, permite visualizar los efectos que las transformaciones más generales a nivel social, político y económico, tuvieron en la organización de la vida cotidiana y, específicamente, en la escuela.

Referencias

ABRAHAM M. y ROJAS A. (1997). La investigación educativa en Iberoamérica. *Revista de Educación*, 312, 21-42.

ALARCÓN D. M., LLAÑA M. y SÁNCHEZ G. (1999). Etnografía del aula Rapa Nui. Ponencia presentada en el Encuentro de Investigadores en Educación, XV Nacional y Primero Internacional, Santiago, 3-5 de noviembre de 1999.

ARREDONDO M. A., CATALÁN R., MONSALVES S. y MONTESINOS J. (2001a). Aproximación etnográfica a la introducción de nuevas tecnologías de información y comunicación en dos escuelas rurales del centro sur de Chile. En M. Bonilla y G. Cliche (Eds.), *Internet y sociedad en América Latina y el Caribe, investigaciones para sustentar el diálogo* (pp. 131-172). Quito: IDRC-CRDI.

ARREDONDO M. A., CATALÁN R., MONSALVES S. y MONTESINOS J. (2001b). Rutinas pedagógicas en la introducción de las tecnologías de información y comunicación (TICS) en dos escuelas rurales de la comuna de Maule. Ponencia presentada en el Encuentro de Investigadores en Educación, XVI Nacional y II Internacional, Santiago.

ASSAÉL J. y CERDA A. M. (1998). La construcción de valores en los jóvenes estudiantes de un liceo urbano popular. Ponencia presentada en el III Congreso Chileno de Antropología, Temuco.

ASSAÉL J., CERDA A. M. y SANTA CRUZ G. E. (2001). El mito del subterráneo: memoria, política y participación en un liceo secundario de Santiago. *Última Década*, 15, 73-98.

ASSAÉL J., CERDA A. M., SANTA CRUZ G. E. y SEPÚLVEDA R. (2000). La búsqueda para borrar estigmas sociales: una forma de construir ciudadanía. *Revista de Psicología*, 9(1), 107-117.

BEECH J. (2007). La internacionalización de las políticas educativas en América Latina. *Pensamiento Educativo*, 40(1), 153-173.

BELLEI C. (2003). Veinte años de políticas en educación media en Chile: 1980-2000. En L. Cariola, C. Bellei e I. Núñez (Eds.), *Veinte años de políticas de educación media en Chile*. Santiago: IIPE-UNESCO.

Bellei C. (2015). *El gran experimento*. Santiago: LOM.

Brunner J. J. y Salazar F. (2009). La investigación educacional en Chile: una aproximación bibliométrica no convencional. Documento de Trabajo CPCE, 1.

Calvo C. (2005). Entre la educación corporal caótica y la escolarización corporal ordenada. *Revista Iberoamericana de Educación*, 39, 91-106.

Ceballos F., Assaél J. y Cerda A. M. (2001). Espacios juveniles de participación ciudadana en el liceo chileno. Instancias formales, ejercicio crítico y reconocimiento del otro. *Revista de Tecnología Educativa*, 14(4), 525-542.

CEPAL-UNESCO. (1992). Educación y conocimiento: eje de la transformación productiva con equidad. Santiago: Autor.

Cerda A. M. y Assaél J. (1998). Normatividad escolar y construcción de valores en la vida cotidiana del liceo. *Perspectivas*, 4, 629-644.

Cerda A. M., Assaél J., Ceballos F. y Sepúlveda R. (1998). Institución escolar y organización formal juvenil: la emergencia del sujeto. *Revista de Psicología*, 7, 11-24.

Cerda A. M., Assaél J., Ceballos F. y Sepúlveda R. (2002). *Joven y alumno: ¿conflicto de identidad? Un estudio etnográfico en liceos de sectores populares*. Santiago: LOM/PIIE.

Cerda A. M., Assaél J. y Santa Cruz G. E. (2001). Los centros de alumnos como espacio de aprendizaje de participación ciudadana. *Docencia*, 15, 37-46.

Cerda A. M., Edwards V. y Gómez V. (1995). Algunos aspectos de las prácticas de trabajo y socialización en establecimientos de enseñanza media. En *Variables extrapedagógicas y equidad en la educación media: hogar, subjetividad y cultura escolar*. Santiago: CEPAL.

Cerda A. M., Egaña L., Magendzo A., Santa Cruz G. E. y Varas R. (2004). *El complejo camino de la formación ciudadana: una mirada a las prácticas docentes*. Santiago, Chile: LOM.

Comisión Nacional para la Modernización de la Educación. (1994). *Los desafíos de la educación chilena frente al siglo XXI*. Santiago: Universitaria.

Corvalán J. y Ruffinelli A. (2007). *Estado del arte de la investigación y desarrollo en educación en Chile*. Santiago: CIDE.

Cox C. (1989). *Sistema político y educación. Medidas, propuestas y silencios*. Santiago: CIDE.

Cox C. (2003). *Las políticas educacionales de Chile en las últimas décadas del siglo XX*. Santiago: Universitaria.

Donoso S. (2004). Reforma y política educacional en Chile 1990-2004: el neoliberalismo en crisis. *Estudios Pedagógicos*, XXXI(1), 113-135.

Donoso S. (2013). *El derecho a educación en Chile*. Bravo y Allende Editores.

Edwards V., Calvo C., Cerda A. M., Gómez M. V. e Inostroza G. (1995). *El liceo por dentro: estudio etnográfico sobre prácticas de trabajo en educación media*. Santiago: MINEDUC.

Egaña L., Cerda A. M., Magendzo A., Santa Cruz L. E. y Varas R. (2003). *Reforma Educativa y Objetivos Fundamentales Transversales: Los dilemas de la innovación*. Santiago: PIIE.

Falabella A. (2015). La historia del mercado escolar en Chile y el surgimiento de la nueva gestión pública: análisis del discurso oficial 1973 a 2009. *Educação & Sociedade*, 36(132), 699-722.

García-Huidobro J. E. y Cox C. (1999). La reforma educacional chilena 1990-1998. Visión de conjunto. En J. E. García-Huidobro (Ed.), *La reforma educacional chilena*. Madrid: Popular.

Lechner N. (2002). *Las sombras del mañana*. Santiago: LOM.

Marshall M. T. (2004). *Programas de mejoramiento de las oportunidades. El Liceo para Todos en Chile*. Paris: IIPE.

Ministerio de Educación. (1994). *Programa de Mejoramiento de la Calidad y Equidad de la Educación Media. 1995-2000*. Santiago: Ministerio de Educación.

Moulian T. (1998). *Chile Actual: anatomía de un mito*. Santiago: LOM.

OCDE. (2004). Chile. *Revisión de las políticas nacionales de educación*. París: OECD.

Picazo M. I. (2001). Del poder de las ideas a las ideas en el poder: investigación educativa y diseño de la agenda escolar del primer gobierno de transición en Chile. *Revista del CLAD Reforma y Democracia*, 19.

Picazo M. I. (2013). *Las políticas de la Concertación durante la transición democrática*. Santiago: Universidad Diego Portales.

Rivero J. (1994). Investigación educativa en América Latina: la agenda pendiente. *Boletín del Proyecto Principal de Educación*, 34, 84-99.

Ruiz C. y Vergara M. (2005). Sistematización de la política chilena: programa Liceo para Todos y su línea Planes de Acción. Proyecto Hemisférico: Elaboración de políticas y estrategias para la prevención del fracaso escolar. Informe final. Santiago: Ministerio de Educación.

Salinas A. y Franssen A. (1997). *El zoológico y la selva*. Santiago: CIDE.

Santa Cruz G. E. (2016). Mediatización de las políticas educativas en Chile: el discurso de los diarios *La Tercera* y *El Mercurio* sobre la Ley General de Educación (2006-2009). (Tesis Doctoral). Universidad de Granada, Granada.

Sepúlveda R. (1998). Institución escolar y sujeto juvenil en liceos de sectores populares. Ponencia presentada en el III Congreso Chileno de Antropología, Temuco.

Téllez F. (2011). La vinculación entre investigación y políticas educativas: una mirada al caso de Chile. En J. M. Gorostiaga, M. Paladimessi y C. Suasnábar (Eds.), *Investigación educativa y política en América Latina* (pp. 141-174). Buenos Aires: Novedades Educativas.

UNESCO. (2005). *Discriminación y pluralismo cultural en la escuela*. Santiago: Autor.

Vásquez S. (2005). Discriminación y pluralismo cultural en la escuela. En *La discriminación y el pluralismo cultural en la escuela*. Santiago: OREALC/UNESCO.

Vergara F. (2004). Cuando el deseo de igualdad oculta la diferencia. Etnografía de dos escuelas. Ponencia presentada en el V Congreso Chileno de Antropología, San Felipe.

Vergara F. y Campos L. (2005). Discriminación y pluralismo cultural en la escuela. En *La discriminación y el pluralismo cultural en la escuela*. Santiago: OREALC/UNESCO.

Villarroel G. y Sánchez X. (2002). Relación familia y escuela: un estudio comparativo en la ruralidad. *Estudios Pedagógicos*, 28, 123-141.

Anexo 1. Investigación etnográfica en Chile 2005-2015.

Investigación	Equipo de Investigación / Institución	Año	Financiamiento	Producción
El Liceo por dentro: estudio etnográfico sobre prácticas de trabajo en educación media	V. Edwards, A. M. Cerda, G. Inostroza y C. Calvo (Coordinadores). Más de una decena de ayudantes. PIIE	1993-1994	MINEDUC	Edwards V., Calvo C., Cerda A. M., Gómez M. V. e Inostroza G. (1995) El liceo por dentro: estudio etnográfico sobre prácticas de trabajo en educación media. Cerda A. M.; Edwards V. y Gómez V. (1995) Algunos aspectos de las prácticas de trabajo y socialización en establecimientos de enseñanza media. En *Variables extrapedagógicas y equidad en la educación media: hogar, subjetividad y cultura escolar.*
Relación familia-escuela	Gladys Villarroel y Ximena Sánchez U. Playa Ancha	1993	FONDECYT	Villarroel G. y Sánchez X. (2002). Relación familia y escuela: un estudio comparativo en la ruralidad. *Estudios Pedagógicos*
Estudio etnográfico sobre inserción laboral de profesores egresados en el IP Osorno	A. de Tezanos (Inv. Resp.) César Marín y Glauco Torres Instituto Profesional de Osorno	1994	FONDECYT	

Continuación Anexo 1

Investigación	Equipo de Investigación / Institución	Año	Financiamiento	Producción
Sobre docentes como sujetos de las reformas (título provisional)	G. Batallán (Inv. Responsable). J. Assaél V. Edwards S. Cid. (Inv.) F. Ceballos A. Urmeneta R. Varas y P. Agurto PIIE	---	FONDECYT	
Contenidos valóricos y normativos que construyen jóvenes en el espacio escolar: un estudio etnográfico	J. Assael, A. M. Cerda (Inv. Resp.), F. Ceballos, R. Sepúlveda PIIE	1996-1997	FONDECYT	Cerda A. M., Assaél J., Ceballos F. y Sepúlveda R. (2002) *Joven y alumno: ¿conflicto de identidad? Un estudio etnográfico en liceos de sectores populares.* Ceballos F., Assaél J. y Cerda A. M. (2001) Espacios juveniles de participación ciudadana en el liceo chileno. Instancias formales, ejercicio crítico y reconocimiento del otro. *Revista de Tecnología Educativa.* Cerda A. M. y Assaél J.(1998) Normatividad escolar y construcción de valores en la vida cotidiana del liceo. *Perspectiva.* Cerda A. M., Assaél J., Ceballos F. y Sepúlveda R. (1998) Institución escolar y organización formal juvenil: la emergencia del sujeto. *Revista de Psicología.*

Continuación Anexo 1

Investigación	Equipo de Investigación / Institución	Año	Financiamiento	Producción
Fracaso escolar, códigos y disciplina: Una aproximación etnográfica. Última Década	María Elena Herrera U. de Valparaíso	1998	Tesis	Herrera M. E. (1999). Fracaso escolar, códigos y disciplina: Una aproximación etnográfica. *Última Década*.
Centros de Alumnos	J. Assael, A. M. Cerda (Inv. Resp.) R. Sepúlveda y E. Santa Cruz PIIE	1999-2000	FONDECYT	Assaél J., Cerda A. M., Santa Cruz G. E. (2001). El mito del subterráneo: memoria, política y participación en un liceo secundario de Santiago. *Última Década*.
				Cerda A. M., Assaél J., Santa Cruz G. E. (2001) Los centros de alumnos como espacio de aprendizaje de participación ciudadana. *Docencia*.
				Assaél J., Cerda A. M., Santa Cruz G. E. y Sepúlveda, R. (2000) La búsqueda para borrar estigmas sociales: una forma de construir ciudadanía. *Revista de Psicología*.
Estudio sobre introducción de las TIC en las escuelas	Arredondo M. A., Catalán R., Monsalves S., Montesinos J. PIIE	2000	MINEDUC	Aproximación etnográfica a la introducción de nuevas tecnologías de información y comunicación en dos escuelas rurales del centro-sur de Chile. En M. Bonilla y G. Cliche (Eds.), Internet y sociedad en América Latina y el Caribe, investigaciones para sustentar el diálogo

104

Continuación Anexo 1

Investigación	Equipo de Investigación / Institución	Año	Financiamiento	Producción
Cuando el Deseo de Igualdad Oculta la Diferencia. Etnografía de dos Escuelas	F. Vergara; L. Campos; S. Vásquez U. Academia Humanismo Cristiano - PUC Villarrica	2003-2004	UNESCO	(2005) La discriminación y el pluralismo cultural en la escuela. Santiago: UNESCO.
Formación ciudadana	L. Egaña, J. Assael, A. M. Cerda, A. Magendzo, E. Santa Cruz y R. Varas PIIE	2003-2004	Fundación Ford	Cerda A. M., Egaña L., Magendzo A., Santa Cruz G. E. y Varas, R. (2004) El complejo camino de la formación ciudadana: Una mirada a las prácticas docentes.

La etnografía escolar en el contexto de crisis social y política. Diversificación e institucionalidad universitaria (2005 - 2015)

Andrea Valdivia y Felipe Hidalgo

Introducción

La producción etnográfica de estos diez años (2005 - 2015) se sitúa en un contexto nacional marcado por una creciente crisis de representación y legitimidad política, y que se ha hecho evidente en el sistema educativo. Los primeros años con que se inicia la revisión de este periodo se han transformado en un hito histórico para Chile. Primero los estudiantes secundarios y luego los universitarios serán los responsables de abrir, y mantener de manera sistemática, los cuestionamientos al modelo de sociedad en el que vivimos y en el que se sustenta la educación en particular. Estos diez años de movilizaciones y protestas han permitido visibilizar y volver público no solo las luchas estudiantiles, sino que también aquellos conflictos históricos como la demanda indígena por reconocimiento, la reconfiguración del tejido social a partir de luchas medioambientales, sindicales, territoriales, de diversidad sexual, entre otras. Contexto que no puede ser obviado en la caracterización de la etnografía escolar reciente. Como veremos, esta será una clave de análisis para dar cuenta de la producción etnográfica en la escuela de los últimos años.

Las etnografías escolares de esta etapa mantienen dos tendencias de los periodos anteriores: una relación estrecha con la política educativa, ya sea referencial, de tensión u objetual, y una marcada producción interdisciplinaria, en términos de la constitución de los equipos de investigación. A diferencia del periodo posdictatorial, la etnografía escolar se desmarca en parte de la relación constreñida con la política educativa, y comienza a desarrollarse con mayor autonomía en términos de financiamiento. No se encuentran las etnografías encargadas por el Ministerio de Educación para el diagnóstico o evaluación de políticas y programas educacionales. En términos de temáticas y de problemas de investigación, la etnografía escolar da continuidad y profundiza en temas emergentes del anterior periodo, tales como diversidad e interculturalidad y aprendizaje, pero dará pie también a nuevos temas. Como veremos en el siguiente apartado, en el análisis hecho a la etnografía escolar de los últimos años, se observa un leve aumento de producción con un proceso de diversificación paulatino, tanto de temas como de equipos de investigación. A los trabajos etnográficos generados por los equipos del PIIE y los liderados por Carlos Calvo de la Universidad de La Serena, en este periodo se suman otras y otros investigadores provenientes de la pedagogía y las ciencias sociales, todos adscritos y asociados a universidades.

A pesar de lo anterior, la etnografía escolar mantiene una posición marginal respecto de la investigación educativa dominante y de mayor producción. En relación con esto último, un aspecto que resulta significativo en este periodo son los cambios en las políticas de conocimiento que implementa el Estado de Chile, en particular relacionados con la investigación en educación, con un aumento de financiamiento, la creación de instrumentos y programas específicos en el Consejo Nacional de Ciencia y Tecnología (CONICYT), y la conformación del Centro de Estudios dentro del Ministerio de Educación. Como se propone más adelante, esto puede ser una clave para entender el leve aumento y giro del contexto institucional, ahora universitario, desde donde se realiza la etnografía escolar actualmente.

El trabajo de análisis para este periodo se ha hecho basado en la recopilación de fuentes digitales de circulación pública, además de entrevistas a investigadores e investigadoras, y en la revisión de fuentes secundarias. Para este periodo un factor importante en la sistematización y análisis de la producción de conocimiento etnográfico en la escuela ha sido el acceso a publicaciones digitales, informes de tesis y artículos, producto de las políticas de digitalización de las universidades y el incremento de la producción científica asociada principalmente a la circulación en revistas académicas en formato digital.

El catastro de publicaciones electrónicas permitió incorporar la producción etnográfica generada en procesos formativos, alcanzando un total de 22 tesis de pre y posgrado (Anexo 2). El análisis realizado a partir del catastro delineó inductivamente dos categorías iniciales de clasificación: etnografías e investigaciones con orientación etnográfica. Las tesis clasificadas en el primer grupo presentan desde el planteamiento del problema la definición de una investigación etnográfica, mientras que en el segundo grupo se incluyeron aquellas que, asumiendo un diseño cualitativo o estudio de caso, introducen la etnografía a partir del método, referenciando principalmente técnicas para producir y analizar la información. La Tabla 1 presenta el número de investigaciones catastradas según tipo de investigación (etnografía u orientación etnográfica) y contexto académico en el que se realizaron, es decir, como parte de un proceso formativo (de pre o posgrado) o como proyectos de investigación de académicos y académicas.

	Tesis de pregrado	Tesis de posgrado	Proyectos investigación	Total
Etnografías	3	2	10	15
Investigaciones con orientación etnográfica	11	6		17
Total	14	8	10	32

En el caso de los proyectos de investigación de académicos y académicas se utilizó como fuente principal de análisis las publicaciones electrónicas recopiladas y, en segundo lugar, se consideraron entrevistas a investigadores e informes de investigación, cuando tuvimos acceso a ellos. De un total de 32 investigaciones catastradas solo hemos considerado 15 para la caracterización de la etnografía escolar chilena en este periodo, dejando fuera del análisis aquellas clasificadas como "con orientación etnográfica".

Para dar cuenta de este periodo desarrollamos cuatro líneas de análisis: ¿qué se investiga en la escuela o sobre ella? Temas, objetos y problemas; ¿cómo se investiga? Abordajes teórico-metodológicos; el contexto sociopolítico que se referencia en las investigaciones o donde se sitúan, y relación con la investigación educativa y políticas de conocimiento (institucionalidad y financiamiento). Las dos primeras líneas son desarrolladas en conjunto a partir de la configuración que hacen las etnografías de la escuela. En un nivel más interpretativo, el segundo apartado pretende establecer algunas líneas que aporten comprensión respecto de los cambios observados en la etnografía escolar, a la luz de las transformaciones sociopolíticas nacionales. La tercera sección presenta y discute antecedentes sobre las políticas estatales de conocimiento y la situación de la investigación educativa, espacios y referentes con los que se relaciona la producción etnográfica escolar.

El lugar de la escuela en las etnografías escolares de los últimos 10 años. Abordajes teórico-metodológicos y temas investigados

Una primera cuestión a destacar en este punto es que las etnografías de este periodo, si bien estudian diversos temas y problemas de investigación, todas son abordadas desde un marco común: la dimensión cultural de los fenómenos socio-educativos y la cotidianidad de la escuela. Esto podría tener poco de distinción respecto a cualquier investigación etnográfica, sin embargo lo que hace particular a la etnografía escolar, y que es compartido por la mayoría de las investigaciones acá estudiadas, es que pareciera operar el supuesto de que aunque los objetos de investigación se circunscriban a tópicos específicos, tales como la identidad, la etnicidad, el discurso, las prácticas y el aprendizaje, siempre es necesario dar cuenta de manera compleja de lo que ocurre habitualmente en la escuela. Esto implica, en varios casos, que la escuela no sea solo el escenario social en que se estudian dichos objetos, como marco, contexto o telón de fondo, sino que la escuela pasa a tener atributos propios de un objeto-sujeto, que en interacción con los objetos o fenómenos socioeducativos configura especificidades propias de la escuela. En muchas ocasiones la escuela, casi como una entelequia, es la que posee discursos y prácticas, opera autoritariamente o reproduce desigualdades.

Otro aspecto transversal a las temáticas y formas de abordar los problemas es la necesidad de dar cuenta de la perspectiva de los actores escolares, consistente con perspectivas clásicas de la etnografía. Las etnografías escolares de este periodo proponen que la exploración y comprensión de los problemas a investigar debe siempre asumir el encuadre y posición del sujeto que se configura en la investigación. Dicho punto de vista tiende a contextualizarse en relaciones o situaciones de desigualdad, tanto dentro de la escuela como en relación con el sistema social en su conjunto. Por ello existe cierta tendencia a estudiar la escuela y en la escuela desde el lugar de los excluidos, subordinados o aquellos que padecen el sistema educativo.

Por último, para estas investigaciones la escuela refleja o refracta el sistema educativo de diversas formas y dimensiones: exclusión y discriminación, políticas neoliberales y culturas escolares, supuestos normativos del conocimiento hegemónico y rol de la escuela; conflictos interculturales e interétnicos o migratorios, de género y sexualidad. Particular interés, en especial en las producciones asociadas a tesis de pre y posgrado, despiertan las relaciones y conflictos "entre culturas", a propósito de diferencias de etnia, clase social y género.

Interculturalidad, etnicidad, inmigración y educación intercultural bilingüe

Este eje temático, que surge hacia el final del periodo anterior, se transforma en una línea de gran producción, coincidente con dos procesos sociales y políticos que ponen de manifiesto la condición multicultural y pluriétnica de nuestro país. El primero de ellos es la instalación de la política de educación intercultural bilingüe, a través de la creación del programa ministerial del mismo nombre (PEIB) el año 1995[1]. El segundo hace referencia al aumento sostenido de la

---

[1]   La creación del PEIB en el Ministerio de Educación aparece como compromiso del Estado chileno en la Ley Indígena 19.253 de 1993.

inmigración de personas provenientes tanto de países vecinos como de otros países de América Latina y el Caribe. Si bien ambos procesos son disímiles en términos históricos, han implicado la visibilización de tensiones y conflictos en educación, y en particular en la escuela, producto del reconocimiento o arribo de grupos que cuestionan la idea de una nación hegemónica y unificada. Todas las etnografías que abordan problemas bajo este eje temático comparten el cuestionamiento o interrogación a la escuela en ese sentido.

Las relaciones interétnicas, la identidad y la etnicidad son estudiadas en escuelas de la región Metropolitana y de la Región de la Araucanía desde la cotidianidad escolar, tanto en enseñanza básica como en enseñanza media. Las investigaciones asumen que la escuela chilena posee dinámicas relacionales y prácticas sociales constitutivas que de manera histórica han reforzado desigualdades estructurales y que particularmente afectan a la población mapuche. Las tesis de antropología de Pablo Acuña (2005)[2] y Marcela González (2006)[3] construyen su problema a partir de la constatación de que la escuela ha sido la institución fundamental para la asimilación cultural del pueblo mapuche por parte del Estado chileno, pero que, lejos de ser un proceso absoluto, ha presentado maneras diversas en que se ha jugado esta relación de subordinación, donde es posible encontrar formas de integración y resistencia simbólica y explícita de parte de los estudiantes mapuche y de sus comunidades de origen. En la tesis de Acuña el foco está más bien en estudiar cómo la escuela vive cotidianamente las relaciones interétnicas y el reconocimiento (o no) de las identidades mapuche.

Desde una perspectiva crítica y siguiendo los aportes de Michael Apple en educación, la tesis de González estudia la etnicidad como clave de organización y construcción étnica por parte de los estudiantes mapuche, interrogando si esto, de alguna forma, disputa el orden hegemónico instituido en la escuela. La etnicidad como objeto se materializa en la construcción de una identidad étnica puesta en el contexto de las relaciones desiguales de poder que ocurren al interior de la escuela. Por lo tanto, nuevamente se estudian las relaciones entre escuela, docentes y estudiantes no mapuche, con jóvenes mapuche a través de sus prácticas cotidianas. Se señala, además, que dichas desigualdades se habrían visto agravadas con la instalación del modelo neoliberal.

---

[2]   Tesis de Antropología realizada en el marco de la investigación "Discriminación y pluralismo en la escuela", Proyecto implementado en América Latina por UNESCO el año 2003. El estudio en Chile estuvo a cargo del Núcleo de Estudios Étnicos y Multiculturales de la Universidad Academia de Humanismo Cristiano, con Francisco Vergara como investigador responsable.

[3]   Tesis de Antropología realizada dentro del Proyecto DID S-2000-35 "Comunidades Mapuches y Educación: la penetración de la escuela en las comunidades de Llongahue y Cayumapu – Panguipulli", de la Universidad Academia de Humanismo Cristiano.

Más recientemente, Laura Luna, académica de la Pontificia Universidad
Católica de Chile, asumiendo el contexto educativo actual de políticas neoliberales con un fuerte énfasis en la estandarización y lógicas de control a través
de la rendición de cuentas, en su proyecto FONDECYT[4] estudia la escuela como
una comunidad de práctica donde el aprendizaje (su objeto de estudio) ocurre a través de la participación cotidiana de niños y niñas en dicha comunidad
(2015b). Desde ahí el aprendizaje supone, ante todo, el desarrollo de experiencias
y saberes sobre el ser y el hacer de cada sujeto que interviene. En ese sentido,
para Luna la identidad puede ser entendida de manera amplia como la experiencia constitutiva del ser y estar presente en la escuela. En esta investigación
hay un acercamiento a una realidad escolar distinta a las anteriores, la escuela
de la Araucanía que etnografía Luna podría pensarse como un caso extremo de
construcción de lo étnico a partir de la reorganización en las relaciones de poder, en este caso con la sociedad chilena en su conjunto. La escuela "mapuche",
como se denomina en los escritos de Laura Luna, no adhiere a ningún enfoque
intercultural, abogando por una educación de plano mapuche. Luna (2015a) se
preguntará sobre la complejidad que asumen estas visiones esencialistas de lo
étnico o mapuche.

La representación de lo étnico y de la interculturalidad en la enseñanza media en estos últimos cinco años es abordada por la etnografía escolar de Ramiro
Catalán (2014), quien, en su tesis doctoral en antropología social, investigó durante el año de movilizaciones de 2011 un liceo de una comuna periférica de la
región Metropolitana caracterizado por ser uno de los primeros liceos interculturales[5]. Catalán se pregunta cómo se entiende y practica la interculturalidad,
en términos de la comprensión y puesta en acción de la política educativa en
las dinámicas escolares cotidianas. La etnografía durante el proceso de investigación experimenta no solo la complejidad de ese año de conflicto social y acción política que atraviesa al establecimiento, sino que, además, debió ampliar
el encuadre de la interculturalidad más allá de lo étnico, debiendo incorporar
el factor migratorio producto de la presencia de estudiantes extranjeros e hijos
de extranjeros que problematizaban el carácter "intercultural" del liceo.

La compleja situación que viven los hijos de inmigrantes, principalmente
peruanos, es un fenómeno que en la investigación educativa y social ha comen-

---

[4]   Proyecto FONDECYT de Iniciación N° 11110390 (2011-2014) "Aprender en diferentes comunidades de práctica: estudio etnográfico comparativo de la práctica social de una 'escuela indígena' rural y una 'escuela no indígena' urbana en la Región de la Araucanía", Pontificia Universidad
Católica de Chile, Campus Villarrica.

[5]   Investigación doctoral de Antropología Social, cuyo trabajo de campo fue realizado entre
los años 2011 y 2012. Programa de Doctorado en Antropología Social de la Universidad Complutense de Madrid.

zado a ocupar cierto espacio en los últimos años. Además de la etnografía de Catalán (2014) se han reportado diversas investigaciones que, como estudios de caso o con diseños cualitativos, se introducen a establecimientos para estudiar las dinámicas de discriminación, construcción de estereotipos y racismo hacia el inmigrante que se viven en el cotidiano de las escuelas (Hevia, 2009; Tijoux, 2013). Desde una perspectiva alternativa, la tesis de Magíster en Psicología Comunitaria de Dery Suárez (2010)[6], una etnografía en una escuela pública de alta concentración de población inmigrante, estudia las nuevas identidades que se gestarían en dicho escenario de diversidad y cuestionamiento a concepciones totalizantes de identidad y Estado-nación. Esta investigación, si bien asume los procesos de exclusión social que viven niños y niñas extranjeros o hijos de padres extranjeros, indaga en las posibilidades de agenciamiento que podrían ejercer estudiantes en prácticas y discursos desplegados en sus interacciones escolares cotidianas, especialmente en espacios lúdicos y recreativos.

Otra etnografía escolar que estudia la diversidad desde la clave inmigrante es la investigación posdoctoral del psicólogo educacional Felipe Jiménez, de la Universidad Católica de Valparaíso[7]. Lo particular en este caso es que asume la perspectiva docente. Una de las líneas desarrolladas en este trabajo explora las valoraciones que profesores y profesoras hacen de sus salas de clases diversas culturalmente y el rol que le asignan a la escuela en dichos contextos (Jiménez y Fardella, 2015). Esta investigación entra en sintonía con la creciente discusión sobre inclusión educativa y las prácticas pedagógicas que favorecerían la valoración de las diferencias asegurando procesos de desarrollo iguales para todos los estudiantes. Como propósito más amplio, desde la investigación se espera aportar en la formación docente y en la complejización de la educación intercultural en sus diversas manifestaciones.

Como se aprecia a lo largo de las etnografías que se proponen bajo esta línea temática, lo que está en juego es la posibilidad de alteridad y constitución de un sujeto otro en la escuela y en la política educativa, en contextos de alta desigualdad y exclusión social. En relación con esto último, es pertinente vincular la investigación de Claudia Matus y el equipo del Programa Normalidad, Diferencia y Educación[8], quienes durante el año 2013 realizaron etnografías en seis establecimientos de la región Metropolitana con el propósito de establecer

---

[6]   Tesis para optar al grado de Magíster en Psicología Comunitaria de la Universidad de Chile.

[7]   FONDECYT Posdoctorado n° 3140247 (2013 - 2015) "La atención a la diversidad en la formación inicial docente". Pontificia Universidad Católica de Valparaíso. Escuela de Psicología.

[8]   Proyecto Anillos en Ciencias Sociales y Humanidades "Normalidad, Diferencia y Educación", soc1103, 2013-2015, liderado desde la Facultad de Educación de la Pontificia Universidad Católica de Chile.

las formas en que operan las políticas y lógicas que definen y actúan sobre lo diverso y lo diferente, desde concepciones naturalizadas de lo normal. Con un afán deconstructivo y productivo, en estas etnografías, si bien se aborda toda manifestación de normalidad y diferencia sin determinar *a priori* atributos específicos, el otro como inmigrante surgió como operación normalizadora. Esta investigación plantea un punto de inflexión a esta línea temática, pues señala que la documentación de estos grupos definidos como diferentes, minoritarios, marginales y vulnerables, solo refuerza las razones de su marginación, de ahí la importancia de estudiar cómo la normalidad es producida y puesta en circulación en la escuela (Matus y Haye, 2015).

Una mirada compleja al aprendizaje y el desarrollo

Un segundo eje temático que surge con relevancia en este periodo dice relación con aquellos procesos que parecen centrales en la escuela desde la experiencia de los estudiantes: el aprendizaje y el desarrollo. Coherente con la perspectiva compleja, holística y sociocultural de la etnografía, las investigaciones que tienen como objeto el aprendizaje y el desarrollo de niños, niñas y adolescentes, van más allá de las definiciones psicologizantes de estos fenómenos que los circunscriben a determinados procesos cognitivos. Estas investigaciones, además, se manifiestan en mayor o menor medida, contrarias a las políticas educativas que actualmente apuntan a la estandarización del aprendizaje y a las delimitaciones espaciales que tienden a ubicar este proceso en el aula escolar.

Cuatro son las etnografías desarrolladas en proyectos de investigación FONDECYT y que serán de alguna manera presentadas y discutidas por sus investigadoras e investigador responsables en la segunda sección del libro *Debates Actuales*. Un elemento interesante a consignar es que bajo esta línea temática no se encontraron tesis etnográficas, solo dos memorias de educación con orientación etnográfica referidas a procesos específicos del desarrollo y prácticas pedagógicas[9].

Una primera investigación que sirve de bisagra con la línea anterior es la desarrollada por Nolfa Ibáñez desde la Universidad Metropolitana de Ciencias de la Educación, quien, preocupada por la diversidad en educación, estudia el

---

[9]   a) Amaro, Moira (2012). La experiencia ECBI como motor del desarrollo y/o estimulación del pensamiento crítico: la clase como una comunidad de aprendizaje a través de la indagación dialógica. Programa de Educación de Párvulos y Escolares Iniciales. Universidad de Chile. b) Aburto R.; Godoy A. y Guerrero A. (2011). Aulas musicales para estimular la expresión corporal en niños y niñas con síndrome de Down. Tesis para optar al título de profesora de Educación Diferencial. Universidad Academia de Humanismo Cristiano.

desarrollo del lenguaje y la construcción de mundo desde una perspectiva del desarrollo infantil, en relación con los contextos interaccionales de la escuela y la familia, comparando escenarios socioeconómicos y culturales distintos: un entorno de clase media de Santiago y un entorno rural y mapuche de la región de la Araucanía (2010). Esta investigación FONDECYT resulta una novedad respecto de lo que se venía haciendo, pues expande los límites de la escuela y asume un seguimiento etnográfico a otro contexto social tan significativo como la familia en el desarrollo de niños y niñas. Si bien esta investigación tiene una problematización de las particularidades étnicas, su foco está en estudiar el desarrollo del lenguaje en su total complejidad haciendo un seguimiento prolongado y sistemático a recorridos de la interacción cotidiana de niños en sus diversos contextos sociales.

El aprendizaje situado y la cotidianeidad escolar son abordados para dar cuenta de las tensiones que se viven en contextos interétnicos y mapuche de la región de La Araucanía, tal como señalamos más arriba (Luna, 2015b), así como en relación con las prácticas mediáticas adolescentes y el aprendizaje como participación y producción o creación digital, en dos liceos de la región Metropolitana, uno público y otro privado (Valdivia, Herrera y Guerrero, 2015). En estas investigaciones el aprendizaje como participación supone el desarrollo de determinadas habilidades, la adquisición de ciertos conocimientos y la resignificación de otros; pero, por sobre todo, posicionarse, aprender a ocupar determinados roles y espacios y desde allí explorar comprensiones sobre la experiencia y la participación. Se aprende a ser estudiante en determinada comunidad y en escenarios y actividades específicas. Pero también se aprende a ser y estar en "esa" escuela con "esos" docentes. El proyecto FONDECYT que Laura Luna desarrolla desde el Campus Villarrica de la Pontificia Universidad Católica de Chile, se adentra en dos establecimientos de la región de la Araucanía entendidos como comunidades de práctica donde los sentidos de lo étnico mapuche son distintos, y donde el aprendizaje e identidad se juegan también de manera disímil. El estudio del aprendizaje vinculado a las prácticas mediáticas adolescentes, proyecto FONDECYT llevado a cabo por la autora de este capítulo desde el Instituto de la Comunicación e Imagen de la Universidad de Chile[10], es una etnografía en dos escuelas de Santiago que, bajo distintas condiciones sociales y políticas, exploran en prácticas que sitúan a los estudiantes en una posición de creadores y productores de contenidos mediáticos y digitales. Se busca con ello expandir la comprensión del aprendizaje asociado a habilidades

---

[10]   FONDECYT n° 1130640 (2013 - 2015). Alfabetizaciones mediáticas y aprendizajes situados: producción de medios de adolescentes metropolitanos dentro y fuera de la escuela. Instituto de la Comunicación e Imagen de la Universidad de Chile.

segmentadas en saberes disciplinares, lógica propia del actual currículum escolar, y comprender cómo las prácticas pedagógicas reconocen e intencionan el vínculo con prácticas propias de la cultura mediática y digital, habitualmente situada fuera de la escuela. En ambos casos la práctica pedagógica es estudiada como una de las instancias en que se despliegan los aprendizajes escolares, pero no la única, pues el aprendizaje situado supone entender que los procesos de cambio y adquisición ocurren de manera permanente, sin necesariamente estar sujetos a una planeación determinada.

El aprendizaje informal en escenarios preescolares es abordado por Carlos Calvo en su última investigación desde la idea de la propensión a aprender como condición humana que parece ser limitada y desaprovechada por la escuela, o más bien por los procesos de escolarización (Calvo, 2014a; López de Maturana y Calvo, 2014). De esta forma, Calvo continúa con su afán de complejización de la escuela, iniciado en la década anterior. En sus últimas investigaciones Calvo y su equipo abogan por recuperar el centro de la educación desescolarizando la escuela (Calvo, 2010 y 2014b). Varios son los aspectos relevantes en la investigación de este equipo: el primero es la continuidad que han logrado con casi diez años de investigación, estudiando desde la complejidad fenómenos educativos en la escuela, y explorando otras formas de pensar y actuar dichos fenómenos. El segundo aspecto significativo dice relación con el espacio desde donde se produce el conocimiento: el equipo de Carlos Calvo ha trabajado todo este periodo desde la Universidad de La Serena aportando al conocimiento local y particular de zonas que no son habitualmente investigadas; toda la investigación hasta acá consignada se ha producido en las regiones Metropolitana y de la Araucanía. Si bien esto no es algo que Calvo releve de manera particular en sus trabajos, visto en términos de proyección a escala nacional, parece evidente el aporte en este sentido.

Estas investigaciones etnográficas en su conjunto ofrecen una mirada crítica y compleja a la escuela y a los procesos de aprendizaje y desarrollo que allí se promueven y ocurren, por cuanto dichos fenómenos no serían posibles de aislar de los contextos y procesos sociales e históricos mayores, abordaje que es compartido por las cuatro etnografías.

Género, sexualidad y conocimiento escolar

Una tercera línea temática, que aparece con más recurrencia en tesis de pregrado, son las construcciones de género y de sexualidad situadas en el contexto escolar. En este caso la escuela, al igual que en las temáticas étnicas e interculturales, aparece como el espacio o artefacto que históricamente ha contribuido a discursos y prácticas hegemónicas sobre lo que es válido, legítimo, óptimo.

La escuela como productora y reproductora de dinámicas patriarcales. La investigación de la escuela desde la perspectiva del género y la sexualidad surge como línea más allá de procesos formativos en el Programa de Estudios Interdisciplinarios del Género de la Universidad de Chile (actual CIEG), donde Sonia Montecino y María Elena Acuña comenzaron el estudio del conocimiento escolar y las lógicas de producción de las estructuras y relaciones de género. En su primer FONDECYT (2001-2003)[11] centraron su atención en los materiales educativos y textos escolares, y en los mecanismos discursivos que operaban en ellos para mantener o transformar prejuicios de género en contextos escolares de enseñanza media. En dicha investigación, si bien introducían aspectos de las prácticas pedagógicas, los resultados mostraron la necesidad de profundizar en esa dimensión escolar las prácticas asociadas a la enseñanza y el aprendizaje. A partir de ello María Elena Acuña se centra en exclusivo en las dinámicas de aula desde el punto de vista de las relaciones de género, realizando en este tema su tesis doctoral de antropología.

El trabajo etnográfico y sistemático de este equipo en escuelas perdurará hasta el año 2008 aproximadamente, cuando finalizan un segundo proyecto FONDECYT dedicado a estudiar los imaginarios que los diversos actores escolares tienen sobre ciencia y tecnología, y cómo estos inciden en los aprendizajes escolares. En particular, también interesaba dilucidar las "asociaciones simbólicas" sobre género y ciencia y tecnología (Acuña, 2008a).

A partir de esta última etnografía Acuña (2008b) desarrolla una reflexión teórica antropológica para estudiar las prácticas de producción de conocimiento situadas en la ciencia y la tecnología, muy especialmente cuando se está en procesos de escolarización. En este sentido, para Acuña la etnografía educativa y la tecnociencia permiten comprender tanto los procesos de producción de conocimiento y desarrollo tecnológico como las prácticas culturales que están en la base de los nuevos órdenes del conocimiento.

Por otra parte, la sexualidad y las relaciones de género en el contexto preescolar son estudiadas desde la perspectiva docente por un grupo de estudiantes de Educación Parvularia y Básica Inicial de la Universidad de Chile (Díaz, Poblete y Ramos, 2007)[12]. En este caso, el interés es indagar en el tratamiento que las agentes educativas de centros preescolares hacen sobre los temas de sexualidad y género, y cómo se delinean en los procesos formativos relacionados.

---

[11]   Proyecto FONDECYT n° 1010922: "Cambios y continuidades en los prejuicios de género y etnocéntricos en contextos escolares de enseñanza media en Chile: un análisis del uso de nuevos materiales educativos y prácticas pedagógicas".

[12]   Tesis para optar al título de Educadora de Párvulos y Escolares Iniciales. Universidad de Chile.

Además, se incorpora el análisis del currículum para establecer las orientaciones que el marco curricular aporta en este campo. La investigación muestra que existe bastante desconocimiento de las líneas curriculares y una posición más bien ambigua respecto del tratamiento por parte de las educadoras y auxiliares.

Política educativa y transformaciones de la cultura escolar

Como se señaló, la política educativa aparece como un referente al que, de una u otra forma, todas las etnografías escolares en nuestro país parecen apuntar; pareciera que la etnografía permite y demanda a la vez generar conocimiento que cuestione o tensione las políticas educativas en su conjunto. Es como si la etnografía de un determinado contexto escolar no lograra cerrar hasta que no se pone en diálogo y confrontación con el sistema en su conjunto y las regulaciones y definiciones que en él instalan las políticas educativas. En un segundo nivel, y de manera menos explícita, en varios de los casos está la referencia y cuestionamiento al modelo neoliberal que organiza, delimita y enmarca las políticas en su conjunto desde hace más de treinta años.

Teniendo lo anterior en cuenta, cabe destacar una línea de investigación que vincula las políticas educativas y la cultura escolar con el fin de conocer y comprender las profundas transformaciones sociales y culturales que ha vivido nuestro país producto de la instalación del modelo neoliberal, tomando como centro de atención la escuela y los docentes en específico. Esta línea es desarrollada por Jenny Assaél y el grupo de trabajo Políticas Educativas y Cultura Escolar del Departamento de Psicología de la Universidad de Chile. En esta línea la cultura escolar se objetiva y configura como prototípica de dinámicas y significados que son transversales a las particularidades que localmente puedan presentarse. Un aspecto relevante es que el estudio de la transformación supone recoger el conocimiento acumulado en torno a la escuela chilena a partir de las etnografías de los años 1980 y 1990. Para ello toman la Ley de Subvención Escolar Preferencial como política clave de los últimos años y analizan los efectos que ha tenido a nivel de cultura escolar, poniendo especial atención en los procesos de "traducción" de la política, como texto y discurso, en las prácticas cotidianas de la "escuela SEP" (Acuña, Assaél, Contreras y Peralta, 2014; Assaél, Acuña, Contreras y Corbalán, 2013). Cabe consignar que la Ley SEP pretende, al igual que otras reformas educativas impulsadas por los gobiernos de la Concertación, mejorar la calidad y equidad de los aprendizajes por medio de la inyección de recursos a las escuelas más desfavorecidas. Para ello establece una clasificación de los establecimientos según niveles de logro en la prueba de medición estandarizada de aprendizajes (SIMCE), instalando de plano la lógica de rendición de cuentas y el mayor control sobre los establecimientos y docentes. La etnografía asume la perspectiva del docente y los acompaña en el cotidiano del trabajo de coordinación y gestión educativa. Tal como lo muestran sus resultados, el aumento de control y el traspaso de las responsabilidades sobre determinados resultados surten efectos, la escuela y los profesores parecen agobiados y contrariados.

En esta línea de investigación también se encuentra el trabajo de Alejandra Falabella al alero de la Facultad de Educación de la Universidad Alberto Hurtado. Su trabajo se ha enfocado en examinar el proceso de instalación e impactos de los mecanismos de mercado en los sistemas educativos, específicamente el *New Public Management* (que se explicará más adelante), y cómo en la actualidad, producto de acuerdos entre las coaliciones de derecha y centroizquierda, han promovido la mantención y profundización de este modelo de gerenciamiento. En su proyecto de investigación más reciente[13] realiza una etnografía con el objeto de analizar cómo las y los docentes hacen, vivencian y comprenden su trabajo cotidiano en un contexto de mercado escolar. Para ello investiga cuatro instituciones escolares subvencionadas y cuatro de tipo municipal, con niveles socioeconómicos bajo y medio. El foco de análisis está puesto en los estilos de gestión, las prácticas pedagógicas y desarrollo profesional docente, y las políticas de equidad e inclusión. Dado que este proyecto de investigación es reciente, no hemos encontrado publicaciones relacionadas con el análisis etnográfico del problema.

Como se aprecia, es factible articular las quince etnografías escolares de este periodo en cuatro grandes líneas temáticas, donde cada una de ellas tiene a la escuela en determinado lugar y posición, siempre desde una mirada crítica a las lógicas, discursos y prácticas del sistema social y político mayor, que la escuela pareciera reflejar o refractar. Quince etnografías, más de la mitad generadas por académicos y académicas adscritos a universidades y con financiamiento del Consejo Nacional de Ciencia y Tecnología para su realización (Anexo 1) donde la mayoría de las tesis están vinculadas también a algún proyecto de este tipo o a programas de investigación. Quince investigaciones que en la mayoría de los casos fueron llevadas a cabo en tres años promedio y focalizadas en dos grandes zonas territoriales, la región Metropolitana y de La Araucanía. Investigaciones generadas por equipos de trabajo interdisciplinarios o por investigadoras e investigadores provenientes de la antropología, la pedagogía y la psicología. ¿Cómo entender la crítica sistemática que estas etnografías parecen instalar al sistema educativo y la sociedad en general?, ¿cómo explicar

[13] Proyecto FONDECYT de Iniciación (2014-2017) "The Effects of Market and Accountability Policies: An Ethnographic Study on School's daily life". Investigadora responsable: Alejandra Falabella.

el cambio de tendencia respecto a las formas o contextos de producción de las décadas anteriores? Para abordar estas interrogantes las siguientes secciones dan cuenta del contexto sociopolítico chileno desde 2005 en adelante, donde las políticas de conocimiento y la investigación en educación son un elemento importante a considerar.

Las etnografías escolares situadas. El revuelto escenario sociopolítico de Chile en los últimos 10 años

2006 fue un año clave en el devenir sociopolítico de nuestro país. Las movilizaciones de estudiantes secundarios, que tuvieron sus primeras señas el año 2001 con el denominado "mochilazo"[14], desencadenaron la llamada Revolución Pingüina, y con ella el inicio de una etapa de la política chilena donde los movimientos sociales comienzan a articularse y disputar el orden instituido por la dictadura bajo el modelo neoliberal, y profundizado en los gobiernos democráticos de los últimos veinte años. El periodo acá revisado ha estado atravesado por esta disputa material y simbólica, pues las transformaciones estructurales que los movimientos sociales demandan exigen también un cuestionamiento a las bases del modelo neoliberal. Lo que pareciera haber de fondo es el quiebre con el *espíritu del capitalismo*, que ha instalado la hegemonía de un discurso a-ideologizado sustentado en la idea del progreso material, la satisfacción de necesidades con eficiencia y eficacia, y en una organización social que propicia el ejercicio de las libertades económicas (Boltanski y Chiapello, 2002).

Las movilizaciones han dado paso a un contexto de crisis de representación y legitimidad, tanto de las instituciones como de la clase política (Fleet, 2011; Salazar, 2012). Diversos investigadores (Agacino, 2011; Mayol y Azócar, 2011; Salazar, 2012) creen que, gracias a la intensidad y volumen de estas manifestaciones, además de su fuerte componente expresivo y de contar con instancias de reunión como las redes sociales para compartir información, se generó una transformación del escenario país, instalándose la politización y la ciudadanización. En ese sentido, Salazar (2011, 2012) sostiene que el movimiento social por la educación fue fundamental para la toma de conciencia, o por lo menos para la generación de discursos, de otros aspectos de la vida social que proponía el neoliberalismo y que también estaban en crisis. Es por ello que emergieron o se fortalecieron movimientos reivindicativos de la causa mapuche, movimientos

<hr>

[14]   Estas manifestaciones de estudiantes secundarios estuvieron centradas en la gratuidad del pase escolar para el transporte público.

del gremio docente (especialmente durante el año 2014), movimientos a favor de la diversidad sexual, movimientos territoriales (como por ejemplo, los llevados a cabo en Freirina, Puerto Aysén, Magallanes y Calama), vinculados con la vivienda (ANDHA Chile), de los empleados fiscales, entre otros.

Como se ha señalado, una pieza clave para estos años de movilizaciones y crisis sociopolítica fue el surgimiento de las y los estudiantes, secundarios y universitarios, como actores políticos. Tal como lo fueron en la década de los años 1980, en dictadura, y de los años 1960 en el siglo pasado, el estudiantado tensiona y enfrenta al Estado demandando transformaciones estructurales del sistema. Las y los estudiantes secundarios, desde 2006, logran impugnar y desnaturalizar el estado actual de la educación, poniendo en el horizonte de lo posible los principios de igualdad y derecho a la educación. Este actor político que, tal como se señala en el capítulo de la posdictadura, parecía estar ausente en la década de los años 1990, arriba con fuerzas a partir de la Revolución Pingüina. Es interesante seguir el hilo de la etnografía en este sentido, pues se podría pensar que las etnografías del periodo anterior que estudiaron la juventud y sus formas de organización y participación escolar nos muestran algunos precursores de este actor político. Algo que podría echarse en falta, entonces, es la continuidad de esa línea de investigación etnográfica de manera que permitiera ver trayectorias de la organización estudiantil escolar en los últimos veinte años.

Las etnografías escolares revisadas en esta caracterización no problematizan directamente este contexto de movilizaciones y reconfiguración de los actores políticos en el sistema educativo, pero sí muestran sintonía con los diversos aspectos de las políticas educativas que son cuestionados o interpelados por el movimiento social por la educación, y en su mayoría reconocen o se sitúan referencialmente en el contexto neoliberal para entender a la escuela.

Como se señaló, la etnografía de Assaél y su equipo investiga las transformaciones en la cultura escolar a propósito de los nuevos dispositivos que operan sobre el sistema educativo a partir del año 2000 orientados por lógicas de mayor control y rendición de cuentas, y que, en palabras de Martinic (2010), dieron paso a un segundo giro del modelo evaluador que había asumido el Estado chileno durante el periodo previo. Esta etnografía permite acercarse a las formas en que se traducen estas políticas, las que generan mayor control y aumento de responsabilidades individuales a profesores y profesoras, impactando sobre diversos ámbitos de su profesionalidad y subjetividad. Por su parte las etnografías sobre aprendizaje de Calvo, Luna, Ibáñez y Valdivia ponen en cuestión la lógica reduccionista y estandarizada con que las reformas de los gobiernos de la Concertación instalaron el currículum escolar y la evaluación de los aprendizajes. Las tres últimas se sustentan en enfoques teóricos cercanos a los postulados constructivistas del aprendizaje que estarían sobre la base de dichas reformas, pero que, sin embargo, tal como lo demuestran estas investigaciones, no impactan en la comprensión de los procesos educativos; por el contrario, la tendencia es a reducir complejidad a partir de mediciones que se suponen sofisticadas, pero que atienden solo a dimensiones y variables posibles de ajustar a estándares, así como a concebir el currículum como la implementación técnica de una matriz de perfiles y saberes específicos.

La llamada "cuestión indígena"[15], y las demandas por el reconocimiento del pueblo mapuche en particular, se radicalizan también en estos diez años, con un enfrentamiento sistemático entre el movimiento mapuche y el Estado chileno, en especial en la zona de la Araucanía. Al respecto, y tal como se mencionó en la sección anterior, la política de educación intercultural bilingüe se debe entender en un marco mayor de política pública que trasciende la educación, como parte de la "política indígena"[16].

En este periodo el Programa Orígenes es la política con que los gobiernos de la Concertación intentan abordar la cuestión indígena. Financiado con dos préstamos del Banco Interamericano del Desarrollo, se implementa entre los años 2001 y 2011. Este programa, en un abordaje intersectorial, pretende intervenir sobre lo que se considera el mayor problema de la población indígena en Chile, la pobreza y la marginalidad; a partir de ello se focaliza en las zonas rurales de mayor concentración indígena. En ese sentido, el Programa de Educación Intercultural Bilingüe centra su accionar de manera prioritaria en escuelas de estas zonas y, por lo tanto, en la población indígena. Esta mirada limitada de la interculturalidad y ahistórica del conflicto es la que cuestionan varias de las etnografías que en este periodo estudian la identidad, la etnicidad y los conflictos interétnicos en relación con la escuela. Dicha mirada crítica también es compartida por diversos investigadores y evaluaciones realizadas al Programa Orígenes (Bello, 2007; Le-Bert, Winchester y Caro, 2004; CIAE, 2011).

Como se puede apreciar, en la política de educación intercultural ha habido una ausencia de la dimensión relacional y política, base de la interculturalidad; por su afán de focalización del problema, la política solo está dirigida al indígena. Un segundo ausente de la política intercultural de este periodo es el migrante e hijo de inmigrante. En estos diez años el tema, al igual que el de género y sexualidad, ha sido parcialmente abordado en políticas curriculares de formación transversal y convivencia escolar. Como se vio, las etnografías que

---

[15]   Forma con que se hace referencia a todos los aspectos conflictivos de la relación entre los pueblos indígenas y el Estado nacional en América Latina. Para el caso chileno, véase Bengoa José (1999) *Historia de un conflicto: El Estado y los mapuches en el siglo XX*. Editorial Planeta, Santiago.

[16]   A partir de la Comisión de Verdad histórica y Nuevo trato, creada el 2001 durante el Gobierno de Ricardo Lagos (cuyo informe se publica recién el año 2008 bajo el primer Gobierno de Michelle Bachelet), se intentaría perfilar una política que partiría desde el reconocimiento.

abordan estas temáticas dan señas de dichos vacíos y muestran cómo la cotidianidad de la escuela se ve atravesada por las tensiones y problemas que están en la base tanto de las relaciones con la diferencia como del conocimiento docente y los saberes disciplinarios. En esto aportan las etnografías de Ramiro Catalán, Dery Suárez, María Elena Acuña, Felipe Jiménez, Claudia Matus y Rosa Díaz, Daniela Poblete y Solange Ramos.

Con estos antecedentes del contexto sociopolítico y su relación con las etnografías escolares podemos en parte comprender la diversificación temática y la posición crítica que ellas asumen; sin embargo, no es evidente a qué se podría deber el leve aumento de la etnografía, así como la diversificación institucional en su producción y la marginalidad que mantiene en relación con la investigación educativa. Para responder a esta interrogante es necesario revisar las políticas de conocimiento y la investigación en el campo educativo.

La etnografía escolar en relación con la investigación y las políticas de conocimiento en el campo educativo

Así como la etnografía escolar jamás clausura su estudio en las cuatro paredes de la escuela, la comprensión del devenir del enfoque requiere de una mirada al campo educativo mayor, donde la etnografía escolar se debe situar en relación con otras formas de investigar la escuela. En este periodo el panorama de la investigación en educación recibe un considerable impulso desde el Gobierno, probablemente como respuesta a la evaluación negativa que hace la OCDE en 2004 en este terreno. Tal como señalan Palamidessi, Gorostiaga y Suasnábar (2014), en esta etapa se inicia una política que, a través de mecanismos competitivos altamente regulados e institucionalizados, busca fortalecer centros de investigación y la generación de redes a nivel internacional. Esto se focaliza en instituciones de mayor tradición e influencia, todas concentradas en Santiago (Universidad de Chile, Pontificia Universidad Católica de Chile, Universidad Alberto Hurtado y Diego Portales). El propósito de esta política es generar capacidades para atender a "las demandas técnicas del Estado y para promover y sostener 'conversaciones nacionales' sobre diversos temas de la agenda educativa" (Palamidessi *et al.*, 2014, p. 58). El instrumento creado específicamente para el financiamiento de los centros y redes de investigación fue el Fondo de Financiamiento de Centros de Investigación en Áreas Prioritarias del Consejo Nacional de Ciencia y Tecnología (FONDAP - CONICYT)[17].

---

[17]   http://www.conicyt.cl/fondap

El FONDAP, junto con otros instrumentos de financiamiento específicos y temporales de CONICYT[18], además del Programa Fondo Nacional de Desarrollo Científico y Tecnológico (FONDECYT)[19], han sido la principal fuente de financiamiento de la investigación etnográfica escolar de esta última década (las diez etnografías de académicos y académicas tuvieron estas fuentes de financiamiento; véase Anexo 1). Lo anterior no deja de ser complejo si se atiende al cuestionamiento que existe a las políticas de financiamiento y evaluación del FONDECYT en los últimos años y que, en particular, centran la crítica en su concentración en determinados y reducidos grupos de investigación, aquellos con más experiencia y productividad valorada desde determinados parámetros. De forma complementaria y en relación con lo último, la crítica más profunda está en los criterios legitimados y hegemónicos con que se entiende la producción de conocimiento y la investigación, que en el caso de la educación no se alinean con el enfoque etnográfico[20].

Por otra parte, el año 2006 se crea el Fondo de Investigación y Desarrollo de la Educación (FONIDE), alojado en el Centro de Estudios de la División de Planificación y Presupuesto del Ministerio de Educación. El FONIDE, que opera como concurso anual, tiene por objetivo fortalecer, incentivar y apoyar la investigación en el ámbito nacional que aporte más y mejor evidencia para la toma de decisiones de la política educativa. Al año 2010 el Fondo había financiado 75 investigaciones, la mayoría de ellas realizadas por universidades pertenecientes al Consejo de Rectores de Chile (Soto, 2012). En este escenario se hace casi imposible proponer y desarrollar una etnografía que respete la temporalidad establecida y que, además, aporte resultados que sean consistentes con los parámetros con que hoy en día la política educativa considera evidencia para la toma de decisiones.

Ahora, más allá de los marcos que establece cada uno de estos instrumentos estatales para la generación de conocimiento sobre la educación chilena, es

---

[18]   El Fondo de Fomento al Desarrollo Científico y Tecnológico (FONDEF) tiene como propósito mejorar la calidad de vida de los ciudadanos y el aumento de la competitividad de la economía del país, promoviendo vínculos entre instituciones investigadoras y empresas para generar estudios aplicados, desarrollo competitivo y transferencia tecnológica. Por su parte, el Programa de Investigación Asociativa (PIA) promueve la asociación y articulación entre investigadores/as nacionales e internacionales, con el objeto de fomentar la creación y desarrollo de centros científicos y tecnológicos (CONICYT, 2015). Cabe precisar que gracias al financiamiento de uno de estos centros (CIAE - Universidad de Chile) se pudo realizar la investigación del equipo Políticas Educativas y Cultura Escolar, liderado por Jenny Assaél, incluida en este capítulo.

[19]   Donde existe un grupo de estudio específico de educación.

[20]   De un total de 25 proyectos aprobados en educación (considerando Concurso Regular 2014, Concurso de Iniciación 2013 y Posdoctorado 2014), solo dos proyectos correspondieron a etnografías, que fue el caso del FONDECYT posdoctoral de Felipe Jiménez (PUCV) y el FONDECYT de Iniciación de Andrea Valdivia (CONICYT, 2014). Durante ese mismo periodo se encontraban en ejecución los proyectos de investigación de Laura Luna y Carlos Calvo.

posible afirmar que el panorama investigativo no ha cambiado en cuanto a sus orientaciones. Tal como señala Espinoza (2014), la agenda de investigación en educación, tanto en América Latina como en Chile, sigue determinada en gran parte por las agencias internacionales que financian las políticas sectoriales (Banco Mundial, UNESCO, BID, entre otros). Estas, de alguna u otra forma, han delineado el qué, cómo y para qué se investiga en educación. Entre los temas más recurrentes se encuentran: desarrollo y evaluación del sistema de educación superior, tasa de retorno social y privada, formación docente, evaluación de los aprendizajes en el sistema escolar (SIMCE), gestión escolar, liderazgo de equipos directivos, convivencia escolar, sistema de *voucher* y competitividad, acceso y equidad en educación superior, rendición de cuentas. Según Espinoza, tales investigaciones, la mayoría desde un enfoque funcionalista-positivista, configuran problemas técnicos y marginan el estudio de aspectos valóricos y éticos, sin abordar críticamente las implicancias de sus análisis. Existe por lo tanto, una sobresimplificación de los fenómenos educativos. De manera específica, la tendencia en la investigación en el nivel escolar ha sido emplear metodologías cuantitativas y experimentales. En gran medida se aprecia una distancia entre estos énfasis de investigación delineados por el Gobierno y organismos internacionales, con las líneas temáticas y enfoques que la caracterización de las etnografías escolares de este periodo mostró.

Espinoza (2014) también plantea que, de manera complementaria, se ha desarrollado una serie de investigaciones que, provenientes tanto del Ministerio de Educación, de ONGs y fundaciones, adoptan diseños de estudios de caso o análisis de microunidades, pero que, sin embargo, se mantienen aisladas y sin diálogo con otros componentes del sistema. Esto es interesante, pues podría explicar dos antecedentes que se han levantado en la indagación documental y en la caracterización de la etnografía escolar de este periodo: el primero es el alto número de investigaciones cualitativas y estudios de caso que asumen una orientación etnográfica; el segundo viene a confirmar algo que se señaló antes, el conocimiento etnográfico de problemas complejos, situados en escenarios particulares, no tendría validez ni legitimidad para entrar en la disputa sobre las comprensiones, explicaciones y decisiones en el sistema educativo y social, y desde ahí resulta menos relevante su financiamiento.

Discusión

Como hemos visto, las etnografías realizadas durante la última década han generado, al igual que en periodos anteriores, puntos de encuentro con el devenir social y político del país, un contexto sociopolítico marcado por los movimientos sociales, la crisis de representación y legitimidad, así como el cuestionamiento al neoliberalismo inserto en cada esfera de nuestra vida social. En ese sentido, observamos cómo las etnografías escolares de este periodo sintonizan con varios de los aspectos de dicho cuestionamiento que trascienden la esfera de lo propiamente escolar y educativo.

Una interrogante que se desprende de la diversificación de temas y la sintonía con el devenir social es: ¿cómo aporta la etnografía escolar para conocer y comprender las transformaciones que ha vivido la escuela, sus sentidos, procesos y actores, a partir de la emergencia y relevancia de los movimientos sociales? Es sabido y reconocido el especial protagonismo que han tenido y tienen los estudiantes en la actual disputa sobre lo público y las condiciones de desigualdad. Sin embargo, la etnografía escolar hasta aquí registrada parece aún no atender a dicho fenómeno.

Otro aspecto a destacar de este periodo es el aumento en la generación de conocimiento en educación producto del aumento en el financiamiento estatal; sin embargo la investigación mayoritaria conserva lógicas tradicionales en los problemas estudiados, en sus abordajes epistemológicos y en las metodologías usadas. A su vez, es distintivo de este periodo la centralidad de las universidades como centros desde donde se desarrolla la etnografía escolar. Si bien es aún reciente, podríamos estar frente a un proceso de institucionalidad académica de este enfoque, situación que podría abrir ciertas oportunidades de desarrollo y consolidación a través de la vinculación de docencia e investigación. De alguna forma, así lo indica el leve aumento de investigación que se registró en este periodo, a través de las tesis de pre y posgrado, aunque la gran mayoría de las catastradas sean consideradas estudios con orientación etnográfica.

A partir de estos antecedentes, creemos necesario que la producción de conocimiento en etnografía escolar, junto con sostener y ampliar nuevas líneas de investigación, avance en la producción de un metaconocimiento que colabore en la visibilización de los aportes comprensivos y explicativos que tiene el conocimiento producido a partir de sus matrices epistemológicas y teóricas.

Referencias

Acuña F., Assaél J., Contreras P. y Peralta B. (2014). La traducción de los discursos de la política educativa en la cotidianeidad de dos escuelas municipales chilenas: la metáfora médica como vía de análisis. *Psicoperspectivas*, *13*(1), 46-55. doi: 10.5027/ PSICOPERSPECTIVAS-VOL13ISSU1-FULLTEXT-363

Acuña M. E. (2008a). *Imaginarios sobre ciencia y tecnología: el género y la cultura en los procesos de aprendizaje escolar.* Informe FONDECYT n° 1061205.

Acuña M. E. (2008b). Reflexiones sobre las prácticas de producción de conocimientos: ciencia y tecnología. *Cinta Moebio, 31*, 14-22. Recuperado de www.moebio.uchile. cl/31/acuna.html

Agacino R. (2011). *Movilizaciones estudiantiles. Anticipando el futuro*. Recuperado de http://www.lachispa.cl/2011/08/28/movilizaciones-estudiantiles-anticipando-el-futuro-entrevista-a-rafael-agacino/

Ameghino N. (2013). Un pueblo, dos Estados: participación mapuche en el Estado. *Si Somos Americanos, 13*(1), 171-197. dpi: 10.4067/S0719-09482013000100008

Anderson G. y Herr K. (2015). New public management and the new professional educator: Framing the issue. *Education Policy Analysis Archives, 23*(84). doi: http:// dx.doi.org/10.14507/epaa.v23.2222.

Assaél J., Cornejo R., González J., Redondo J. y Sobarzo M. (2011). La empresa educativa chilena. *Educação & Sociedade, 32*(115), 305-322.

Assaél J.; Acuña F.; Contreras P. y Corbalán F. (2014). Transformaciones en la cultura escolar en el marco de la implementación de políticas de *accountability* en Chile. Un estudio etnográfico en dos escuelas clasificadas en recuperación. *Estudios Pedagógicos, 40*(2), 7-26.

Bello A. (2007). El programa Orígenes y la política pública del gobierno de Lagos hacia los pueblos indígenas. En N. Yáñez y J. Aylwin (Ed.) *El gobierno de Lagos, los pueblos indígenas y el "nuevo trato", las paradojas de la democracia chilena*. Santiago: lom.

Boltanski L. y Chiapello É. (2002). *El nuevo espíritu del capitalismo*. Madrid: Akal.

Calvo C. (2010). Complejidades educativas emergentes y caóticas. *Polis, 9*(25), 87-100.

Calvo C. (2014a). ¿Qué pasaría si a los niños y niñas se les dejara aprender? *Polis, 37*, 1-16. Recuperado de http://polis.revues.org/9687 ; doi : 10.4000/polis.9687

Calvo C. (2014b). Propensión a aprender y desescolarización de la escuela. *Logos: Revista de Lingüística, Filosofía y Literatura, 24*(1), 66-74. doi: 10.15443/RL2406.

Díaz R., Poblete D. y Ramos S. (2007). El género y la sexualidad en las prácticas y discurso docente: una mirada etnográfica a tres escenarios de educación preescolar en la ciudad de Santiago de Chile. Tesis para optar al título de Educadora de Párvulos y Escolares Iniciales. Universidad de Chile.

Espinoza O. (2014). La Investigación en/sobre Políticas Educacionales en Chile: Panoramas y Perspectivas. Paper presentado en el Segundo Encuentro de la Red Latinoamericana de Estudios Epistemológicos en Política Educativa (relepe) en la mesa redonda "La investigación en/sobre políticas educacionales en diferentes países: panoramas y perspectivas". Curitiba, Brasil, 18-20 de agosto de 2014.

Falabella A. (2015). El mercado escolar en Chile y el surgimiento de la nueva gestión pública: el tejido de la política entre la dictadura neoliberal y los gobiernos de la centroizquierda (1979 a 2009). *Educação & Sociedade, 36* (132), 699-722.

Fardella C. (2012). Verdades sobre la docencia, efectos y consecuencias subjetivas de la evaluación docente en Chile. *Revista de Psicología, 21*(1), 209-227.

Fleet N. (2011). Movimiento estudiantil y transformaciones sociales en Chile. *Polis, 10*(30), 99-116.

Hevia P. (2009). Niños inmigrantes peruanos en la escuela chilena. Memoria de título, Antropología Social, Universidad de Chile, Santiago.

Ibáñez N. (2010a). El contexto interaccional y la diversidad en la escuela. *Estudios Pedagógicos, XXXVI*(1), 275-286.

Ibáñez N. (2010b). El contexto interaccional en el aula de la educación inicial. Estudio Comparativo en dos culturas. Informe FONDECYT n° 1060230.

Jiménez F. y Fardella C. (2015). Diversidad y rol de la escuela: discursos del profesorado en contextos educativos multiculturales en clave migratoria. *Revista Mexicana de Investigación Educativa, 20*(65), 419-441.

Le-Bert J.; Winchester L. y Caro J. C. (2004). Informe final de evaluación Programa Orígenes, Ministerio de Planificación y Cooperación. Santiago.

López de Maturana S. y Calvo C. (2014). Los jardines infantiles y los ambientes activos modificantes. *Polis, 37*, 1-11. doi: 10.4000/polis.9715

Luna L. (2015a). Educación mapuche e interculturalidad: un análisis crítico desde una etnografía escolar. *Chungará, 47*(4), 659 – 667.

Luna L. (2015b). Construyendo "la identidad del excluido": etnografía del aprendizaje situado de los niños en una escuela básica municipal de Chile. *Estudios Pedagógicos, 41*, especial, 97-114.

Matus C. y Haye A. (2015). Normalidad y diferencia en la escuela: diseño de un proyecto de investigación social desde el dilema político-epistemológico. *Estudios pedagógicos, 41*, especial, 135-146.

Martinic S. (2010). Cambios en las regulaciones del Sistema educativo. ¿Hacia un Estado regulador? En S. Martinic y G. Elacqua, *¿Fin de ciclo? Cambios en la gobernanza del sistema educativo* (pp. 55-80). Santiago: UNESCO/PUC.

Mayol A. y Azócar C. (2011). Politización del malestar, movilización social y transformación ideológica: el caso Chile 2011. *Polis, 10*(30), 163-184.

Montecinos C., Ahumada L., Galdames S., Campos F. y Leiva M. V. (2015). Targets, threats and (dis)trust: the managerial troika for public school principals in Chile. *Education Policy Analysis Archives, 23*(87). doi: http://dx.doi.org/10.14507/epaa.v23.2083.

Palamidessi M., Gorostiaga J., Suasnábar C. (2014). El desarrollo de la investigación educativa y sus vinculaciones con el gobierno de la educación en América Latina. *Perfiles Educativos, XXXVI*(143), 49-66.

Pardo M. y Valenzuela J. (2011). PEIB-Orígenes. Estudio sobre la implementación de la educación intercultural bilingüe. Santiago: MINEDUC.

Salazar G. (2011). *En el nombre del poder popular constituyente*. Santiago: LOM.

Salazar G. (2012). *Dolencias históricas de la memoria ciudadana (Chile, 1810-2010)*. Santiago: Universitaria.

Soto F. (2012). *Veinte años de investigación en educación escolar en Chile. 1990-2010*. Santiago: Centro de Estudios del Ministerio de Educación.

Suárez D. (2010). Jugando y construyendo identidades en el patio de recreo. Etnografía en una escuela con niños/as hijos/as de inmigrantes y niños/as chilenos/as. Tesis para optar al grado de Magíster en Psicología, mención Psicología Comunitaria, Universidad de Chile.

Tijoux M. E. (2013). Las escuelas de la inmigración en la ciudad de Santiago: elementos para una educación contra el racismo. *Polis, 12*(35), 287-307. Recuperado de http://

www.scielo.cl/scielo.php?script=sci_arttext&pid=S0718-65682013000200013&lng=
es&tlng=es. 10.4067/S0718-65682013000200013.

Valdivia A., Herrera M. y Guerrero M. (2015). Aprendizaje y producción mediática
digital en la escuela. Un abordaje etnográfico de las prácticas culturales en el aprendizaje en artes visuales. *Estudios Pedagógicos*, *41*, especial, 231-251.

Verger A., Curran M. y Parcerisa L. (2015). La trayectoria de una reforma educativa
global: el caso de la nueva gestión pública en el sistema educativo catalán. *Educação
& Sociedade*, *36*(132), 675-697.

Anexo 1: Investigación etnográfica en Chile 2005-2015.

Investigación	Equipo de Investigación / Institución	Año	Financiamiento	Publicaciones
Imaginarios sobre ciencia y tecnología: el género y la cultura en los procesos de aprendizaje escolar.	María Elena Acuña Sonia Montecino Departamento de Antropología y Centro Interdisciplinario de Estudios de Género, Facultad de Ciencias Sociales. Universidad de Chile	2006 - 2007	FONDECYT 1061205	María Elena Acuña (2008b). Reflexiones sobre las prácticas de producción de conocimientos: ciencia y tecnología. Cinta Moebio.
El contexto interaccional en el aula de la educación inicial. Estudio comparativo en dos culturas.	Nolfa Ibáñez Tatiana Díaz Departamento de Educación Diferencial. Universidad Metropolitana de Ciencias de la Educación	2006 - 2010	FONDECYT 1060230	Nolfa Ibáñez (2010). El contexto interaccional y la diversidad en la escuela. *Estudios Pedagógicos.*
Transformaciones en la cultura escolar en el marco de la implementación de la SEP: Un estudio etnográfico de dos establecimientos municipales.	Jenny Assaél, Jesús Redondo Departamento de Psicología, Facultad de Ciencias Sociales. Universidad de Chile. Vicente Sisto Felipe Acuña Paulina Contreras Francisca Corbalán Belén Peralta	2012 - 2013	PIA-CONICYT, código CIE-05, CIAE	Jenny Assaél, Felipe Acuña, Paulina Contreras y Francisca Corbalán (2014). Transformaciones en la cultura escolar en el marco de la implementación de políticas de *accountability* en Chile. Un estudio etnográfico en dos escuelas clasificadas en recuperación. Feipe Acuña, Jenny Assaél, Paulina Contreras y Belén Peralta (2014). La traducción de los discursos de la política educativa en la cotidianeidad de dos escuelas municipales chilenas: la metáfora médica como vía de análisis. *Psicoperspectivas.*

Continuación Anexo 1

Investigación	Equipo de Investigación / Institución	Año	Financiamiento	Publicaciones
Complejidades educativas emergentes y caóticas en la escuela lineal.	Carlos Calvo Departamento de Educación. Universidad de La Serena Alberto Moreno Silvia López de Maturana	2008 - 2009	FONDECYT Regular 1080073	Carlos Calvo (2010). Complejidades educativas emergentes y caóticas. *Polis.*
Asombros educativos informales y propensión a aprender.	Carlos Calvo Departamento de Educación. Universidad de La Serena *Jorge Catalán* Guillermo Leyton Gladys López de Maturana Silvia López de Maturana Alberto Moreno Iván Oliva Jorge Salgado	2011 - 2014	FONDECYT Regular 1110577	Carlos Calvo (2014a). ¿Qué pasaría si a los niños y niñas se les dejara aprender? *Polis.*
Aprender en diferentes comunidades de práctica: estudio etnográfico comparativo de la práctica social de una "escuela indígena" rural y una "escuela no indígena" urbana en la Región de la Araucanía.	Laura Luna Pontificia Universidad Católica de Chile. Campus Villarrica	2011 - 2014	FONDECYT de Iniciación N. 11110390	Laura Luna (2015a). Educación mapuche e interculturalidad: un análisis crítico desde una etnografía escolar. Chungará Laura Luna (2015b). Construyendo "la identidad del excluido": etnografía del aprendizaje situado de los niños en una escuela básica municipal de Chile. *Estudios Pedagógicos.*
La atención a la diversidad en la formación inicial docente.	Felipe Jiménez Departamento de Psicología. Universidad Católica de Valparaíso	2013 - 2015	FONDECYT Posdoctorado 3140247	Felipe Jiménez y Carla Fardella (2015). Diversidad y rol de la escuela: discursos del profesorado en contextos educativos multiculturales en clave migratoria. *Revista Mexicana de Investigación Educativa.*

131

Continuación Anexo 1

Investigación	Equipo de Investigación / Institución	Año	Financiamiento	Publicaciones
Proyecto Anillos en Ciencias Sociales y Humanidades, Normalidad, Diferencia y Educación-NDE.	Claudia Matus Facultad de Educación. Pontificia Universidad Católica de Chile	2013 - 2015	PIA-CONICYT (soc1103)	Claudia Matus y Andrés Haye (2015). Normalidad y diferencia en la escuela: diseño de un proyecto de investigación social desde el dilema político-epistemológico. *Estudios pedagógicos.*
Alfabetizaciones mediáticas y aprendizajes situados. Producción mediática de adolescentes metropolitanos dentro y fuera de la escuela.	Andrea Valdivia Instituto de la Comunicación e Imagen. Universidad de Chile	2013 - 2016	FONDECYT Iniciación 1130640	Andrea Valdivia, Minka Herrera y Manuela Guerrero (2015). Aprendizaje y producción mediática digital en la escuela. Un abordaje etnográfico de las prácticas culturales en el aprendizaje en artes visuales. *Estudios Pedagógicos.*
Los Efectos de las Políticas de Mercado y Rendición de Cuentas: Un Estudio Etnográfico de la Vida Cotidiana de la Escuela.	Alejandra Falabella Facultad de Educación. Universidad Alberto Hurtado	2014 - 2017	FONDECYT Iniciación N° 11140302	Alejandra Falabella (2015). El mercado escolar en Chile y el surgimiento de la nueva gestión pública: el tejido de la política entre la dictadura neoliberal y los gobiernos de la centroizquierda (1979 a 2009). *Educação & Sociedade.*

ANEXO 2: TESIS E INVESTIGACIÓN ETNOGRÁFICA ESCOLAR EN CHILE 2005-2015.

TÍTULO	AUTOR(ES)	AÑO	GRADO ACADÉMICO	TIPO DE ESTUDIO	PROGRAMA ACADÉMICO	UNIDAD ACADÉMICA	UNIVERSIDAD
Relaciones interétnicas en la escuela: un acercamiento exploratorio a la enseñanza básica en Cerro Navia y El Bosque.	Acuña Cofré Pablo	2005	Tesis Pregrado	Etnografía	Título de Antropólogo Social	Escuela de Antropología	Universidad Academia de Humanismo Cristiano
Educación y etnicidad, una mirada etnográfica a la cotidianidad educativa de enseñanza media.	González Ríos Marcela	2006	Tesis Pregrado	Etnografía	Título de Antropología	Escuela de Antropología	Universidad Austral de Chile
El género y la sexualidad en las prácticas y discurso docente: una mirada etnográfica a tres escenarios de educación preescolar en la ciudad de Santiago de Chile.	Díaz Rosa, Poblete Daniela, Ramos Solange	2007	Tesis Pregrado	Etnografía	Título de Educadora de Párvulos y Escolares Iniciales	Departamento de Educación	Universidad de Chile
Jugando y construyendo identidades en el patio de recreo: etnografía en una escuela con niños/as hijos/as de inmigrantes y niños/as chilenos/as.	Suárez Cabrera Dery	2010	Tesis Magíster	Etnografía	Magíster en Psicología mención Psicología Comunitaria	Departamento de Psicología	Universidad de Chile
Educación intercultural y representación de lo étnico en Chile.	Catalán Pesce Ramiro	2010 - 2015	Tesis Doctorado	Etnografía	Doctorado en Antropología Social		Universidad Complutense de Madrid
Gitanos sedentarizados y educación formal: tensión étnica y resistencia.	Alarcón Silva Carmen	2007	Tesis Pregrado	Orientación etnográfica	Título de Antropología	Escuela de Antropología	Universidad Austral de Chile
Programa de educación intercultural bilingüe: una exploración a sus avances y desafíos en la Región Metropolitana.	Bravo Salvo María, Laso Zanzi María	2007	Tesis Pregrado	Orientación etnográfica	Título de Antropólogo Social	Escuela de Antropología	Universidad Academia de Humanismo Cristiano

Continuación Anexo 2

Título	Autor(es)	Año	Grado académico	Tipo de estudio	Programa académico	Unidad académica	Universidad
Violencia infantil en la escuela.	Erazo Saavedra Fabiola	2007	Tesis Pregrado	Orientación etnográfica	Título de Asistente Social	Escuela de Trabajo Social	Universidad Academia de Humanismo Cristiano
Las imágenes del docente de historia y ciencias sociales: un estudio de caso con estudiantes de educación media de un liceo de sector urbano-popular.	Liquitay Tatiana, Ramírez Carolina	2007	Tesis Pregrado	Orientación etnográfica	Título de Profesor de Historia y Ciencias Sociales	Facultad de Pedagogía	Universidad Academia de Humanismo Cristiano
Los saberes matemáticos de la cultura maya tseltal y sus significados en el proceso escolar. Estudio exploratorio en comunidades educativas del Estado de Chiapas, México.	Ballinas Méndez María	2008	Tesis Magíster	Orientación etnográfica	Magíster en Educación mención Currículo y Comunidad educativa	Departamento de Educación	Universidad de Chile
Culturas juveniles nuevos lenguajes y símbolos dentro de la enseñanza de la historia.	Cáceres Freddy, Cid Nelson	2008	Tesis Pregrado	Orientación etnográfica	Licenciado en Educación	Facultad de Pedagogía	Universidad Academia de Humanismo Cristiano
Disciplina y castigo en la institución escolar. Estudio de caso. 4° básico A, de una escuela de la comuna de Santiago.	Chávez González Myriam	2008	Tesis Pregrado	Orientación etnográfica	Título de Profesora de Educación Básica	Facultad de Pedagogía	Universidad Academia de Humanismo Cristiano
Cultura y disciplinamiento escolar. Un estudio de casos en un establecimiento municipalizado en la ciudad de Santiago.	Maureira Miranda Alexis	2008	Tesis Pregrado	Orientación etnográfica	Título de Antropólogo Social	Departamento de Antropología	Universidad de Chile
Niños inmigrantes peruanos en la escuela chilena.	Hevia Pía	2009	Tesis Pregrado	Orientación etnográfica	Título de Antropóloga social	Departamento de Antropología	Universidad de Chile

Continuación Anexo 2

Título	Autor(es)	Año	Grado académico	Tipo de estudio	Programa académico	Unidad académica	Universidad
Desarrollo, identidad y aspiraciones sociales: motivaciones de emigración de los jóvenes de cuarto medio del liceo de Canela, región de Coquimbo, Chile.	Sepúlveda Montoya Nina	2010	Tesis Pregrado	Orientación etnográfica	Título de Antropólogo Social	Escuela de Antropología	Universidad Academia de Humanismo Cristiano
Jugando y construyendo identidades en el patio de recreo: etnografía en una escuela con niños/as hijos/as de inmigrantes y niños/as chilenos/as.	Suárez Cabrera Dery	2010	Tesis Magíster	Etnografía	Magíster en Psicología mención Psicología Comunitaria	Departamento de Psicología	Universidad de Chile
Sentidos de la cultura mapuche y el uso de mapudungun en la construcción de la identidad en los estudiantes del Liceo Guacolda en Chonchol.	Arratia Zamora Jessica	2010	Tesis Magíster	Orientación etnográfica	Magíster en Educación mención Multiculturalidad	Facultad de Pedagogía	Universidad Academia de Humanismo Cristiano
Saberes ambientales lafkenche en escuelas de la costa de La Araucanía (Chile).	Rojas-Maturana Marcela	2010	Tesis Magíster	Orientación etnográfica	Magíster en Planificación y Gestión Territorial	Facultad de Recursos Ambientales	Universidad Católica de Temuco
Aulas musicales para estimular la expresión corporal en niños y niñas con Síndrome de Down: cómo incorporar la música cotidiana para que se constituya en un aporte a la expresión corporal de los niños y niñas con síndrome de Down en la etapa prebásica en una escuela diferencial del sector oriente.	Aburto Rosa Godoy Aracely, Guerrero Andrea	2011	Tesis Pregrado	Orientación etnográfica	Título de Profesor de Educación Diferencial	Facultad de Pedagogía	Universidad Academia de Humanismo Cristiano
Características que asume la convivencia en una escuela municipal de la Región Metropolitana, desde la perspectiva de alumnas, alumnos, profesoras y profesores.	Foster Ríos Lisset	2011	Tesis Pregrado	Orientación etnográfica	Título de Educadora de Párvulos y Escolares Iniciales	Departamento de Educación	Universidad de Chile

Continuación Anexo 2

Título	Autor(es)	Año	Grado académico	Tipo de estudio	Programa académico	Unidad académica	Universidad
Visiones en torno a la didáctica de la educación intercultural bilingüe en la comuna de Viña del Mar, estudio de caso: implementación de educación intercultural bilingüe en escuelas municipalizadas.	Lozano Riquelme Rosa	2012	Tesis Magíster	Orientación etnográfica	Magíster en Educación Intercultural Bilingüe Mención en Políticas en EIB	Facultad de Pedagogía	Universidad Academia de Humanismo Cristiano
Prácticas pedagógicas de educación sustentable en nivel medio mayor: un estudio cualitativo.	Cea Laux Vanessa, Ramírez Pamela, Calderón Natalia	2013	Tesis Pregrado	Orientación etnográfica	Título de Educadora de Párvulos y Escolares Iniciales	Departamento de Educación	Universidad de Chile
Significado que los alumnos de procedencia mapuche otorgan a las experiencias vividas por ellos en una institución educativa de la comuna de Maipú.	Castillo Aravena Irene	2014	Tesis Magíster	Orientación etnográfica	Magíster en Educación mención Currículo y Comunidad educativa	Departamento de Educación	Universidad de Chile

BALANCE DE UNA HISTORIA EN PROCESO: 30 AÑOS DE INVESTIGACIÓN ETNOGRÁFICA EN ESPACIOS ESCOLARES

ELABORACIÓN COLECTIVA[1]

Una de las consecuencias que tiene la realización de un análisis histórico de la etnografía escolar en Chile como el que se ha llevado a cabo en los cuatro capítulos precedentes, es que permite poner en perspectiva diversos hitos y acontecimientos ocurridos en distintos momentos del tiempo, para trazar a partir de ellos líneas de continuidad y ruptura, delinear trayectorias y realizar balances de esta historia en curso. El valor que tiene este ejercicio de síntesis, inevitablemente valorativo, es que a su vez permite ir dando forma a una perspectiva de investigación que, si bien se nos aparece como secundaria, atomizada e informe dentro del campo de la investigación educacional, tiene sin embargo su propia historia, la cual creemos relevante que sea contada.

En este sentido, la propuesta de balance que nos proponemos ofrecer a continuación, la cual sabemos implica un ejercicio de delimitación de los contornos de la etnografía escolar en Chile, es más una invitación a reflexionar sobre estos que una demarcación categórica inmutable, ejercicio imposible por lo demás.

Con este ánimo, nos hemos propuesto destacar cuatro dimensiones relevantes para la reflexión que surgen a la luz de la historización realizada en los capítulos anteriores. En primer lugar, sobre las temáticas que han sido objeto de investigación etnográfica. En segundo lugar, sobre el vínculo que ha tenido esta perspectiva de investigación con la política. Tercero sobre la forma en que los contextos de producción han influido en su devenir. Finalmente, una reflexión respecto a la subjetividad de quienes se han dedicado a realizar etnografía escolar en estos 30 años.

---

[1] En este cierre de sección participaron los autores y autoras de los cuatro capítulos precedentes.

Sobre las temáticas abordadas por la etnografía escolar

En primer lugar nos gustaría reflexionar sobre un elemento común en las temáticas de investigación abordadas por la etnografía escolar en el periodo de estudio: el problema de lo subalterno o aquello que se encuentra en una posición inferior o secundaria en el espacio escolar.

Ya en el primer capítulo se advierte que el fenómeno de la deserción y repitencia escolar es clave para comprender el surgimiento de la etnografía escolar. Los niños, niñas y jóvenes que dejaban de asistir a la escuela o no lograban avanzar de un curso a otro sin duda pertenecían a un grupo social subalterno, y es en torno a este grupo que se desencadena el proceso de sofisticación de la investigación educacional en la década de los años 1970.

Lo interesante de analizar es qué despliega la perspectiva etnográfica frente a una temática relacionada con la subalternidad en el espacio escolar. Lo que se observa es que la etnografía abre estos problemas por medio de la descripción y visibilización de otras relaciones de poder. En el caso de la deserción y repitencia escolar, la etnografía escolar de los años 1980 permite la visibilización de la cultura popular que se encuentra en condición de inferioridad con la cultura escolar; se muestran alumnos y apoderados en condición de acatamiento a los docentes y directivos; aparece el etiquetamiento de alumnos como una forma en que los docentes ejercen poder; emergen condiciones laborales de docentes que conllevan obediencia hacia los directivos y, a la vez, de estos últimos a las directrices del nivel central. Las descripciones etnográficas impiden que la familia y la escuela que "fracasan" sean aisladas como una de las principales variables a intervenir por la política, pues develan un caudal de relaciones de poder que soportan el problema "fracaso". De esta forma, al ir mostrando nuevas relaciones de subordinación, como es el caso del trabajo docente, visibilizan que este nuevo problema también se vincula con otras relaciones de poder y estructuras normativas que son parte de un andamiaje sociocultural más complejo. Así, al menos en el caso de la investigación de los años 1980, la subjetividad y cultura popular, junto con las funciones normativa y homogeneizante de la escuela, permiten ver novedosas formas en que el poder opera en el espacio escolar.

Algo similar se observa en la década de los años 1990, donde el problema se ancla en la educación media, no directamente asociado al fracaso escolar, pero sí en torno a la idea de una falta de participación por parte de los jóvenes, una suerte de nihilismo que acecha a la sociedad. Cuando la etnografía se introduce en este problema lo que emerge es una relación de subordinación de la cultura juvenil con respecto a la cultura escolar, se evidencian formas en que los jóvenes son objeto de prácticas y discursos que los invisibilizan. El joven reducido a "alumno" es una descripción con la que la etnografía escolar problematiza la idea del joven apático, pues logra mostrar que la juventud desborda con creces la estrecha categoría "alumno". Así, la etnografía desarrolla un conocimiento crítico que va más allá de la búsqueda de soluciones, que por cierto propone, y se vincula a la descripción del exceso. El exceso de cultura popular o el exceso de cultura juvenil no tienen lugar en los estrechos marcos categoriales de la cultura escolar o la cultura del alumnado. Así, en el caso de los jóvenes, el excedente es descrito en sus espacios de participación, sus centros de estudiantes, sus lugares de esparcimiento, en su descripción en tanto sujetos capaces de ejercer ciudadanía.

Los últimos 15 años de etnografía escolar han ampliado y diversificado las temáticas desde donde observar las diversas relaciones de poder que tienen lugar en torno al espacio escolar. Es el caso de la investigación vinculada a problemas interculturales, étnicos, de inmigración, género y sexualidad. Aquí se busca describir las formas en que la cultura escolar niega la alteridad. Algo similar ocurre con aquellos estudios respecto al aprendizaje y el desarrollo, donde lo que se busca es describir la posición inferior que una forma compleja de entender el aprendizaje y desarrollo ocupa en los restrictivos "estándares" de la cultura escolar. De esta forma, la descripción de un aprendizaje más cotidiano, informal y situado, presente tanto dentro como fuera de los límites de la institución escolar, permite una crítica a aquellos elementos que reducen y minimizan el aprendizaje. En esta misma línea, cuando la etnografía se propone estudiar políticas educativas de rendición de cuentas lo que visibiliza es la reducción que estas políticas hacen del fenómeno educativo, describiendo un conjunto de prácticas de sometimiento que la política contribuye a producir al interior de la institución escolar.

Es interesante notar que a partir de los años 2000 asistimos a un desplazamiento del objeto de la etnografía escolar, desde temáticas de la "cultura" (popular, juvenil) hacia lo "inter"-cultural y, en un sentido más general, hacia un problema de diferencia cultural. La proliferación de investigaciones que abordan nuevas temáticas rompen las relaciones de continuidad más evidentes con la etnografía de los años 1980 y 1990. Sin embargo, las nuevas temáticas como etnicidad, migración, sexualidad, género, aprendizaje y políticas, siguen atendiendo a subjetividades y formas culturales subordinadas o que han sido excluidas de los discursos dominantes de la educación y que, al mismo tiempo, son efecto de las relaciones de poder y estructuras normativas que se reproducen en la escuela.

En síntesis, en estos 30 años, existe una tendencia en la etnografía escolar a estudiar temáticas donde hay evidentes relaciones de subordinación: niños y niñas que fracasan, jóvenes apáticos, niños y niñas indígenas o inmigrantes cuya cultura es negada, mujeres supeditadas a una cultura masculina, aprendizajes complejos estandarizados, entre otros. Lo interesante de la perspectiva etnográfica es que produce descripciones que visibilizan la forma en que estas temáticas se articulan con otras relaciones de poder y estructuras normativas, dificultando la posibilidad de encerrar la explicación de estos problemas en sus propios términos. Así, la etnografía de alguna forma desescolariza estas temáticas al visibilizar las relaciones sociales y culturales en que estas se despliegan, no solo padeciendo la subordinación, sino también resistiendo y provocando estas mismas relaciones de poder, entre ellas, la política educativa.

Sobre la relación de la etnografía escolar con la política educativa

Vinculado a lo anterior, una segunda cuestión que nos muestra la historia de la etnografía escolar en Chile de forma transversal, es que el estudio de la escuela, ya sea como objeto o escenario, trae consigo la referencia y relación con el contexto social y político mayor. Al complejizar y mirar holísticamente los fenómenos escolares, la etnografía realiza una doble operación de encuadre: a la vez que delinea los límites de la escuela; para su descripción densa, establece un cierre poroso y abierto a los fenómenos sociales mayores. En ese sentido, el referente al que más se apela e interpela es a la política educativa.

Las etnografías escolares refieren a las políticas educativas de dos formas a lo menos: como antecedente de contexto del problema a investigar o como objeto de investigación situado en la escuela; en este caso la política se estudia como puesta en acción en la cotidianidad escolar. Independiente de cuál sea esa forma, es frecuente que las etnografías muestren los vacíos, los problemas, las precariedades, los reduccionismos que las políticas tienen, asumiendo una posición crítica respecto de estas. Esto puede estar relacionado con el afán por las perspectivas del subordinado o de aquello que está al margen, asumida por casi todas las etnografías escolares. Generan conocimiento que pone en perspectiva la política educativa.

Esta tendencia está matizada en la producción del periodo posdictatorial, donde la relación es más compleja. Los gobiernos generan una demanda activa a la etnografía escolar, en cierto modo, reconociendo cuál es el valor de ella: mostrar con detalle cómo operan los procesos educativos, develando esa llamada "caja negra", con el objetivo de generar un diagnóstico de determinados fenómenos. Tal como se señaló en dicho periodo, la investigación sobre la enseñanza media *El liceo por dentro*, marca un hito en este sentido. La etnografía al servicio de las políticas, si bien no fue una práctica extendida, sí lo fue en intensidad.

Esta referencialidad permanente a la política educativa no es particular de la etnografía, más bien parece ser una característica del campo de la investigación educativa. La generación de conocimiento sobre educación tiene una pregunta que se desprende enseguida: ¿para qué?. En este caso, la respuesta más frecuente sería para la incidencia en las políticas educativas y, más en general, en el campo de la educación. El propósito de incidir en la mejora del sistema o de la política educativa está presente en varias de las etnografías escolares chilenas. Cabe entonces la pregunta por las posibilidades de materializar esta incidencia desde la posición al margen que tendría la etnografía en relación con la investigación educativa en su conjunto.

Sobre los contextos de producción de la etnografía escolar

Sin duda, uno de los procesos que marca la trayectoria de la etnografía escolar en Chile es el paulatino pero reciente desplazamiento desde los centros independientes hacia la universidad, como el espacio en el cual puede tener lugar el tipo de preocupaciones y conocimientos que genera la etnografía escolar, así como sus posicionamientos sobre la política y los procesos sociales más amplios.

Los centros independientes formados antes de la dictadura sobrevivieron gracias al financiamiento extranjero que, aunque estaba vinculado con temáticas derivadas de agendas regionales más amplias, permitió desarrollar líneas de investigación diversas y constituirse en espacios de formación que permitieron desarrollar conocimiento y mantener viva una reflexión crítica durante el periodo marcado por la censura, la represión y la violencia. Sin embargo, durante la década siguiente dichos centros se vieron forzados a volverse hacia el naciente Estado democrático para subsistir económicamente, al mismo tiempo que las mermadas ciencias sociales y humanidades comenzaban a recomponerse en las universidades, lo cual produjo una constricción tanto en términos de la migración de investigadores formados en los centros hacia el Estado, y la limitación en cuanto a las preguntas, objetivos y resultados que impone la investigación para la política, como en términos de los escasos recursos venidos desde FONDECYT para el desarrollo de investigación y la poca capacidad de las universidades para generar una comunidad académica, en términos de proyectos, encuentros, revistas, etc.

Solo a partir de los años 2000 comienza a desarrollarse más fuertemente la etnografía escolar desde las universidades, tanto por investigadores que antes estuvieron en los centros independientes, como por una generación de académicos formados, tanto en Chile como en el extranjero, que comienzan a desarrollar investigación en educación con una perspectiva etnográfica. Sin embargo, este proceso no puede comprenderse sin un proceso social más amplio, marcado por la emergencia de los movimientos sociales y en particular del movimiento estudiantil, que logra situar la educación como problema político de primer orden en su relación con el modelo económico, al mismo tiempo que fractura y amplía los límites de la política en general. Dicho proceso genera una preocupación por la educación por parte del Estado, lo que se traduce en una serie de nuevos financiamientos para la investigación en el área, que proporciona recursos a las universidades e investigadores para realizar nuevos estudios desde la academia.

Ahora bien, una consecuencia importante de la puesta en perspectiva histórica es que permite visualizar que, más allá del desplazamiento anteriormente descrito, la trayectoria de la etnografía escolar en Chile está marcada por la secundariedad. Ya sea desde los centros independientes o desde las universidades, desde el periodo de dictadura hasta la actualidad la etnografía escolar no ha sido el tipo de investigación más realizada o el conocimiento dominante en educación en términos de volumen o cantidad; ni ha sido un saber que haya logrado hegemonía en la discusión pública sobre educación, en la toma de decisiones en política educativa, o en las facultades de educación y en las ciencias sociales en general –ni en la antropología, en particular.

En este sentido, el aumento de la producción de etnografía escolar, la generación y proliferación de investigadores, equipos, financiamiento, publicaciones, etc., tienen que situarse en un escenario mayor donde, pese a su aumento, sigue teniendo un lugar secundario, subordinado o marginal, sin dejar de entender que los límites de ese lugar de secundariedad se han movido en el tiempo, de forma que lo que aquí se refiere como un aumento no es solo en sentido de cantidad, sino también en el sentido de una mayor visibilidad y de posibilidades que se han abierto para el desarrollo de la etnografía escolar.

Por otro lado, más allá de la existencia y cantidad de investigadores realizando etnografías escolares, un hecho que muestra la historia de la etnografía escolar es que típicamente han coexistido sin vinculación, lo cual implica que la etnografía escolar se ha desarrollado sin una comunidad académica, ni una masa crítica y sin una actividad permanente de debate que contribuya al desarrollo de un campo de conocimiento y su acumulación. Por una parte, mucho material surgido de investigaciones realizadas en los años 1980 y 1990 no lograron publicación; pero por otra, y más importante aún, las que sí lo lograron no pasaron a constituir la referencia o tradición de la etnografía escolar en Chile, de forma tal que la proliferación a partir de los años 2000 no supo ni pudo discutir con dos décadas de trabajo desarrollado. En esta misma línea, las actuales políticas de digitalización, repositorio y publicación crean la apariencia de que la etnografía emerge después del año 2000.

Ahora bien, esto nos muestra que la etnografía escolar se ha hecho camino históricamente a través de equipos particulares que han desarrollado su trabajo a través de la reflexión interna –ante la falta de una comunidad intelectual y académica– y que, en cierta medida, han "resistido" a una relación entre conocimiento y política que privilegia el conocimiento generalizado y cuantitativo. Del mismo modo, aunque con las políticas de financiamiento que se impulsan a partir del año 2000 ha comenzado a haber mejores condiciones para impulsar la formación, transmisión y acumulación de conocimiento y experiencia, lo cierto es que la trayectoria de la etnografía escolar en Chile no ha dejado de tener un carácter atomizado.

En este sentido, tanto el carácter de resistencia como el de atomización van en línea con el lugar de secundariedad de la etnografía escolar en Chile que hemos destacado aquí. Sin embargo, ello no puede entenderse solo como un problema de carencia de ciertos privilegios relativos a las condiciones de producción de la investigación educativa y en ciencias sociales en Chile, sino que –a partir de ello y en conexión con el primer apartado– se requiere también una clave de lectura epistemológico-política, en la medida que la secundariedad habilita una pregunta crítica por la relación entre el lugar de la etnografía escolar y el lugar de sus objetos. Es decir, permite preguntarse por una forma de conocimiento secundario o subordinado que, a su vez, se genera respecto a –y en relación con– subjetividades subordinadas, como si la etnografía escolar, al realizarse desde lo subordinado hacia lo subordinado, se posibilitara en una relación asimétrica, desde y hacia un lugar que se define a partir de una estructura de poder.

Sobre la subjetividad de los etnógrafos y etnógrafas

Finalmente, una última dimensión que abre preguntas en estos 30 años de historia de etnografía escolar es aquella relativa a las subjetividades de las etnógrafas y etnógrafos escolares. En el capítulo sobre los orígenes se hace referencia a la idea de Zemelman de voluntades que posibilitaron el comienzo de las etnografías escolares en Chile. En ese sentido, podríamos decir que en aquella época las/os investigadoras/es se encontraban frente a un *mundo de necesidades*, donde sintieron la necesidad de romper con la inercia, con la tradición y desplegarse en direcciones concomitantes con un horizonte histórico, con sus visiones de futuro. Así, surge la necesidad no tan solo de sistematizar y reflexionar sobre los problemas del desarrollo y aprendizaje de los niños, sino que también sobre aspectos culturales y el devenir político e histórico que se veían reflejados en los sistemas educativos y la escuela.

Un aspecto a destacar en este periodo es la subjetividad del investigador que se despliega y constituye en dos hebras: en la docencia y en la investigación. Fueron profesoras y profesores quienes condujeron la investigación educacional en el país desde finales del siglo xix hasta avanzado el siglo xx. Cuando surge la voluntad etnográfica lo hace en oposición a la investigación cuantitativa dominante del periodo, desarrollando un trabajo más bien aislado, fruto de la labor de unos pocos.

De esta forma, durante la década de los años 1980, en contexto de dictadura Militar, la etnografía como oficio constituyó un espacio de subjetivación política, subyaciendo en él un afán revelador, mostrando procesos ocultos y denunciando aquello que se pretendía oculto. Pero creemos que no solo se daban estos procesos de subjetivación por esta acción investigativa-política, sino también por el contacto, diálogo y reflexión con otros actores subordinados, en este caso los profesores y otros actores de la escuela, quienes estaban viviendo crudamente el régimen dictatorial. Creemos que el contacto con los otros, el poder mirarse, el poder dialogar, el poder compartir, constituyeron procesos de subjetivación política crítica en las/os etnógrafas/os de la época.

De hecho, los resultados de las investigaciones en este periodo eran divulgados de mano en mano, en una suerte de "clandestinidad académica". Bajo este ángulo, las subjetividades de las/os etnógrafos/as se conformaban por el miedo en el ejercicio de su quehacer, pero también en la lucha desde el aporte intelectual por abajo.

Ya culminada la dictadura, y en plena democracia transicional, los esfuerzos de la ciudadanía en general, y de los investigadores en particular, estaban enfocados en reconstruir el tejido social y cultural que había sido fuertemente atacado por la dictadura. En este periodo histórico la etnografía escolar se ve enmarcada por la nueva política y las reformas educativas. Conforme a ello, las subjetividades de las/os etnógrafas/os escolares no pueden comprenderse sin la tarea de reconstrucción de una sociedad democrática que animaba no solo a la investigación y política educativa, sino a la naciente ciudadanía en su conjunto. No obstante, también podríamos decir que la subjetividad de las etnógrafas y etnógrafos estaba tensionada, ya que los nuevos encuadres investigativos hacían dificultoso etnografiar, ya sea por lo poco rentable de ser investigador (sobre todo etnógrafo en la escuela), o por el hecho de que dentro de los estudios etnográficos para la reforma primaba tener que referir la etnografía como un conocimiento parcial, siempre acompañado de la estadística. En ese sentido, durante los años 1990 pareciese configurarse una subjetividad parcial o al menos no legitimada dentro del conocimiento para la política, y al mismo tiempo con cierta desazón, no solo por tener que responder a tiempos y lógicas que se generaron a raíz del diseño de políticas públicas, sino también porque la etnografía –la cual había generado cierto reconocimiento y había instalado debate– fue perdiendo gradualmente importancia.

Fue durante el nuevo siglo donde la etnografía se diversificó y amplió, en un contexto social y político marcado por una serie de movimientos sociales que han cuestionado el modelo neoliberal y, particularmente, cómo se ha desplegado este modelo en la educación. Se podría plantear que dicha diversificación ocurre en sintonía con los temas que son agenda de los movimientos sociales. Por ello, han abordado la alteridad, lo étnico, temáticas de género, la vivencia de inmigrantes en la escuela, entre otros. En función de ello, quizás, podríamos estar en presencia de procesos de constitución de subjetividades comprometidas con dar cuenta de estas realidades. Además, sería interesante indagar cómo en este proceso de inserción y contacto con los sujetos estudiados se estaría gestando la constitución de sentidos subjetivos y subjetividades sociales que podrían, eventualmente, ser concomitantes con ciertos significados, valores, acciones y mundos de vida de los sujetos estudiados.

Por otra parte, hay que recalcar que el lugar de enunciación de las etnógrafas y etnógrafos en esta última etapa está marcado por el contexto universitario –enfocado en unas cuantas instituciones– y enmarcado, por tanto, en los financiamientos y políticas de producción de conocimiento. Es desde allí, desde ese lugar, que se han estado constituyendo discursos y subjetividades que han estado sintonizando con las luchas estudiantiles, medioambientales, territoriales, etc.

En síntesis, en estos 30 años de historia se observa que la subjetividad de etnógrafos y etnógrafas, de alguna u otra forma, se ha ubicado en posiciones de subordinación. En los orígenes, surge la voluntad etnográfica como una crítica al paradigma cuantitativo dominante. Así, en plena dictadura, esta perspectiva de investigación se forja en un contexto de resistencia y subordinación general de las ciencias sociales y las humanidades y, dentro de ellas, de la etnografía en particular. Los años de posdictadura evidencian el rol secundario de la etnografía en el tener que ser referida como conocimiento parcial, acompañada de estudios cuantitativos que le dan legitimidad. Finalmente, si bien en los últimos años estamos ante la presencia de un mayor despliegue de espacios donde se están realizando etnografías escolares, no es claro que las condiciones de enunciación de un discurso etnográfico desde la universidad y a partir de fondos potenciarán o limitarán este despliegue.

Para terminar, el balance aquí propuesto nos deja abierta una serie de nuevas preguntas para la actualidad y el porvenir de la etnografía escolar en Chile: ¿qué nuevas temáticas comenzará a abordar la etnografía escolar? ¿Es la etnografía escolar un conocimiento desde lo subordinado hacia lo subordinado? ¿Cómo sería una etnografía sobre las posiciones de dominación en vez de subordinación? ¿Puede la política educativa contribuir al fortalecimiento de la etnografía escolar? ¿De qué forma la etnografía escolar hace política educativa? ¿Qué contextos de producción precisa el trabajo etnográfico para su florecimiento? ¿A cuáles contextos y formas sociales, políticas, culturales e institucionales se verán enfrentados la etnografía y las etnógrafas y etnógrafos en los escenarios actuales y futuros en Chile? En estos escenarios, ¿encontrarán las etnógrafas y etnógrafos, en el ejercicio de su oficio, horizontes de sentido que les permitan activar procesos de configuración de subjetividades sociales? ¿Posibilitarán las etnógrafas y etnógrafos la construcción de nuevas racionalidades, vale decir, apropiarse del conocimiento como una construcción siempre abierta, posibilitadora de una conciencia apropiadora para la transformación histórica y social?

Como se mencionó al comienzo, plantear estas preguntas constituye una invitación a la reflexión, como una forma de abrir la posibilidad de continuar el ejercicio de escritura de una historia en curso.

Introducción

Para esta segunda parte, Debates actuales de la etnografía escolar, convocamos a un grupo diverso de investigadores para que, desde su quehacer etnográfico actual y su reflexión teórica, aportaran una perspectiva amplia de los debates en la investigación educacional y de la contribución que puede hacer en ellos la etnografía. Esta sección es un espacio polifónico y en construcción que pretende continuar abriendo un camino para configurar y posicionar la etnografía escolar en nuestro país.

Invitamos a los autores a reflexionar sobre una serie de interrogantes que permitirían ampliar la discusión teórica sobre la etnografía, así como generar conocimiento de cómo se hace y concibe la etnografía escolar actualmente en Chile. Las preguntas orientadoras fueron: ¿qué problema aborda su investigación?; ¿por qué es relevante abordar este problema desde un enfoque etnográfico?; ¿cómo son los procedimientos que realiza?; ¿cuáles son las oportunidades y limitaciones para el desarrollo del trabajo etnográfico?; ¿de qué forma analiza y reporta el material producido?; ¿qué aprendizajes puede identificar producto de su experiencia etnográfica? Cada autor y autores se hicieron cargo de las preguntas que les resultaban más relevantes. El proceso de escritura de estas reflexiones fue constantemente retroalimentado por nuestro equipo, lo que produjo un diálogo académico que nutrió estos debates. El resultado ha sido un crisol de temas, formas de hacer etnografía y trayectorias que, creemos, refleja la heterogeneidad de la etnografía escolar en la actualidad en Chile.

Esta segunda parte está organizada en dos secciones. La primera de ellas, lleva por nombre "Reflexiones desde el oficio etnográfico y la investigación escolar", y tiene como propósito colocar en discusión distintas formas de abordar el sentido del trabajo etnográfico en general, y de la investigación etnográfica en espacios escolares, en particular.

La primera sección comienza con el capítulo "Etnografía, antropología y etnografía escolar: discusión de coordenadas de desplazamiento para la investigación educativa", de José Isla, quien aborda desde una perspectiva teórica la compleja relación entre etnografía y antropología. El autor muestra el vínculo entre "investigadores" y "nativos", enfatizando la importancia de este vínculo en el potencial de la etnografía para hacer emerger problemas sustantivos y relacionales. Es por ello que Isla expresa que los problemas no pueden *pre-figurarse*, sino más bien deberían *con-figurarse*. En este sentido, la escuela es entendida como un espacio que desborda lo escolar, en eventual diálogo con la comunidad donde esta se asienta, vale decir, como un lugar institucionalizado donde se podrían sintetizar los procesos de configuración social de las comunidades que la rodean.

En este capítulo se resalta la idea de la etnografía escolar como un enfoque donde "los actores de la escuela pasan a ser los actores de la investigación educativa". Los cruces relacionales que la etnografía propicia entre una diversidad de actores son el punto de partida para intensificar la creación de problemas sobre los procesos educativos específicos que tienen lugar en la escuela y, por cierto, de lo social como un horizonte común mayor que le da sentido. Así, este texto se convierte en la puerta de entrada de la sección al situar desde un punto de vista más teórico algunos elementos sustantivos que se debaten hoy en día en torno a la etnografía.

El segundo capítulo, "Entrelazamiento de mi formación como etnógrafo con la de educador", de Carlos Calvo, encarna mediante la narración biográfica de su propia experiencia como etnógrafo elementos significativos enunciados en el capítulo de Isla. Calvo plantea que lo que sucede en la escuela en términos educativos es mucho más amplio y complejo que los procesos de escolarización a los que está sometida. Haciendo uso de una fluida narrativa biográfica va vinculando su ser estudiante con su ser etnógrafo y su ser educador, para afirmar que tanto la escuela como los procesos de escolarización eran cuestiones opuestas a la educación y los procesos educativos. Calvo ejemplifica lo anterior en la idea de que en la educación, a diferencia de la escolarización, hay espacio tanto para el orden como para el caos.

Siendo el más personal y biográfico de todos los trabajos, y siguiendo una estela posestructuralista, este texto aporta a entender de forma mucho más clara qué se quiere decir al afirmar la difícil disociación entre el sujeto etnógrafa/o y la producción de conocimiento. A su vez, es interesante observar cómo los cruces relacionales que enuncia el primer capítulo se ven aquí desplegados en la forma de una experiencia etnográfica de vida, relevándose esta como un componente central para la problematización y la construcción de conocimiento.

El tercer capítulo, "Ampliando y obturando el foco etnográfico en la institución escolar", de Ramiro Catalán, continúa la senda abierta por los capítulos anteriores de discutir la "confusión, o a menudo el "punto ciego" disciplinar, de equiparar lo educativo con lo escolar". El desafío que recoge el autor con la metáfora fotográfica es justamente cómo lograr, ajustando la mirada en la institución escolar, no perder de vista "aquellos procesos, estructuras, prácticas e imaginarios que, siendo externos a la escuela, a la vez la constituyen como tal". A partir de los aprendizajes y limitaciones al realizar etnografía escolar, el autor reflexiona sobre dos tensiones centrales que emergen del trabajo etnográfico en las escuelas: el tiempo y el lugar.

Con este capítulo se cierra una primera sección destinada a reflexionar sobre el oficio etnográfico y la investigación educacional, en donde los autores enfatizan de diversas maneras la forma en que se vincula el estudio etnográfico con un espacio social específico, en este caso la escuela, con problemáticas sociales que desbordan el espacio escolar.

Los cinco artículos de la segunda parte, llamada "Exploraciones etnográficas actuales", se caracterizan por relevar problemas sociales que se expresan y despliegan en el espacio escolar. Problemas concretos en torno al aprendizaje situado, las prácticas mediáticas, el saber pedagógico, la normalidad y la diferencia, y la política educativa cotidiana se tratan en esta sección. Evidentemente, hay cruces constantes con los temas tratados en los capítulos anteriores, sin embargo consideramos que la construcción de los capítulos desde un problema de carácter más nuclear permite distinguirlos de los anteriores.

El capítulo "Aprender, participar e investigar en la escuela: particularidades y desafíos de la etnografía escolar", de Laura Luna, aborda estos aspectos de la etnografía escolar declarados en el título, relevando el aprendizaje como fenómeno social y situacional. Su punto de partida es muy similar al de Calvo, dado que afirma que en la escuela se aprende mucho más que lo contenido en el currículum nacional. Utilizando el concepto de comunidad de práctica, la autora re-interpreta la escuela como un espacio donde relaciones intersubjetivas tienen lugar, poniendo énfasis en la dimensión relacional del aprendizaje. En este sentido, al igual que el trabajo de Isla, instala la necesidad de participación del etnógrafo en las dinámicas de aprendizaje, y se posiciona respecto a la importancia de la mirada antropológica para entender los procesos formativos de niñas y niños en el contexto escolar. Por otra parte, presenta una serie de desafíos que las y los etnógrafos/as encuentran en su participación en las dinámicas escolares, destacando "la dificultad de hacer en la escuela 'extraño lo que es familiar'" y la forma en que la libertad de la etnógrafa "en un contexto tan normado puede ser desconcertante para los miembros de la comunidad escolar". Este texto es un buen ejemplo de una visión más moderna de la relación entre antropología y etnografía que presenta Isla, relevando una visión sociocultural, tanto del aprendizaje en la escuela entendida como una comunidad de práctica, como en el quehacer mismo de la etnógrafa y el etnógrafo.

El siguiente capítulo, "Aprendizajes y prácticas mediáticas en la escuela. Desafíos de la etnografía escolar con jóvenes", de Andrea Valdivia y Minka Herrera, comparte con el trabajo de Luna la conceptualización del aprendizaje desde un enfoque histórico-cultural, donde cobran relevancia las prácticas y normas cotidianas de una comunidad histórica y situada. Este capítulo profundiza en las formas en que los cambios tecnológicos y la cultura digital desafían al aprendizaje que los jóvenes tienen hoy en la institución escolar. Así, la escuela, entendida como un espacio de interacción social, se ve desafiada hoy por nuevos objetos, tales como *smartphones*, *Whatsapp*, *Facebook*, *Instagram*, entre otros. Haciendo un trabajo etnográfico que estimula la participación de jóvenes en un taller de prácticas mediáticas, las autoras conectan parte de sus hallazgos vinculados a la importancia de las organizaciones estudiantiles formales e informales con el trabajo de *Joven y Alumno ¿conflicto de identidad?*, reseñado en la primera parte de este libro. De esta forma se trazan los primeros puentes de continuidad entre la historia de la etnografía escolar y los debates actuales. Lo relevante de este capítulo es la forma en que el trabajo etnográfico de las autoras logra conceptualizar y construir al joven como creador digital en la práctica pedagógica, intentando poner en acción la importancia dada a la interacción social como condición para el aprendizaje; interacción que, por cierto, impacta directamente en su quehacer como etnógrafas, como bien lo dejan ver en su capítulo. Asimismo, en este trabajo podemos ver cómo el constante cambio tecnológico que nos desafía como especie se articula con debates de larga data sobre el papel que cumple la participación activa del educando en los procesos de aprendizaje.

El capítulo "La orientación etnográfica en el diseño metodológico de una investigación educacional", de Nolfa Ibáñez y Sofía Druker, es un trabajo de investigación que se ha realizado con orientación etnográfica. Una de las investigadoras comenta que "la inquietud de indagar en este ámbito no tuvo que ver con la disciplina antropológica, sino que surgió de la reflexión sobre la propia práctica" marcando una interesante diferencia con los capítulos precedentes que están más cerca de la tradición disciplinar antropológica. Destaca que de este esfuerzo y necesidad de reflexionar sobre la propia práctica pedagógica se haya llegado a algo muy similar al trabajo etnográfico. Con diversos dispositivos, tales como los "registros de relato", se propiciaban narraciones de la cotidianeidad docente que permiten reflexionar sobre la práctica pedagógica. El foco en el saber pedagógico tiene una larga trayectoria y permite vincular lo que sucede en el día a día con las intencionalidades sociales otorgadas en distintas épocas, mostrando una vez más la conexión entre los procesos cotidianos que tienen lugar en la escuela y lo social. El saber pedagógico es para las autoras "un fluir relacional habitual" del contexto, vinculándose mucho su perspectiva con la enunciada por Calvo, pues, al igual que él, no creen que este saber pueda ser reductible a una mirada lineal del aprendizaje. Con dicha conceptualización del saber pedagógico este capítulo es un muy buen ejemplo de cómo la investigación con orientación etnográfica puede construir una teoría original y propia, que permita observar problemas distintos en el espacio escolar.

Por otra parte, el capítulo "Etnografía de la normalidad", de Claudia Matus y Carolina Rojas, enuncia en su título la mirada que dirigen hacia el espacio escolar. Utilizando la dualidad normalidad y diferencia buscan radiografiar etnográficamente el espacio escolar intentando organizar las relaciones sociales que allí se despliegan basadas en esta polaridad. Ellas declaran que aquello que significamos como diferente en la escuela, solo es posible en la medida que entendamos que existen identidades que han sido construidas como normales en ella.

En este trabajo, recalcan las autoras, ha sido muy importante abrir un constante espacio de reflexión y crítica a las propias categorías con que el etnógrafo o la etnógrafa observa y registra como una forma de desestabilizar identidades que son normales para quien investiga. Este trabajo se inspira en posiciones epistemológicas posestructuralistas, intentando deconstruir lo normal no solo en el espacio escolar, sino también en la subjetividad de quien cree observar imparcialmente.

Finalmente, el capítulo "La etnografía en el estudio de los procesos de construcción cotidiana de política educativa en espacios escolares", de Jenny Assaél, Felipe Acuña, Paulina Contreras y Eduardo Santa Cruz, se centra en los procesos de re-contextualización y traducción de las políticas educativas que hacen las comunidades escolares. En las escuelas, afirman los autores, se realiza trabajo político. Así, el texto describe cómo el equipo de investigación fue complejizando su forma de entender la política educativa en el devenir de su trabajo etnográfico, siendo muy útil para observar la racionalidad constructora de conocimiento del equipo de investigación, procesos de cambio subjetivo de carácter colectivo que hoy en día no tienen espacios de divulgación. Los resultados del trabajo son expuestos en estrecha conexión con los cambios epistemológicos que el propio quehacer etnográfico va produciendo en el equipo. Así, se puede observar no solo qué conocimiento va produciendo una etnografía en el tema específico de la traducción de las políticas educativas, sino el potencial de cambio que la etnografía tiene como enfoque de trabajo en quienes deciden realizarla.

Esperamos que esta sección, que ha contado con una serie de investigadoras e investigadores que realizan actualmente etnografía escolar en Chile, logre ser un espacio diverso en términos temáticos, como también en sus aproximaciones epistemológicas y metodológicas. A su vez, estos cinco capítulos permiten visualizar las conexiones, trazos y nuevos rumbos de continuidad - discontinuidad que ha experimentado la etnografía escolar dentro de su historia en Chile, estableciendo puentes con la primera parte de este libro.

Con todo ello, quisiéramos estimular a quienes están interesados en la investigación en espacios escolares a rescatar los aportes de la etnografía escolar en Chile, como también a que las y los investigadores en educación se desafíen a "etnografiar" sus propias prácticas de investigación.

A. Reflexiones desde el oficio etnográfico y la investigación escolar

Etnografía, antropología y etnografía escolar: discusión de coordenadas de desplazamiento para la investigación educativa

José Andrés Isla

> En realidad, no hay nada de falso en lo que [L. H. Morgan] dice, pero tampoco es verdad. Lo que sucede es que no sabe realmente de qué está hablando[1].
>
> Víctor Turner (1988)

En las últimas décadas un acercamiento etnográfico a la escuela adquirió cartas de ciudadanía. Esta irrupción alude a algunos de los problemas y desafíos actuales de la investigación educativa, así como también a la especificación del enfoque etnográfico en antropología a fines del siglo xx. Siguiendo estas pistas, este artículo pretende mostrar una cierta reconfiguración de la disciplina antropológica que deriva en nuevas definiciones de lo etnográfico, que a su vez impactan en la investigación educativa por la vía de la constitución de lo que llamamos etnografía escolar. Se trata de bosquejar unas coordenadas que permitan posicionar la promesa que la etnografía realiza a la investigación educativa, a la vez que plantear algunas definiciones que permitan posicionar la etnografía escolar como oficio investigador y como discurso antropológico.

Etnografía y Antropología: coordenadas de desplazamiento

En el marco de las ciencias sociales, desde comienzos del siglo xx, la etnografía ha sido asociada estrechamente con la antropología. Sería inútil enumerar aquí la enorme lista de monografías etnográficas que han puesto a la antropología en el mapa de las ciencias sociales. Sin embargo esta relación entre etnografía y antropología puede resultar bastante más compleja e intrincada de lo que aparece a primera vista. Desde luego, han transcurrido épocas en que las cre-

---

[1]   Comentario de algunos iroqueses luego de leer el libro que L. H. Morgan les dedica. Rescatado por V. Turner (1988: 14).

denciales «científicas» de la etnografía han sido muy resistidas fuera de la antropología, e incluso esta sospecha se instaló en ciertos momentos dentro de la antropología misma. A la duda «epistemológica» anterior debe agregarse una duda «política» respecto del potencial gesto colonial involucrado en el acto etnográfico fundamental de desplazamiento hacia los «nativos».

Encerrada entre una crítica epistemológica (de «derechas») y una crítica política (de «izquierdas»), la antropología ha experimentado vaivenes en su intento por fundar un saber original fundado etnográficamente. Así, la primera mitad del siglo xx ve derivar la antropología desde la implicación etnográfica total de Malinowski hasta la distancia cauta de Lévi-Strauss. No obstante lo anterior, desde la década de 1970, animada por dos procesos de reconfiguración cuyos detalles analizamos un poco más adelante, la antropología parece haber dejado atrás sus dudas epistemológicas y políticas, siguiendo caminos que no hicieron otra cosa que sofisticar y estrechar su asociación con la etnografía. De esta manera, hoy por hoy, la estrecha asociación e incluso la identificación entre antropología y etnografía suena un tanto obvia en el circuito global de antropólogos. Sin embargo, fuera de ese circuito global, la estrecha asociación entre antropología y etnografía no resulta tan obvia en países alejados como Chile, donde la antropología nunca ha terminado de asociarse positivamente con la etnografía. Esto redundará, por ejemplo, en el escaso protagonismo de la antropología en la investigación educativa en Chile y en la marginalidad del abordaje etnográfico de las escuelas respecto del debate sobre educación.

Independientemente de otras consideraciones, la estrecha asociación entre antropología y etnografía no debe entenderse en ningún caso como una asociación exclusiva. Verdaderas joyas de la etnografía, como *Asylums* u otras obras de E. Goffman, muestran ya en la década de 1960 la madurez de una tradición etnográfica asociada con la sociología. Se trata en este caso de un abordaje etnográfico enfocado como una microsociología dirigida a la comprensión del sentido de la situación que los actores ponen en escena en circunstancias específicas de interacción. Esta tradición etnográfica sociológica resulta de una continuidad cuya genealogía se remonta a los trabajos pioneros de los sociólogos urbanos de Chicago desde la década de los años 1920, en buena medida influenciados a su vez por la tradición etnográfica clásica de la antropología[2].

Los trabajos de E. Goffman en particular, así como la tradición norteamericana de sociología etnográfica en general, influyeron grandemente en las etnografías escolares realizadas en el contexto norteamericano desde los años

---

[2]   El mismo Goffman, durante su formación doctoral, realizó un trabajo etnográfico a la manera antropológica clásica en las islas Shetland (Escocia). En las ciencias sociales es normal que los caminos se crucen más de una vez y en más de un sentido.

1960. Concluimos entonces donde empezamos. Si bien hay buenas razones para asociar estrechamente la etnografía con la antropología, resulta también totalmente correcto asociarla con la tradición sociológica. Lo mismo vale respecto de la geografía, y en menor medida respecto de otras ciencias sociales. El abordaje etnográfico desborda los límites de la antropología y se proyecta hacia otras tradiciones, las que a su vez han influenciado a la etnografía escolar. Tal vez no resulte excesivo recordar que A. Giddens propuso en la década de los años 1970 una fundamentación formal del conjunto de la investigación social en clave etnográfica:

> El observador sociológico no puede tornar asequible la vida social como un «fenómeno» para la observación, independientemente de utilizar su conocimiento sobre la misma a modo de un recurso mediante el cual la constituye como un «tema de investigación». En este sentido, su posición no es diferente de la de cualquier otro miembro de la sociedad; el «conocimiento mutuo» no es una serie de ítems corregibles, sino que representa los esquemas interpretativos que tanto los sociólogos como los legos utilizan, y deben utilizar, para «entender» la actividad social, o sea, para generar caracterizaciones «reconocibles» de esta.
>
> La inmersión en una forma de vida es el medio único y necesario por el cual un observador puede producir tales caracterizaciones [«reconocibles»][3].

Si bien puede aparecer hoy como una definición un tanto ingenua, podemos percibir en la propuesta por Giddens ciertos aires de familia que marcan el lenguaje y delinean el piso conceptual de lo que comenzamos a entender por etnografía: «conocimiento mutuo», «esquemas interpretativos», «formas de vida», «caracterizaciones reconocibles», etc. Para comprender su significado volvamos un poco atrás y reconsideremos lo que hemos llamado las "muy buenas razones" para asociar la etnografía con la antropología, pues esta asociación resulta particularmente importante precisamente cuando nos ponemos frente a la necesidad de avanzar una definición más que puramente procedimental respecto de la etnografía.

Despejada ya la supuesta exclusividad antropológica de la etnografía, de todas maneras permanece un dato imposible de soslayar: la discusión antropológica respecto de la etnografía se encuentra en el corazón de la discusión antropológica respecto de la misma antropología. No se trata, como ya hemos

---

[3] No resulta para nada extraño que Giddens proponga esta fundamentación explícitamente etnográfica como una de las Nuevas Reglas del Método Sociológico. Cf. Giddens (1987: 165)[versión original en inglés de 1976].

sugerido, de que exista entre los antropólogos un consenso respecto al lugar de la etnografía, pero ningún antropólogo es indiferente a esta discusión. Por decirlo de alguna manera, esta discusión respecto al lugar de la etnografía representa por sí misma uno de los *leit motiv* del debate antropológico[4]. Como es de esperar, las consecuencias de este debate han sido relevantes para las sucesivas y progresivas reconfiguraciones de la antropología. Pero lo que interesa aquí es enfocarnos en las consecuencias que el asunto plantea para la etnografía. Estas consecuencias, demás está decirlo, se remontan al impacto duradero que provocaron los trabajos de B. Malinowski en Melanesia en las primeras décadas del siglo xx. Sin embargo, para los fines del presente artículo, queremos concentrarnos en dos momentos reconfigurativos de la relación entre antropología y etnografía verificados en las décadas finales del siglo xx.

El primero de estos momentos reconfigurativos gira en torno a la obra de C. Geertz, quien al menos desde la década de los años 1970 fijó un lenguaje y un estándar aún predominantes para la comprensión antropológica de la etnografía[5]. En este discurso, tributario de la herencia de un buen número de corrientes centrales en las ciencias sociales del siglo xx, Geertz fusionó la comprensión de la antropología y de su objeto con la etnografía, en lo que él llamaba "una teoría interpretativa de la cultura", donde

> Creyendo con Max Weber que el hombre es un animal inserto en tramas de significación que él mismo ha tejido, considero que la cultura es esa urdimbre y que el análisis de la cultura ha de ser por lo tanto, no una ciencia experimental en busca de leyes, sino una ciencia interpretativa en busca de significaciones[6].

Como bien sabemos, la influencia de la propuesta de Geertz fue enorme. Con él, una buena parte de la antropología anglosajona giró hacia una comprensión simbólica de la cultura y una definición interpretativa de la misma antropología. Esto se tradujo en una redefinición fenomenológico-hermenéutica de la etnografía, muy en la línea de las Nuevas Reglas del Método que proponía Giddens. El producto de este desplazamiento fue una amplia variedad de «descripciones densas» (un concepto que llegó para quedarse) dirigidas a generar

---

[4]   El mejor resumen disponible respecto de este debate, desde una posición favorable a esta identificación entre antropología y etnografía, puede encontrarse en Geertz (2002). Para buscar un contrapunto, el artículo de Ingold (2008) plantea un giro renovado a un clásico argumento contrario a la identificación total entre antropología y etnografía: la necesidad de relevar el ideal comparativo del conocimiento antropológico.

[5]   Cf. Geertz (1994) y Geertz (2003).

[6]   Cf. Geertz (2003: 20).

«caracterizaciones reconocibles» de las «formas de vida» con las que interactúan los antropólogos. Se trató de operar sobre el terreno y, sobre todo, en la fase reflexiva posterior de manera análoga a como se descubre las diferencias entre los tics oculares y los guiños de complicidad (el ejemplo genial que Geertz tomó de G. Ryle).

> [Resulta errada esa visión de] la investigación antropológica que la concibe más como una actividad de observación y menos como la actividad de interpretación que en realidad es. Apoyándonos en la base fáctica, la roca firme (si es que la hay) de toda la empresa, ya desde el comienzo nos hallamos explicando y, lo que es peor, explicando explicaciones. Guiños sobre guiños sobre guiños (…) El análisis consiste pues en desentrañar las estructuras de significación —lo que Ryle llamó códigos establecidos, expresión un tanto equívoca, pues hace que la empresa se parezca demasiado a la tarea del empleado que descifra, cuando más bien se asemeja a la del crítico literario— y en determinar su campo social y su alcance (...) la etnografía es descripción densa. Lo que en realidad encara el etnógrafo (salvo cuando está entregado a la más automática de las rutinas que es la recolección de datos) es una multiplicidad de estructuras conceptuales complejas, muchas de las cuales están superpuestas o enlazadas entre sí, estructuras que son al mismo tiempo extrañas, irregulares, no explícitas, y a las cuales el etnógrafo debe ingeniárselas de alguna manera para captarlas primero y para explicarlas después. Y esto ocurre hasta en los niveles de trabajo más vulgares y rutinarios de su actividad: entrevistar a informantes, observar ritos, elicitar términos de parentesco, establecer límites de propiedad, hacer censo de casas ... escribir su diario. Hacer etnografía es como tratar de leer (en el sentido de "interpretar un texto") un manuscrito extranjero, borroso, plagado de elipsis, de incoherencias, de sospechosas enmiendas y de comentarios tendenciosos y además escrito, no en las grafías convencionales de representación sonora, sino en ejemplos volátiles de conducta modelada[7].

Con los años Geertz radicalizó su apuesta en un sentido contrario a la ambición universalista que guiaba a la antropología, liderada en esa época por C. Lévi-Strauss (la *bête noire* de Geertz). Lo que la etnografía realmente aspira a comprender, propuso Geertz, remite a una suerte de «conocimiento local» que dota de sentido específico e intenciona la relación entre los símbolos que constituyen la cultura y su campo social[8]. Conviene decir que esta opción por una

---

[7] Geertz (2003: 24).
[8] Cf. Geertz (1994).

161

etnografía entendida como interpretación comprensiva del «conocimiento local» nos resulta particularmente interesante para los fines de este artículo. Con ella, manteniendo una ambición holística, se plantea para la etnografía una redefinición de su vocación, abandonando una aspiración formalista y sistematizante (y por ende, representacional) para girar hacia una intención substantivista norepresentacional, cuando no directamente antirrepresentacional.

> ¿Quién conoce mejor el río (adoptando una metáfora que el otro día leí a propósito de algunos libros de Heidegger): el hidrólogo o el nadador? Formulado así, la respuesta depende de lo que se entienda por «conocer» y, de lo que se espere conseguir. Atendiendo al tipo de conocimiento que más necesitamos, queremos, y que hasta cierto punto podemos conseguir en las ciencias humanas, la variedad local, aquella que tiene el nadador o que, al nadar, puede desarrollar, puede al menos mantenerse por sí misma frente a la variedad general, aquella que tiene el hidrólogo o que reivindica que algún método le aportará pronto. De nuevo, no se trata de la configuración de nuestro pensamiento, sino de su vocación[9].

El dato fundamental del contexto asociado a esta radicalización de la perspectiva etnográfica, progresivamente delineada por Geertz, remite a la crisis de fundamentación de las ciencias humanas derivada del progresivo vaciamiento de las epistemologías representacionalistas. Se trata, como es sabido, de un desplazamiento dinamizado por la recepción de las críticas que, cada uno por su lado, realizaron L. Wittgenstein y M. Heidegger al paradigma de la representación[10]. Las ciencias humanas, hasta ese momento ferozmente orientadas a la construcción de modelos y representaciones de la realidad social, comprendidos como «explicaciones» dotadas de exterioridad y objetividad, a la vez que explícita o implícitamente orientados a la intervención de lo social. Precisamente a esa crisis de autocomprensión de las ciencias sociales remite la incorporación de las categorías wittgensteinianas por Giddens, así como la incorporación de las metáforas heideggerianas que nos propone Geertz. Lo interesante aquí es que la antropología, precisamente por su punto de partida etnográfico, siempre arrastró consigo la sospecha de que sus modelos y sistemas no eran lo suficientemente buenos o rigurosos. A pesar de todo el esfuerzo gastado en acceder a la

---

[9]   Geertz (2002: 111).

[10]   Si bien *La época de la imagen del mundo* puede ser considerado el texto sintético más representativo de la crítica heideggeriana de la representación, se trata en realidad de un tema que cruza buena parte de las obras de este autor. Cf Heidegger (1998). En el caso de la recepción de Wittgenstein, las *Investigaciones Filosóficas* son sin duda la obra que gatilló el debate en las ciencias humanas anglosajonas. Cf Wittgenstein (2002).

certificación de sus capacidades modelizadoras, la antropología siempre estuvo lejos de salir de la sombra de la sospecha respecto a sus verdaderas credenciales «científicas». El motivo principal de esta sospecha: la etnografía. Como generaciones de antropólogos lo aprendieron con ambigua resignación, la etnografía resulta particularmente poco apta para la construcción de modelos y para la estabilización de categorías representacionales. Todo lo contrario. La etnografía resultó particularmente apta para la deconstrucción de modelos y para la desestabilización de sistemas. No se trata de un problema epistemológico, sino de su «vocación»: creación de conceptos más que construcción de modelos.

Las principales críticas a la concepción de la antropología defendida por Geertz vinieron desde el campo cognitivista, a partir del cual se desarrolló un verdadero paradigma antropológico alternativo, que derivó a su vez en una comprensión alternativa de la etnografía[11]. La tensión entre antropología simbólica y antropología cognitiva renovó el debate teórico anglosajón en las postrimerías del siglo xx.

Ahora quisiéramos poner nuestra atención en la segunda reconfiguración que vino a renovar la apuesta etnográfica de la antropología. Se trata de algo que podemos llamar, provisionalmente y a falta de una etiqueta más clara, una Nueva Teoría Etnográfica[12], el movimiento que renovó la antropología a fines del siglo xx. Para ir directo al punto, en boca de uno de sus principales referentes, la Nueva Teoría Etnográfica se planteó seriamente el dilema

> entre dos concepciones de la antropología, y la necesidad de escoger entre ellas. De un lado, tenemos una imagen del conocimiento antropológico como resultando de la aplicación de conceptos extrínsecos al objeto: sabemos de antemano qué son las relaciones sociales o la cognición, el parentesco, la religión, la política, etc., y vamos a ver cómo tales entidades se realizan en este o aquel contexto etnografico… De otra parte (y este es el juego aquí propuesto), está una idea del conocimiento antropológico como envolviendo la presuposición fundamental de que los procedimientos que caracterizan la investigación son *conceptualmente* del mismo orden que los procedimientos investigados. Esta equivalencia en el plano de los procedimientos, subráyese, supone y produce una no-equivalencia radical de todo lo demás. Pues, si la primera concepción imagina cada cultura o sociedad como encarando una solución especifica de un problema genérico –o como rellenando una

---

[11]   El mejor ejemplo de la puesta en práctica etnográfica de esta antropología cognitiva puede ser el texto de Hutchins (1995).

[12]   Entendemos entonces al periodo formativo de la antropología como una *Teoría Etnográfica Clásica.*

forma universal (o concepto antropológico) con un contenido particular–, la segunda, al contrario, sospecha que los problemas ellos mismos son radicalmente diversos; sobre todo, ella parte del principio de que el antropólogo no sabe de antemano cuáles son [estos problemas]. Lo que la antropología, en ese caso, pone en relación son problemas diferentes… El "arte de la antropología"… es el arte de determinar los problemas…[13].

Este desplazamiento del foco etnográfico hacia el "arte de determinar los problemas" desde dentro del contexto etnográfico y como despliegue del ejercicio etnográfico, en lugar de considerarlos preconfigurados desde fuera del contexto etnográfico, provocó una verdadera revolución que ha impulsado la relación entre antropología y etnografía a una nueva síntesis de inusitada intensidad. De pronto las categorías genéricas con las que la antropología hizo su camino ya no significaban unívocamente lo que habían significado siempre, sino que pasaban a ser negociadas como un componente del tipo de relación social especial que constituye la situación etnográfica. Por el mismo camino, la antropología redescubrió lo que debía conceptualmente a los pueblos y las personas con las que había hecho y hacía su camino.

La nueva comprensión de la actividad de los antropólogos que propone esta *Nueva Teoría Etnográfica* permite derivar una comprensión de la etnografía que a su vez desplaza algunos grados las reglas del juego

El «antropólogo» es alguien que discurre sobre el discurso de un «nativo». El nativo no necesita ser especialmente salvaje, o tradicionalista, tampoco natural del lugar donde el antropólogo lo encuentra; el antropólogo, por su parte, no necesita ser excesivamente civilizado, o modernista, ni siquiera extranjero al pueblo sobre el que discurre. Los discursos, el del antropólogo y sobre todo el del nativo, no son forzosamente textos: son cualquier práctica de sentido. Lo esencial es que el discurso del antropólogo (el «observador») establezca una cierta relación con el discurso del nativo (el «observado»). Esa relación es una relación de sentido o, como se dice cuando el [discurso del antropólogo] se pretende la Ciencia, una relación de conocimiento. Pero el conocimiento antropológico es inmediatamente una relación social, pues es el efecto de las relaciones que constituyen recíprocamente al sujeto que conoce y al sujeto que él conoce, y la causa de una transformación (toda relación es una transformación) en la constitución relacional de ambos.

Esa (meta)relación no es de identidad: el antropólogo siempre dice, y

---

[13] Viveiros de Castro (2002: 116-117) [traducción nuestra].

por tanto hace, otra cosa que el nativo, incluso cuando pretende no hacer nada más que redactar «textualmente» el discurso de este o que intente dialogar –noción dudosa– con él. Esta diferencia es el efecto de conocimiento del discurso del antropólogo, la relación entre el sentido de su discurso y el sentido del discurso del nativo[14].

Por supuesto, hay en esta propuesta una rebelión posestructuralista contra la sentencia (devenida también un tanto ingenua) de Giddens respecto de que "todos los actores sociales […] son teóricos sociales"[15]. No se trata, como es obvio, de negar la capacidad reflexiva y la agencia de los actores, sino de afirmar el carácter específico del «juego de lenguaje» que despliega la etnografía: el arte de hacer emerger problemas conceptuales desde el cruce relacional entre «antropólogos» y «nativos».

> Que el nativo sea un sujeto, [de eso] no hay la menor duda; pero lo que pueda ser un sujeto, es precisamente lo que el nativo obliga al antropólogo a poner en duda. Esta es la «cogitación» específicamente antropológica[16].

Hacer emerger desde la experiencia etnográfica los problemas mismos, no simplemente las soluciones para problemas ya preconfigurados. Las soluciones van y vienen con los debates de los investigadores. Los problemas quedan.

Como insinuamos en un principio, las dos revoluciones que han marcado la relación entre antropología y etnografía en los últimos 40 años enmarcan el horizonte de posibilidades, los desafíos y los límites de lo que entendemos hoy por la etnografía. Quisiéramos, para finalizar este acápite, solo remarcar algunas ideas que se desprenden de este marco. En primer lugar, y solo para despejar un tópico común aunque totalmente descaminado: la etnografía no alude a algo así como una metodología cualitativa. Ni siquiera podemos definir a la etnografía estrictamente como una metodología. Por lo mismo, no existe ni puede existir el Manual de Etnografía que resolvería la investigación con independencia de la experiencia relacional real de los investigadores. Se trata de una forma de comprender la investigación social y, sobre todo, como aclara Geertz, de comprender su «vocación». Esta forma de comprender la investigación social no se parapeta dentro de los muros de la antropología, sino que se proyecta a otras

---

¹⁴ Viveiros de Castro (2002: 113-114) [traducción nuestra].
¹⁵ Como lo planteaba M. Strathern 20 años antes: "Está muy bien que Giddens afirme que 'todos los actores sociales […] son teóricos sociales' pero la frase es vacía si las técnicas de teorización tienen [entre ellas] poco en común" Strathern (1987: 30-31) [traducción nuestra]
¹⁶ Viveiros de Castro (2002: 118-119) [traducción nuestra].

ciencias humanas y a las búsquedas transdisciplinarias como la investigación educativa. La condición insuperable para la realización de la etnografía reside en la emergencia real de una relación entre «investigadores» y «nativos» que deriva en un cruce relacional entre sujetos capaz de hacer emerger problemas sustantivos y, a su vez, conceptos relacionales. Los problemas no pueden prefigurarse, deben configurarse. Y en esa relación de configuración deben progresivamente, por medio del debate y la crítica, proyectarse como conceptos y ganar en intensidad. Parafraseando a Viveiros de Castro (que a su vez parafrasea a A. Gell), en ese proceso de configuración conceptual relacional e intensiva consiste el arte de la etnografía.

La Etnografía Escolar como desplazamiento intensivo de la investigación educativa

La investigación educativa en Chile durante los últimos 40 años no se ha construido centralmente desde un enfoque etnográfico ni antropológico. Sin embargo, a pesar de su hasta ahora escasa penetración en Chile, la etnografía y la antropología plantean un conjunto de desafíos y posibilidades que las han vuelto sorpresivamente populares entre los investigadores en educación. Esta popularidad remite en buena medida al conjunto de desplazamientos disciplinarios que animan a la Etnografía Escolar, que podrían proyectar desde la antropología algunas posibilidades de reconfiguración para la investigación educativa. Intentemos brevemente bosquejar estos desplazamientos.

Cuando en 1967 fue publicada la monografía pionera de H. Wolcott dedicada a una aldea kwakiutl y su escuela, ubicadas en la Columbia Británica (Canadá), comenzaban a hacerse populares el lenguaje y el estilo de la etnografía fuera de los límites de la antropología[17]. Tomemos como dato el hecho de que se trataba de una versión mejorada de la Tesis presentada por Wolcott para obtener su grado de Doctor en Antropología, así como que fuera realizada siguiendo los cánones normales de una monografía etnográfica para ser leída por antropólogos, y que versara sobre uno de los grupos amerindios más estudiados por

---

[17] "El libro describía la vida de un profesor –yo– y su clase en una remota aldea india en la costa de la Columbia Británica, Canadá. El lugar me proporcionaba un estudio etnográfico estándar. No había manera de equivocarme con el enfoque (...) Comencé el informe con la vida en la aldea, empleando categorías de comportamiento cultural existentes en aquella época –por ejemplo, la organización social, el control social, la visión del mundo– y después centré la atención en la clase" Wolcott (2007: 282)

los antropólogos norteamericanos durante el siglo xx[18]. El trabajo de Wolcott resultaba, en suma, totalmente familiar y reconocible para los antropólogos. La verdadera novedad de la obra de Wolcott alude a su impacto pionero en la reflexión conceptual y metodológica asociada a la investigación educativa.

Un efecto parecido al provocado por el texto pionero de Wolcott (1967) se asocia a la publicación en 1974 de la monografía de J. Ogbu (un antropólogo nigeriano formado en EE.UU.) dedicada al comportamiento escolar de jóvenes negros y chicanos habitantes de un barrio periférico de una ciudad californiana. En este caso, además de resultar reconocible para los antropólogos, se trataba de una monografía familiarizada con la ya aludida tradición de sociologías etnográficas surgidas de la Escuela de Chicago.

No parece para nada claro que sea posible hablar todavía de un "giro etnográfico" de la investigación educativa, pero pocos expertos discutirían que a partir de trabajos como los de Wolcott y Ogbu emergió un acercamiento etnográfico a la escuela que se presentó como una posibilidad de intensificación y sofisticación de la investigación educativa. En ese momento de irrupción de las etnografías escolares se plantearon al menos dos innovaciones que conviene señalar. En primer lugar, no está de más recordarlo, se propuso para la investigación educativa un abordaje que se reconoce en una explícita comprensión antropológica de la etnografía. En segundo lugar, este nuevo enfoque etnográfico introdujo (en un principio tímidamente) un desplazamiento del foco de la investigación. Por decirlo de alguna manera, se propuso ir desde un acercamiento al *proceso educativo* considerado en términos genéricos y analíticos, hacia un enfoque localizado e intensivo centrado en la escuela. Como resulta fácil de ver, ambas innovaciones se relacionan estrechamente y, en buena medida, se co-definen.

El primer incentivo que desplaza el foco de atención hacia la escuela se relaciona directamente con la necesidad antropológica de dotar de especificidad y «realidad» a la investigación. Tal como proponía Geertz, se trata de una investigación construida desde un lugar «real» y que apunta al conocimiento y la experiencia de «alguien» para hacerla sustantiva[19]. En palabras del propio Wolcott:

Tenemos que resistir la irresistible tentación de generalizar. Hay que olvidarse de las ideas totalizadoras como la de "antropología del Estado", o las preocupaciones globales perseguidas por algunos colegas. Tenemos

---

[18]   Franz Boas, considerado el padre fundador de la antropología norteamericana, dedicó gran parte de su carrera al estudio de los *kwakiutl*. Pero no solo Boas y otros antropólogos norteamericanos se fijaron en ellos. Famosos en todo el planeta antropológico por su ritual de intercambio agonístico (*potlach*), los *kwakiutl* también figuran como protagonistas del que posiblemente sea el paper más relevante en toda la historia de la antropología, el *Ensayo sobre el Don* escrito por M. Mauss.

[19]   "Todo «conocimiento local», es sustantivo, pertenece a alguien …" Geertz (2002: 111).

algo que aportar a tales relatos, pero desde una perspectiva orientada a la persona no podemos escribirlos nosotros mismos. Hay que quedarse con el caso que se tenga a mano, con el que uno conozca mejor. No es tan difícil de alcanzar y es donde nuestros estudios pueden ser más incisivos[20].

Como es de esperar, este desplazamiento hacia una etnografía de la escuela supone una cierta tensión creativa con la tradicional vocación genérica de la investigación educativa. Los resultados a alcanzar por una etnografía escolar no necesariamente harán alusión a una «antropología de la educación» (ni mucho menos a una «ciencia de la educación»). La escuela aparece etnográficamente configurando una paradoja que hace mucho tiempo tensiona la investigación educativa: la educación en buena medida se desarrolla fuera de la escuela y en la escuela se realiza mucho más que educación[21]. En contraposición, la consideración de la escuela como lugar real permite dar cuenta del mismo nexo capital que exploraron inicialmente Wolcott y Ogbu: el nexo que comunica (o no) a la escuela con la comunidad donde se asienta, permitiendo la consideración de la escuela como un lugar institucionalizado que sintetiza (o no) los procesos de configuración social que la rodean.

Una vez producido el salto a la escuela entendida como lugar «real», resulta sencillo despejar la frecuente confusión del enfoque etnográfico con las metodologías cualitativas. Instalado en la escuela y expuesto a la relación (transformación constituyente) con las personas y los grupos que en ella se desenvuelven, el investigador no puede resignarse a la inscripción de lo que las personas (o los grupos) *dicen* respecto de la escuela y su mundo[22]. Y tampoco puede prescindir de la inscripción de estos *decires*. De manera análoga, el investigador no debe prescindir, por principio, de ninguna narración (externa o interna) respecto de la escuela. Sin embargo, el gesto etnográfico fundamental reside en que el investigador debe exponerse a construir una narración propia·respecto de lo que las personas (o los grupos) *hacen* sobre la escuela y su mundo. Tenemos buenas razones para pensar que en la re-flexión respecto de la distancia que emerge entre lo que las personas (o los grupos) *dicen* y lo que el investigador inscribe acerca de lo que las personas (o los grupos) *hacen* surge un cruce relacional que permite la aparición de una dimensión más profunda de problemas metodológicos y conceptuales, generados desde la misma experiencia etnográfica. De

---

[20]   Wolcott (2007: 292)

[21]   Esta paradoja se encuentra al origen de algunas de las etnografías escolares más importantes producidas en Chile. Cf Edwards *et al.,* (1995) y Cerda *et al.,* (2000).

[22]   Este decir es básicamente del orden de la conversación grupal y no del discurso del individuo. No nos llamemos a engaño. El individuo es solo un tópico específico o un dispositivo retórico al interior de la conversación. Cf Canales (2013: 184-186).

esta manera, los actores de la escuela pasan a ser los actores de la investigación educativa. No en un sentido ingenuo, sino en un sentido intensivo. Los problemas surgen de experiencias reales y las soluciones conceptuales (siempre provisorias) son deudoras de las personas que se constituyen por medio de las relaciones que transforman la escuela. Toda relación es una transformación. Y la escuela es un «lugar» de transformación, un «lugar» para devenir otro, es decir, para ser «alguien». Lo que necesitamos entonces es una disciplina de investigación capaz de experimentar relaciones significativas para «alguien» y problematizar conceptualmente las transformaciones constituyentes. Significación subjetiva, transformación relacional y configuración conceptual se configuran así como los vértices de la promesa de intensificación que la etnografía ofrece a la investigación educativa.

Podemos considerar la declaración programática anterior como el marco para una definición mínima de la investigación etnográfica de la escuela: la búsqueda desde el «lugar» real que se constituye en cada escuela de las significaciones vividas por los actores y de los cruces relacionales que permitan intensificar la creación de problemas y conceptos capaces de mejorar simultáneamente nuestra comprensión de procesos educativos específicos, así como de las escuelas como escenarios de convivencia y constitución de lo social.

En el caso de la situación específica de Chile la declaración de principios anterior permite pensar en la emergencia de un nuevo trato entre la antropología y la investigación educativa a partir de la revalorización contemporánea de la escuela como escenario de la experiencia etnográfica. Este nuevo trato implica re-atrapar sobre la marcha la deriva antropológica que supuso la emergencia de la Descripción Densa y, sobre todo, de la Nueva Teoría Etnográfica. De esta manera, asumiendo que toda caracterización es una interpretación significativa, es necesario sumar al aprendizaje etnográfico microsociológico y micro-descriptivo desarrollado en la década de los años 1990[23] un nuevo énfasis interpretativo de las significaciones con que los actores viven las escuelas que habitan. A su vez, asumiendo que toda interpretación es una relación y que toda relación supone un desplazamiento conceptual, es necesario incorporar la configuración *in situ* de nuevos conceptos que fundamenten etnográficamente la emergencia de nuevas formas de comprender y pensar la escuela. Viejos conceptos (educación, escuela, juventud, cultura, etc.) pueden de esta manera derivar en nuevas significaciones que precisen de nuevas relaciones. Tal como aconteció en el pasado, la etnografía de la escuela parece contar en el presente

---

[23] Estamos pensando, por ejemplo, en las investigaciones señeras realizadas por los equipos dirigidos por V. Edwards (1995) y por A. M. Cerda (2000).

con algunas de las claves antropológicas que desplazan a la investigación educativa hacia nuevos horizontes.

Referencias

Canales M. (2013). *Escucha de la escucha*. lom, Santiago de Chile.

Cerda A. M. *et al.* (2000). *Joven y alumno: ¿conflicto de identidad?* lom-piie, Santiago de Chile.

Edwards V. *et al.* (1995). *El liceo por dentro*. Santiago de Chile: mineduc.

Geertz C. (2003). *La interpretación de las culturas*. Barcelona: Gedisa.

Geertz C. (2002). *Reflexiones antropológicas sobre problemas filosóficos*. Barcelona: Paidós.

Geertz C. (1994). *Conocimiento local: ensayos sobre la interpretación de las culturas*. Barcelona: Paidós.

Giddens A. (1987). *Las nuevas reglas del método sociológico*. Buenos Aires: Amorrortu.

Goffman E. (2007). *Internados. Ensayos sobre la situación social de los enfermos mentales*. Amorrortu, Buenos Aires.

Heidegger M. (1998). *Caminos del bosque*. Madrid: Alianza.

Hutchins E. (1995). *Cognition in the wild*. Cambridge, Mass.: mit Press.

Ingold T. (2008). Anthropology is *not* ethnography. *Proceedings of the British Academy, 154*, 69-92.

Ogbu J. (1974). *The next generation: an ethnography of education in an urban neighborhood*. New York: Academic Press.

Strathern M. (1987). The Limits of Auto-Anthropology. En A. Jackson (org.), *Anthropology at home* (pp. 16-37). Londres: Tavistock.

Turner V. (1988). *El proceso ritual*. Madrid: Taurus.

Viveiros de Castro E. (2002). O nativo relativo. *Mana, 8*(1), 113-148.

Wittgenstein L. (2002). *Investigaciones filosóficas*. Barcelona: Crítica.

Wolcott H. (2007). Etnografía sin remordimientos. *Revista de Antropología Social, 16*, 279-296.

Wolcott H. (2003). *A kwakiutl village and school*. Walnut Creek, CA.: Altamira Press.

Entrelazamiento de mi formación como etnógrafo con la de educador

Carlos Calvo

Inicios

Mi encuentro formal con la etnografía se remonta al tiempo en que realizaba estudios de posgrado vinculando la antropología con la educación. En ese tiempo pretendía ser un antropólogo educacional, a pesar de que a fines de los años 1970 no se conocía esa especialidad en Chile, excepto por un reducido número de antropólogos y por muy pocos profesores. Llegué a ella a partir de mis estudios formales para ser profesor de Filosofía en la Universidad Católica de Valparaíso. Casi sin percatarme me fui sintiendo atraído por la antropología filosófica. Al pensar en mi posgrado –que por razones históricas lo realicé en la Universidad de Stanford, Estados Unidos, y no en la Universidad de La Sorbona, Francia, con la que había soñado desde chico imaginando iría a vivir y estudiar en París, ciudad de la que leía cómo la filosofía la conversaban en los cafés y los artistas pintaban en las calles–, tomo conciencia sobre cómo nuestra vida se desenvuelve y entreteje junto a bifurcaciones y emergencias que configuran diversos futuros posibles.

Los sueños infantiles se nutrían de la fantasía que me regalaban los barcos que salían y llegaban a Valparaíso; los observaba desde mi cama de la casa familiar del cerro Cordillera, sin sospechar en ese entonces que iba a dedicar mi vida al estudio y la investigación rigurosa, no por ello menos lúdica. Contemplaba los cerros de Valparaíso con su diversidad tan desordenada, así como a Viña del Mar a la distancia y al océano Pacífico ilimitado, sin pretender descubrir nada en especial, sino simplemente por el placer gratuito de observar una y mil veces el mismo paisaje, siempre igual, pero siempre cambiante por sutilezas, muchas veces inapreciables, hasta que el cambio estaba consumado. La curiosidad me llevaba a reparar en esas mudanzas buscando saber si podía anticipar cuándo ocurriría una nueva transformación, por ejemplo cuando se iba formando La Silla del Gobernador, que anunciaba que llovería.

Muchísimas veces no supe anticipar esas transformaciones imperceptibles mientras iban ocurriendo –ese es el sentido del *estar-siendo-ocurriendo*–, pero todas ellas fueron alimentando de manera silenciosa y sin prisa mi gusto por la observación constante y permanente de aquello que *no se ve a simple vista*, pero que se muestra gracias a señales delicadas que se pueden descubrir y, en muchos casos, anticipar. Me llevaría años reconocerme como etnógrafo de tiempo completo, de día y de noche, en el trabajo y en las vacaciones.

La observación diaria del paisaje de Viña del Mar y de Valparaíso, así como el caminar por sus calles, me mostró que Viña era como la mujer que "se mira, pero no se toca", ordenada, pulcra y que mantiene distancia; en cambio Valparaíso era como la joven que se desea conocer explorando sus misterios. De niño no lo entendía bien, pero era un *senti-pensamiento* que alimentaba mis cavilaciones. Con los años estableceré la analogía de que la escuela es a Viña del Mar como la educación es a Valparaíso: en la primera prima el orden, mientras que en la segunda predomina el caos, que no es el desorden escolar indisciplinado, sino la condición de la emergencia y la creación. Los procesos escolares están orientados hacia la repetición, en tanto que los procesos educativos son creaciones de relaciones inéditas por parte del educando.

Escuela y escolarización

Como para muchas personas en todo el mundo, mi permanencia en la escuela no fue estimulante, sino más bien aburridora, a pesar de que muchos temas eran ciertamente atractivos. Por el contrario, lo que siempre me provocaba era la vida que bullía ante la ceguera y la sordera de mis profesores. Esta situación es extraña, puesto que todos ellos fueron alumnos, pero la mayoría lo han olvidado, convirtiéndose en *profesores a-históricos*, sujetos que niegan su historia. Es curioso el hecho de que los alumnos, que no han sido profesores, son expertos en ellos y los manipulan o desquician a destajo, mientras que los profesores no manifiestan haber aprendido de su condición de alumnos.

Como estudiantes nos provocaban las bromas, los golpes, el sacarle el sandwich al compañero, empujarle la silla para ver si se caía o distraerlo cuando disertaba, copiar en las pruebas o jugar a la táctica naval, mucho más que la materia que nos dictaban o las pizarras que debíamos copiar en los cuadernos. En las clases no encontrábamos desafíos académicos genuinos que despertaran nuestro entusiasmo.

Por nuestra cuenta, fuera del aula, aprendíamos enactivamente –aunque Francisco Varela era pequeño y todavía no anunciaba su aporte–, con todo nuestro cuerpo en medio de sorpresas caóticas no previstas, bifurcaciones y emergencias, mientras que, en la clase formal, tradicional, que mal convivía con la informalidad del currículum oculto, tratábamos de aprender con la razón, con el orden y la coherencia. No lo podíamos hacer, excepto si repetíamos hasta lograr meternos los contenidos en la cabeza listos para responder la prueba lo antes posible, pues el riesgo del olvido era altísimo.

Años de estudio formal, con escasos y débiles aprendizajes, convivían con los mismos años de aprendizaje informal, ricos en relaciones y sutilezas, la mayoría de las cuales de poco servían, de acuerdo con los criterios oficiales de la escuela. La tensión no resuelta entre unos y otros perjudicaba los procesos de escolarización. Si en aquel tiempo hubiésemos rendido el SIMCE, con toda seguridad nuestros resultados hubieran sido bajos.

Tanto el mundo exterior como el mundo secreto de las aulas –en su *informalidad caótica*, rica y diversa–, desafiaban a diario nuestra comprensión y valoración ética, de una manera tal que nunca el discurso de la clase de religión lograba provocar la misma conmoción en nosotros. Después de engañar con alguna mentira, comprobábamos cómo habíamos perjudicado a nuestro compañero; presenciábamos la agresión injusta a un chico y, sin reconocerlo, nos dábamos cuenta de nuestra impotencia cobarde para defenderlo, o cómo callábamos ante el hurto de un dulce o la copia en la prueba. Me llamaba la atención lo fácil que resultaba engañar a los profesores –nunca tuve profesoras mujeres en la escuela–, lo ingenuo de su comportamiento de educadores y lo poco que les importaba si aprendíamos, porque destinaban toda su atención a reprendernos, indolentes antes el hecho de que nunca les hacíamos caso, excepto en el primer momento en que aparentábamos sumisión. Era el imperio *de la simulación y el disimulo*. Simulábamos que prestábamos atención como buenos estudiantes, mientras disimulábamos nuestros otros comportamientos. Con los años me percato de que muchos profesores hacen como que enseñan y muchos estudiantes hacen como que aprenden.

A ratos vislumbraba puentes que unirían esos mundos tan dicotomizados, pero pronto se esfumaban y no volvían jamás. Sus regularidades, sin embargo, fueron conformando patrones ambiguos, diversos y sugerentes, que no cobrarían forma hasta muchísimos años después. Sin mayores dificultades aprendíamos a movernos en las dos culturas, mientras que nuestros profesores y los directivos solo se manejaban en una, aquella del control vía castigo, sin que consideraran por qué nos atraía tanto la indisciplina y que nuestros ritmos de atención y distracción fueran constantes, a pesar de sus reiterados y cansadores llamados al silencio, al orden, a prestar atención a sus dictados, a no "pajaronear", etc.

Cuando años después realizaba mi tesis doctoral sobre el profesor taxi en Chile (Calvo, 1979) –que fue el primer estudio de etnografía educacional realizado en el país– y asistía a los consejos de profesores, me sentí apabullado por el desconocimiento abismante que los docentes tenían del mundo juvenil y la ocultación de todo lo que tuviera que ver con lo no oficial, usualmente referido a temas administrativos. No afirmo que lo desconozcan en un sentido radical, sino, conociéndole, lo ignoran como si por olvidarlo no existiera. Esta situación es análoga al ocultamiento de la sexualidad. En ambos casos se trata de la negación *política* del sujeto y, por lo tanto, de su cuerpo en sus diferentes expresiones.

El proceso de escolarización, que es formal, se impone por sobre los procesos educativos, que son informales, en las exigencias de aprobación de las asignaturas. Con este procedimiento se encubre la paulatina pero inexorable gestación de la privación cultural, en la medida que los estudiantes no aprenden a descodificar los diversos códigos culturales con los cuales deben tratar a lo largo de la vida; por la misma razón, tampoco aprenden a integrar los nuevos saberes, sean formales o informales. Crecen convencidos de que hay que aprender contenidos y no de que el aprendizaje es creación de relaciones.

Años después, mientras enseñaba en la Universidad Católica de Temuco, gracias a una estudiante universitaria comprendí que la educación –y, por lo tanto, el aprendizaje–, consiste en un *proceso de creación de relaciones posibles* que el alumno, solo o con la ayuda de un mediador, transformará en *relaciones probables*, y de allí, en *relaciones realizables*. Esto difiere de la orientación predominante en los procesos escolares que trastrocan lo educativo en escolarizado en lo que todo deviene *repetición de relaciones preestablecidas*. Para la mayoría de los estudiantes el proceso termina allí. Las excepciones son extrañas.

Como estudiante secundario decido estudiar psicología en la universidad, probablemente para entender la dinámica de estos procesos contradictorios. Visto en retrospectiva, fue afortunado que el director de la Escuela de Psicología de la Universidad Católica de Chile me considerara inmaduro para cursar esos estudios y me sugiriera volver al año siguiente. Gracias a un razonamiento totalmente erróneo, decido estudiar filosofía porque mi profesor de filosofía me enseñó esa disciplina en el colegio. Estudiar filosofía me encantó de tal modo, que olvidé la psicología y no repostulé. ¿Qué hubiera pasado si hubiese estudiado esa carrera? Aunque es imposible saberlo, la pregunta guarda el misterio de las bifurcaciones y emergencias que enriquecen la complejidad de la vida.

Paulo Freire

Una coincidencia fortuita, como la que me llevaría a Estados Unidos en vez de a Francia y muchas otras a lo largo de mi vida, me permitió conocer a Paulo Freire mientras cursaba el segundo semestre universitario. En su oficina, junto a una compañera de la Universidad Católica de Valparaíso, nos enseñó su pensamiento y cómo concebía el proceso de alfabetización. Sus argumentaciones dialógicas me hicieron pensar como no lo había hecho antes; además, su "portuñol" imperfecto me cautivó. Con el tiempo descubriré que la *imperfección* es fantástica y que es una de las características que más potencia y fortalece a la educación informal, porque obliga a *improvisar* favoreciendo la emergencia de *procesos intuitivos*; mismos procesos que la escuela proscribe porque no sabe qué hacer con ellos, pero que los científicos aceptan denominando *serendipia*: el descubrimiento intuitivo al que llegan sin saber cómo y muchas veces durante el sueño (Lewis, 2013), pero a condición de encontrarse trabajando concentrada y sistemáticamente (Roberts, 1992).

Freire nos desafió con unos pocos conceptos que entrelazaba conformando patrones de complejidad creciente (Holland, 2014) despertando nuestras reflexiones inéditas, llenas de asombro, confusiones y pocas claridades. Parecía un artista mostrándonos el mundo. Siempre esperaba que dijésemos algo, que usáramos la palabra. Si bien en ese momento no vislumbraba la importancia que tendría como el *educador del siglo XXI*, me sentía inhibido ante su presencia, pero nunca me sentí "sin voz" ante él. Aquello fue suficiente para que me animara a peregrinar por el fascinante y complejo territorio educacional, y a no quedarme en el estudio minucioso de mapas asépticos que describen el territorio sin mostrar la tensión que generan sus contradicciones y paradojas.

A pesar de la influencia que Freire ejerció en mi comprensión de la educación, me resultó difícil liberarme de las tentaciones de la escolarización (Calvo en Doin, 2012; Velasco, 2012), en gran medida porque había aprendido a sortear las dificultades escolares gracias a que eran bastante previsibles, de tal manera que era sencillo anticipar las respuestas a las preguntas que me formularían en las pruebas. La mayoría de las preguntas consultaban por las causas que provocaban diversos efectos.

Fue un compañero de curso de secundaria quien me enseñó el secreto para hacer "torpedos" y copiar en las pruebas: solo había que fijarse en lo más importante de la materia –las causas– para saber qué nos irían a preguntar, excepto alguna que otra pregunta engañosa formulada para pillar al tramposo, es decir, al alumno que se limitaba a aprender de memoria una respuesta. En síntesis, el regalo de mi amigo escondía una riqueza invalorable que ninguno de los dos vislumbró en esos años: si lograba descubrir lo importante ya tenía en mi mano la información a partir de la cual podía elicitar nuevas informaciones y avanzar desde las relaciones posibles hacia las relaciones probables. Había dado en el meollo del proceso educativo y de la mediación. Lo triste es que en ese momento ni lo sospeché, pero de tanto hacer "torpedos" lo fui descubriendo. Qué duda cabe que hubiese sido mucho mejor y más enriquecedor el que mis profesores me hubieran ayudado a descubrirlo.

Esta situación es clave y marca la diferencia entre un proceso educativo *mediado* por el profesor y el proceso escolar de imposición de una respuesta, ya que nuestros profesores siempre nos enseñaban cuáles eran las causas y sus efectos en las distintas asignaturas, pero no nos ayudaban a que las descubriéramos encontrando regularidades y patrones; por el contrario, al insistir en las respuestas nos negaron las preguntas, la búsqueda y la equivocación.

A medida que pasaba el tiempo, y de forma paralela y complementaria a estos hechos, la influencia que Paulo Freire ejercía en mí comenzó a molestarme, no porque me confundiera, sino porque en su pensamiento encontraba explicación a todo lo que iba experimentando y aprendiendo. Ciertamente que no era asunto de Paulo, sino mío, al encajonarlo como proveedor de las explicaciones que necesitaba. Mi postura me dañaba sin dejarme avanzar. Avanzar significaba que necesitaba confundirme cuando intentara comprender un nuevo proceso o revisar los que creía conocer. Descubrí que no quería verdades, sino riesgos. En ese momento decidí no volver a leer los escritos de Paulo Freire, mi maestro. Estaba intentando "matar al buda".

Etnografía a tiempo completo

De Freire aprendí que todo lo que hace el ser humano es cultura, por lo tanto, todo ser humano es culto. No es suficiente que haga cultura, sino que debe comunicarla, para lo cual Freire reconoce que cada persona tiene el *derecho a decir su palabra*. Esa palabra no es el vocablo formal, que repite lo que otros dijeron, sino aquel que descubre creando nuevas relaciones entre personas, procesos, imaginarios u objetos, en fin, relaciones originales en la experiencia e historia personal y comunitaria, aunque pudiesen ser antiguas en la experiencia de otros. En este sentido, la consabida respuesta escolar expresada como "eso ya se sabía", "eso lo dijo fulano de tal" o "esto es más viejo que el hilo negro", son respuestas escolares que inhiben y reprimen el aprendizaje educativo, y que alimentan la *privación cultural*, negando el derecho a explicarse el mundo y sus complejidades. Lo anterior no es la consecuencia inevitable de la pobreza, sino la de procesos escolares que no han sido liberadores. Al educar, no al escolarizar, el educador observa al educando *situado*, tanto en lo que dice y anuncia, como en aquello que *no expresa, pero que el silencio denuncia*, para ayudarle a bosquejar sus inquietudes, dudas e incertidumbres, a fin de que las transforme en argumentos y acciones diversas cargadas de sentido político.

Curiosamente, dos situaciones históricas diferentes, por una parte la Dictadura Militar (1973-1990) –que nos forzaba a buscar aquellos recovecos y hendiduras que nos permitieran seguir siendo educadores, sorteando represiones y dificultades diversas– y por otra, las exigencias académicas de los estudios del posgrado, me confrontaron con el hecho de que las respuestas escolares, por claras y bien fundadas que parecieran, no servían para la vida ni para mejorar la calidad de la educación. Si quería aprender debía arriesgarme a tener por compañeras a *la equivocación y la improvisación*.

La observación etnográfica me ha mostrado una y mil veces que solo improvisa bien quien se ha equivocado muchas otras. Improvisar implica la capacidad de procesar numerosas alternativas en brevísimo tiempo y elegir intuitivamente la mejor. Si bien no se puede improvisar racionalmente, la reflexión ayuda a mejorar las improvisaciones futuras (Gladwell, 2005). En este sentido, la observación constante y sistemática nos ha permitido encontrar regularidades que dan cuenta de *patrones emergentes*, que se organizan como quien diseña un fractal o, si se prefiere, un mandala. Esto lo voy develando con avances y retrocesos, a través de comprensiones y confusiones que llegan y se van para volver a aparecer, siempre similares, nunca idénticas. De este modo voy enhebrando sinérgicamente mi rol de educador con el de etnógrafo, pues en ambos casos siempre debo atender no solo a las relaciones racionales que infiero, sino también a los chispazos intuitivos que surgen aparentemente sin razón ni motivo.

Con la práctica docente y etnográfica fui descubriendo que se es educador y etnógrafo todo el tiempo; lo somos incluso cuando dormimos, pues es en el sueño donde principalmente establecemos relaciones inéditas que podrían iluminar nuestra búsqueda sugiriéndonos rutas no previstas racionalmente. Lamentablemente estas relaciones son tan efímeras que, si no las escribimos o grabamos apenas tomamos conciencia de ellas al despertar, desaparecen para siempre. Son "chispazos" holísticos. Manfred Max-Neef, premio Nobel alternativo, nos contó que siempre deja en el velador una libreta para anotar las ideas que se le ocurren al dormir.

Podríamos especular sobre cuál sería el escenario científico y artístico si sus cultores hubiesen o no prestado atención a aquellas intuiciones. Como es imposible saberlo, solo nos cabe el asombro ante todo lo que podría haber sido posible, por lo que no devino probable y no se pudo realizar. La pasión con la que acometemos nuestro trabajo favorece la inspiración. Se cuenta que a Picasso le preguntaron si existía la inspiración, a lo que respondió categóricamente que sí, pero que a uno lo debía encontrar *apasionadamente ocupado*. Wilson (2014), el gran mirmecólogo, señala sin ambages que la pasión es más determinante que la preparación, pues, llegado el caso, siempre podremos encontrar a un experto que nos ayude, pero sin pasión nos quedamos empantanados.

No debemos confundir la claridad con que se explica un nuevo hallazgo científico, especialmente en las revistas especializadas, con el laborioso proceso que ha permitido arribar a él. La racionalidad con la que damos cuenta del mismo es posterior a ese proceso plagado de confusiones, logros parciales, avances quiméricos, destellos impresionantes, retrocesos frustrantes, que a muchos desalienta y les hace optar por investigar lo que ya se sabe y no explorar territorios ignotos.

Análogas al carácter fugaz y efímero de las intuiciones son aquellas ocasiones en que el etnógrafo puede vislumbrar esa señal sutil en una interacción que da pie a la emergencia de una regularidad que podría devenir en un patrón cultural de enorme significación. Lo mismo le sucede al educador que debe estar permanentemente observando las expresiones de sus alumnos para captar e interpretar las señales equívocas que les envían sus educandos. Esto es equivalente a lo que hace el fotógrafo que carga su cámara todo el tiempo para captar con la lente el detalle que hará que su fotografía sea artística. Ninguno de los tres sabe cuándo aparecerá la ocasión que jamás volverá a presentarse; tampoco lo pueden anticipar, aunque la experiencia –el olfato– siempre ayuda.

La tesis doctoral y la etnografía

La lectura de una etnografía que da cuenta de los prejuicios contra estudiantes negros en Harlem, Nueva York (Rosenfeld, 1971), así como la de un director de una escuela urbana en Estados Unidos (Wolcott, 1973), gatillaron mi decisión de realizar una etnografía como parte de mi tesis doctoral (Calvo, 1979), guiada por George Spindler, pionero de la antropología educacional en Estados Unidos (Spindler, 1964, 1973, 2000, 2006), y desafiada por mis profesores, los economistas Martin Carnoy y Henry Levin, entre otros.

Bajo la institucionalidad del Programa Interdisciplinario de Investigación en Educación (PIIE), en Santiago durante el año 1977, investigué al "profesor taxi" en Chile, el que trabajaba simultáneamente en un liceo y en un colegio particular de élite. Fueron solamente dos docentes, una profesora y un profesor de biología, quienes aceptaron que durante todo el año académico estuviera en sus clases, en sus desplazamientos y, si era necesario, en sus casas, conociéndoles en profundidad. La experiencia fue fascinante, al revelarme el mundo que ocultamos a las miradas cotidianas, pero que la mayoría, si no todos, conocemos con algún detalle, aunque preferimos ignorar algunas de sus manifestaciones. El proceso de etnografiar se convirtió en mí en una provocación permanente que me llevaba a prestar atención constante al devenir, sin volverme ansioso ni desesperarme. A lo largo del tiempo, después de muchísimas horas de observación en diferentes contextos, fui descubriendo que la mejor atención es aquella que no pretende fijarse en nada en particular, sino aquella que deja fluir el proceso, como si no se estuviera concentrado, tal como fluye el agua bajo el puente. Se trata de estar atento sin estarlo. Claro está que hay momentos en los cuales la atención se focaliza en lo que nos interesa develar, como cuando *casualmente* reparé en que los profesores enseñan o conversan con sus estudiantes sin estar todo el tiempo plenamente conscientes de ello, porque lo olvidan a los pocos segundos:

El profesor, director de la escuela rural mapuche, enseña las fracciones a un alumno. Ambos están parados: el alumno frente a la pizarra y el profesor en el dintel de la puerta. Siete compañeros siguen las explicaciones del profesor y las anotaciones de su compañero.

El muchacho en la pizarra escribe lo que el profesor dicta y los resultados de su razonamiento. El profesor explica con claridad y afecto. Nada ni nadie los distrae. Todos prestan atención concentradamente. El alumno logra resolver los ejercicios.

Esta situación dura veinte minutos y al finalizar el alumno regresa a su asiento. En ese momento dos madres mapuches piden hablar con el Director. El profesor pide permiso a sus alumnos y abandona la sala para atender a las mujeres. Demora unos cinco minutos. Cuando regresa a la sala, vuelve a afirmarse en el dintel de la puerta y pregunta amablemente a sus ocho alumnos:

—A ver, qué guachito no ha pasado a la pizarra —mientras recorre con la mirada sus caras.

Después de esperar unos segundos, le pregunta al mismo alumno con quien recién estuvo trabajando veinte minutos ininterrumpidamente:

—A ver, tú, que no has pasado a la pizarra, ¿por qué no vienes? —al tiempo que lo individualiza señalándolo con el dedo.

El niño, que hacía cinco minutos estuvo cara a cara, en una interacción intencionada y precisa, trabajando con el profesor, se desconcierta y mira a sus compañeros y a mí, indagando por una explicación.

El profesor no se dio cuenta del desconcierto del niño, excepto cuando este de manera tímida y respetuosa le dijo que ya había estado en la pizarra, a lo que el profesor le contestó:

—¿En serio?

No era duda sobre la veracidad del niño, sino de desconcierto.

Posteriormente, fuera de clase, conversé en profundidad con el profesor sobre esta situación. Simplemente no se había dado cuenta. Al parecer trabajaba en ciertos momentos en un nivel no consciente. Cabía determinar si esta era una situación atípica y, por lo tanto, totalmente extraña y descartable, o si acaso había encontrado una veta de oro. Lo conversé con mi co-investigador, Prosperino Cárdenas, profesor de la Universidad Católica de Temuco, Chile, quien se sorprendió de la situación al igual que yo, de la misma manera como sucede con quienes he conversado este hecho. Ambos nos comprometimos a canalizar nuestra atención hacia este hecho (Calvo, Catalán y Salgado, 1998). Las observaciones y registros subsecuentes están repletos de situaciones parecidas. A saber, en otra escuela, también con alumnos mapuches, sucedió algo parecido:

El profesor saluda a sus alumnos de pie a la entrada de la sala de clases. Conversa con cada alumno y le hace preguntas personales sobre su familia, totalmente atingentes: si el papá ya regresó de la Argentina; si la vaca ya se mejoró o si pudieron arreglar el tractor. Los niños responden y conversaron con su maestro. Una vez que todos saludaron y conversaron con su profesor, los niños se descalzan, quedando en calcetines para no ensuciar el piso encerado, y toman asiento en sus bancas individuales.

El profesor se traslada a su pupitre y sentado pasa la lista de asistencia. Es amable y suave. Nombra uno a uno a sus pupilos que responden: "Presente, profesor". Cuando nombra a la niñita a quien preguntó si su padre había regresado de la Argentina, se queda mirándola y le dice:

—Guachita, ¿a qué hora llegaste?

La niñita, tímidamente y un tanto asustada, le responde con voz muy tenue:

—Hace rato profesor… conversamos en la puerta"[1].

Estos sucesos los etnografié con pocos días de diferencia. Ambos docentes no se acordaban de que habían interactuado con sus alumnos de manera pertinente, atenta y delicada. Cabe señalar que ambos profesores básicos eran excelentes educadores, conocían muy bien a sus alumnos, y eran valorados por ellos y la comunidad educativa.

La evidencia etnográfica nos sugiere que los profesionales realizamos nuestras tareas con una atención bifocal: consciente en algunos aspectos y subconsciente en muchos otros. Esto nos permitiría desarrollar una argumentación coherente o sostener una charla pertinente, pero que a los pocos segundos olvidamos completamente. Me animo a señalar que se trata de una mezcla –o será mejor decir, una sinergia– entre la atención consciente y la subconsciente, lo que nos permitiría ahorrar energía mientras estamos atentos a diversas fuentes de información que reclaman nuestra atención con urgencia. Quién sabe si esta es una estrategia evolutiva que hemos desarrollado a lo largo de milenios (Dobelli, 2011).

El descubrimiento de esta situación fue como encontrar un territorio ignoto que nos confundía con su topografía. La sorpresa mudó en estupor al comprobar que no era extraño ni atípico, más bien era frecuente en la práctica escolar. Habíamos descubierto un patrón regular presente en nuestro *ethos pedagógico*. Inicial-

[1] Investigación realizada gracias al apoyo de la Dirección de Investigación de la PUC.

mente consideramos que se trataba solo de un problema ocasional que afectaba a los profesores, probablemente causado por la rutina y el cansancio; sin embargo, a medida que pasaba el tiempo y observaba las interacciones y conversaciones de diferentes personas, profesionales y no profesionales, fui acumulando evidencia de que este fenómeno es común a todos nosotros en todas las circunstancias.

Cabe resaltar el hecho de que un descubrimiento de este tipo solo es posible gracias a la observación sostenida y constante en el tiempo; por el contrario, es muy difícil de descubrir con observaciones de pocas horas o días, tal como muchos hacen hoy diciendo que realizan una investigación etnográfica, y es casi imposible cuando se aplica un cuestionario o se realiza una entrevista. La razón es muy simple: la emergencia no es anticipable en su primera manifestación, pues ella no está contenida en las partes que la componen, sino que es el resultado de la sinergia generada a partir de esa complementariedad.

Caos y educación

A la par de este tipo de experiencias tuve un encuentro –que califico de copernicano– cuando un amigo y exalumno me hace llegar un texto de divulgación de Marilyn Ferguson (1998) sobre la crisis del paradigma científico. En él me encuentro con la teoría del caos, la que me permite comprender que todo lo que había etnografiado por años correspondía a una tensión entre procesos que se espera que sean lineales, coherentes y previsibles –o, si se quiere, planificables prolijamente– y aquellos que son emergentes, caóticos y no planificables en detalle, excepto en sus líneas más gruesas. Fue un descubrimiento copernicano.

A partir de entonces nada fue igual en mi comprensión de la educación, pues la escuela y sus procesos de escolarización se me presentaron claramente como opuestos a la educación y a los procesos educativos. Confundirlos es un error tan profundo, que mientras no lo superemos seguiremos realizando reformas escolares, aunque se les llame "educacionales", que atenderán solo a los aspectos formales y no a lo sustantivo del proceso de aprendizaje –lo que esto no significa que no sean importantes–. Una fábula de Borges (1999) me ayuda a darle un nombre breve y una descripción directa a estas diferencias entre educación y escuela: los procesos educativos son el territorio, mientras que la escuela es el mapa que representa dicho territorio (Calvo, 2014).

La escuela ha mapeado el territorio educativo y no deja que sus actores deambulen descubriendo sin orden previo ni objetivo final, solo gozando del placer lúdico que regala la indagación. Por supuesto que no hay que confundir este proceso de aprendizaje con aquel del investigador experimentado que ya ha acotado el ámbito de su investigación, aunque también este debe explorar lúdicamente los campos para aguzar su mirada. Si no lo hace será un repetidor –posiblemente un excelente repetidor–, pero no un creador.

Durante varios años hemos investigado etnográficamente la omnipresencia enriquecedora del caos en los procesos educativos; caos que perturba tan radicalmente a los procesos escolares, en gran medida porque no se comprenden sus características (al confundirlo con la indisciplina, por ejemplo) ni se valoran sus aportes en la provocación de situaciones emergentes (Calvo *et al.*, 1998). La investigación de la tensión entre orden y desorden en los procesos educativos nos conduce al reino del *estar-siendo-ocurriendo*, donde todo es proceso cambiante y cuyos resultados –si se quiere se les puede llamar productos– son todos provisorios, porque están cambiando gracias a las relaciones que van emergiendo en el proceso de aprendizaje, que puede conducir al saber, a la ignorancia –cuando se pregunta por lo aprendido– o a un terreno difuso entre el saber y el ignorar (Rancière, 2014).

En este contexto, el pensamiento dicotómico –"sabe o no sabe", tan arraigado en la cultura escolar– tiene poco valor (salvo en casos extremos) para los procesos educativos, en los cuales una lógica difusa –*fuzzy logic* (Kosko, 1995) o la lógica trivalente aymara: "sí, quizá sí o quizá no, no"– permite comprender que el aprendizaje es dinámico, porque una vez iniciado el proceso el educando nunca más estará en uno de los extremos: sabe o no sabe, sino que *estará sabiendo o estará ignorando*. Cuando el educando *está aprendiendo* es todo su ser quien aprende enactivamente. Esta es una de las razones por las que los procesos educativos son tan potentes, pues en ellos el educando es y está, mientras que en los procesos escolares solamente está, pero no es, pues está enajenado.

Gracias a lo anterior, tiene sentido afirmar que el *educando está aprendiendo cuando se está confundiendo*, o que mientras más aprende se vuelve más ignorante. A la generación de doctores en educación que se graduaron en el programa que he dirigido les he dado a cada uno un certificado –que lo he hecho a título exclusivamente personal y que no tiene validez legal alguna, pero sí mucho valor simbólico–, en el que certifico que al graduarse son más ignorantes que cuando ingresaron al Doctorado.

Además, investigar etnográficamente el papel del caos en los procesos educativos nos ha permitido comprender aspectos maravillosos sobre el carácter lúdico del aprendizaje, que todos sabemos porque hemos jugado en la calle, sin planificación ni objetivos claros, solo por el mero placer de hacerlo, de no saber el resultado y alegrarnos por lo que está ocurriendo. Dado que en el juego simulamos y disimulamos constantemente, aprendemos a poner en juego nuestras creencias y certezas. El sentido y goce reside en la incertidumbre que genera confundir a los otros, incluso a uno mismo, pues ni siquiera el jugador tiene seguridad de que controla todas las variables. Esto es análogo a la grata sensación de sentirnos mareados, cuando girábamos y girábamos rápidamente para no saber equilibrarnos. La emoción no la provoca la certeza, sino la incertidumbre. La riqueza del desafío radica en sospechar adónde puede conducir una ruta, pero ignorar el final. El juego permite la anticipación, gracias a la estrategia, pero sin tener certeza de lo que acontecerá, pues cualquier cambio, por menor que sea, puede alterar el devenir de los acontecimientos. Cuando el niño juega a ordenar piedras, no anticipa nada; simplemente ordena o desordena. Ninguna intención es primera por sí misma. Si algo está ordenado, lo desordena; por el contrario, si no lo está, lo ordena. No hay orden sin caos, ni caos que no se oriente hacia el orden. Orden o caos son indistintos en el juego, así como en todo proceso de enseñanza y de aprendizaje. Se va del uno al otro, al modo como el científico va de la hipótesis a la síntesis que lo lleva a una nueva hipótesis. En el juego no hay prisa (Domènech, 2009), sino goce constante, aunque con frecuencia se sufra por el esfuerzo sostenido.

El carácter lúdico del proceso educativo es convergente y divergente. La convergencia sirve para consolidar aprendizajes, destrezas y otorgar sentido a sí mismo y al mundo; sin embargo la convergencia solo sirve hasta cuando se vuelve rutina. Cuando el niño juega la percibe claramente. En ese momento se lanza apasionadamente a la divergencia, al desorden, que lo mantendrá ocupado hasta que perciba que le perturba, que necesita quietud; entonces comenzará a ordenar. Lo hará sin interrupción mientras se sienta libre; esto es, mientras lo sea. Esta tensión es nutriente de la innovación. El niño simplemente juega, va del orden al caos constantemente; jamás se encuentra en alguno de los extremos; por el contrario, siempre se halla en medio de un "orden desordenado" o de un "desorden ordenado". Cuando es obligado a jugar formalmente se cansa y aburre rápidamente, como al inicio de un cumpleaños infantil, que se ha planificado para cumplir algunas exigencias rituales. Los niños, mientras asisten al desarrollo ritual, se debatirán entre el deseo de salir corriendo y el de esperar unos instantes. Si no termina pronto, los organizadores corren el riesgo de que el festejo se les escape de las manos, pues los niños habrán arrancado en tropel, brincando y gritando, por el placer de brincar y gritar. Los niños aceptan el ritual por su carácter excepcional, que lo perderá si se repite con frecuencia. El niño busca el desafío, por lo que va directamente al desorden.

Sin exagerar, se puede decir que la motivación básica del niño está en encontrar el peligro. Le fascina y lo encuentra rápidamente, lo que cansa a cualquier adulto encargado de su seguridad. Su relación con el peligro no es patológica —tanática— ni de enfrentamiento, sino dialógica; no busca dominarlo sino hacerse uno con lo peligroso. Vive de acuerdo con una dialéctica sinérgica y no de exclusión; se deja fluir en el devenir peligroso, sin oponerle resistencia, a pesar de todos los riesgos que conlleva. Evidentemente que al adulto le corresponde minimizar los riesgos, pues el niño descansa en la seguridad de que encontrará oportunamente la respuesta necesaria. No se presiona por ello; solo la encuentra y la usa. No sabe por qué le atrae ni tiene por qué saberlo a temprana edad, solo se deja fluir en la confianza que su ser encontrará la respuesta. Hay allí una sabiduría innata de cuyo nombre y características podremos discutir, pero será difícil negar su existencia. Claxton (1999) nos informa que el cerebro no siempre funciona mejor cuando analiza, sino que en muchas ocasiones hay que confiar en el inconsciente que sabrá encontrar las mejores opciones, en la medida que se confíe en él. Esto no es baladí, pues expresa que la relación del ser humano consigo mismo y con el mundo es de colaboración antes que de enfrentamiento; tampoco se trata de la supervivencia del más fuerte, sino de la cooperación en la aceptación de los peligros que encierra el desafío (Calvo, 2005).

Aprendizaje y mediación

La constante observación de cómo enseñamos y cómo aprendemos, enriquecida por la continua reflexión sobre estos procesos, acogiendo sus contradicciones y paradojas, fue mostrándome que la mayoría, si no todos los profesores que logran que sus alumnos aprendan, usan alguna forma de mediación, esto es, de ayuda efectiva a sus estudiantes para que puedan establecer relaciones entre un objeto y otro, sin imponer una respuesta única. Aceptan la diversidad, la equivocación y la confusión como aspectos constitutivos del proceso de aprendizaje, simplemente porque gracias a ellos el educando va conformando criterios que le permiten avanzar, retroceder, comprender y turbarse sin desanimarse, porque la gratificación la encuentran en el proceso y no en el resultado.

Estos profesores son los que menos se cansan enseñando mientras atienden cómo van aprendiendo sus alumnos. Sus clases adquieren ritmo fluyendo como el agua que baja de la montaña, encontrándose con remansos y rápidos, a ratos clara o turbia, pero siempre en movimiento. Observando este proceso en niños y niñas pequeños constatamos que siempre *propenden a aprender*, y que cuando una dificultad los sobrepasa se desentienden del problema, actuando como si no les interesara en absoluto, pero siempre vuelven con la respuesta apenas son capaces de establecer las relaciones que les satisfacen, sean correctas o no. Esta indiferencia total puede durar segundos, minutos, días o incluso meses, pero siempre llega el momento en que lo que ha estado *elaborando subconscientemente* aflora a la conciencia. En esos momentos ofrecen la respuesta con seguridad y alegría.

¿Que he aprendido?

- Que investigar es agradable, pues lo mantiene a uno en un permanente estado de *alerta desatenta*, porque todo lo cultural es investigable y no solo la investigación formal que uno haya comprometido.
- Que para investigar se debe observar, observar y observar sin cansancio ni aburrimiento, pues se investiga a tiempo completo.
- Que para investigar hay que atreverse a preguntar y estudiar de todo, no solo temas de la especialidad –que, en mi caso, serían lecturas sobre temas de antropología y educación, por ejemplo–. Si no estudiamos sobre otros asuntos, tales como neurociencia, física cuántica, complejidad, reforzaremos la repetición de relaciones preestablecidas y el pensamiento convergente, contrarios a la creatividad y la divergencia. Si no pensamos distinto volveremos a caminar la misa senda, que se transformará en ruta. Leo muchas novelas, especialmente de escritoras y escritores de culturas diferentes a la mía, que me han nutrido de sugerencias interesantes, mucho más que los informes formales sobre temas de educación, que casi siempre dicen lo mismo.
- Que debemos ser capaces de descubrir los sutiles procesos de autoorganización que fluyen de acuerdo con unos pocos patrones emergentes, desde la *caótica* y compleja realidad donde bullen los procesos educativos.
- Que el ser humano propende a aprender con una pasión e intensidad extraordinaria, tal como lo puede comprobar cualquier mamá y papá.
- Que la propensión a aprender podemos inhibirla, tal como sucede en la escuela, en donde la mayoría de los escolares aprende que no puede aprender.
- Que el orden indefectiblemente muda en caos, y este en orden; que este proceso nunca es igual al precedente, pero que tampoco es totalmente distinto; que la conservación requiere del cambio, así como este necesita conservar *algo*.
- Que los procesos educativos se dan a lo largo de procesos de creación de relaciones posibles, que pueden convertirse en probables y, algunos de ellos, se podrán realizar; mientras que los procesos de escolarización no son más que procesos de repetición de relaciones preestablecidas.
- Que el educador al enseñar asombra a los educandos con algún *misterio*, mientras que el investigador intenta develar ese *misterio*; que quien enseña o investiga intenta simplificar la complejidad, evitando superficializar lo simple y complicar lo complejo.
- Que mientras más investigo, mejor educo, y mientras más educo, mejor investigo.

Referencias

Borges J. L. (1999). *El hacedor*. Madrid: Alianza Editorial.

Calvo C. (1979). *Being a taxi-teacher in the chilean educational system*. California: School of Education, Stanford University.

Calvo C. (2005). Complejidad, caos y educación. En A. Arellano (Coord.), *La educación en tiempos débiles e inciertos*, (115-136), Barcelona: Editorial Anthropos.

Calvo C. (2014). *Del mapa escolar al territorio educativo: diseñando la escuela desde la educación*. La Serena: Universidad de La Serena, 5ª edición.

Calvo C., Catalán J. y Salgado J. (1998). "Etnografía de la Etnografía". *Boletín de la Investigación Educacional* (13), 341-355.

Claxton G. (1999). *Hare brain, tortoise mind. Why intelligence increases when you think less*. Hopewell, New Jersey: The Ecco Press.

Dobelli R. (2015). *El arte de pensar. 52 errores de lógica que es mejor dejar que cometan otros*. Bogotá: Ediciones B.

Doin G. (director) (2012). *La educación prohibida* [film documental]. Argentina: Eulam Producciones. Recuperado de: www.educacionprohibida.com

Domènech J. 2009. *Elogio de la educación lenta*. Barcelona: Editorial Graó.

Ferguson M. (1998). *La conspiración de Acuario*. Barcelona: Editorial Kairós.

Gladwell M. (2005). *Inteligencia intuitiva: ¿por qué sabemos la verdad en dos segundos?* Barcelona: Taurus.

Holland J. H. 2014. *Complexity. A very short Introduction*. New York: Oxford University Press.

Kosko B. (1995). *Pensamiento borroso, la nueva ciencia de la lógica borrosa*. Barcelona: *Crítica*.

Lewis P. A. (2013). *The secret world of sleep. The surprising science of the mind at rest*. New York: Palgrave Macmillan.

Rancière J. (2014). *El maestro ignorante. Cinco lecciones sobre emancipaciones intelectuales*. Santiago: Editorial Hueders.

Roberts R. (1992). *Serendipia: descubrimientos accidentales en la ciencia*. Madrid: Alianza Editorial.

Rosenfeld G. (1971). *Shut Those Thick Lips: A Study of Slum School*. New York: Holt, Rinehart, & Winston, Inc.

Spindler G. (1963). *Education and culture: anthropological approaches*. New York: Holt, Rinehart, & Winston, Inc.

Spindler G. (1974). *Education and cultural process*. New York: Holt, Rinehart, & Winston, Inc.

Spindler G. y Hammond L. (Ed). (2006). *Innovations in Educational Ethnography: Theories, Methods, and Results*. New Jersey: L. Eribaum Associates.

Spindler G. y Spindler L. (2000). *Fifty Years of Anthropology and Education 1950-2000: A Spindler Anthology*. New Jersey: L. Erlbaum Associates.

Velasco J. M. [upav TV] (2012, octubre 12). upav entrevista al doctor Carlos Calvo Muñoz. [Archivo de video]. México: Universidad Popular Autónoma de Veracruz. Recuperado de: www.youtube.com/watch?v=1UcKKkDhG7c

Wilson E. O. (2014). *Cartas a un joven científico*. Santiago de Chile: Debate.

Wolcott H. (1973). *The man in the principal's office: An ethnography*. New York: Holt, Rinehart, & Winston, Inc.

Ampliando y obturando el foco etnográfico en la institución escolar[1]

Ramiro Catalán

Este texto plantea algunas reflexiones sobre la investigación etnográfica realizada en instituciones escolares. Específicamente sobre la capacidad de la etnografía para describir procesos *in situ*, e incluso reconstruirlos en escenarios cambiantes, ejemplificado en este caso en torno al desarrollo de la educación intercultural en Chile y su doble faz de focalización, los pueblos originarios y el alumnado de origen extranjero.

Realizar etnografía en la escuela implica partir de la presunción de que aquella inmersión en el trabajo de campo nos permitirá abordar, mediante la experiencia vivida del etnógrafo, las prácticas sociales desplegadas por los sujetos en el espacio escolar. Sí, pero también es algo más: es poner en perspectiva, y bajo la mirada antropológica, las dinámicas y tensiones que forman parte integral de las particularidades de una institución formal que marca el devenir de los sujetos en las sociedades contemporáneas.

Hacer etnografía en la escuela plantea distintos desafíos que implican no solo las dificultades propias del ingreso al trabajo de campo, sino también la permanencia en un espacio en el cual el etnógrafo ocupará continuamente un rol de extraño, conviviendo a la vez con la paradoja de estar pisando un terreno conocido, pues todo antropólogo ya ha pasado por alguna escuela. De modo tal, que extrañeza y proximidad se entremezclan en una sensación a medio camino entre las rutinas escolares, presenciadas y registradas en la memoria personal –"esto ya lo observé" o "lo viví como alumno"–, y la apertura a explorar las particularidades propias de cada escuela en que se realiza etnografía.

Apoyándome en la experiencia como etnógrafo que he desarrollado desde la década pasada en distintas escuelas, trataré de ir señalando algunos desafíos y complejidades a las que se enfrenta la etnografía como herramienta no solo metodológica, sino también analítica que permite abordar las especificidades del mundo escolar.

---

[1]   Trabajo en el marco del Centro de Investigación para la Educación Inclusiva. Proyecto CONICIT CIE 160009. Pontificia Universidad Católica de Valparaíso.

Primera parte: el foco de la etnografía escolar. Ampliando y obturando la mirada etnográfica

Como señala María Isabel Jociles (2007), se suele cometer el error de confundir la etnografía de la educación con la etnografía escolar, de un modo similar a cuando se asocia casi indistintamente la antropología de la educación con la antropología sobre la escuela. Esta distinción resume en gran medida los procesos de normativización que ubican a las escuelas como el único espacio educativo legítimo, en detrimento de otras modalidades de formación y enseñanza que han estado presentes históricamente en diversas sociedades.

Al definir a la cultura como un objeto susceptible de ser transmitido de generación en generación mediante la enculturación, se fomentó la idea de un isomorfismo individuo-sociedad que formaba parte integral de una cultura particular y homogénea (Franzé, 2007).

La percepción de los sujetos como receptores pasivos de lo que es transmitido "por" la cultura, deviene en la negación de un proceso que en sí mismo es cultural y complejo. Una idea vinculada a la tradición estructural-funcionalista de la disciplina antropológica que contrasta con otras posiciones más cercanas a las corrientes interpretativas y simbólicas, que van a entender la educación como un escenario potencialmente político donde los sujetos involucrados pueden ser activos en cuanto a prácticas, decisiones y negociaciones.

En este sentido, la oposición entre perspectivas que entenderán a los sujetos de manera más pasiva o más activa también está presente en otro nivel. La confusión, o a menudo el "punto ciego" disciplinar, de equiparar lo educativo con lo escolar, restringen de este modo los procesos de aprendizaje que se dan en la sociedad exclusivamente a lo que pasa en el aula. Así, lo escolar se presenta como un escenario particular dentro de un foco de interés etnográfico más amplio que refiere a lo educativo como a una serie de procesos de enseñanza y aprendizaje que pueden ser de carácter formal e informal, y que no necesariamente son puestos en marcha por una institución normativizadora.

Otro tema que complejiza el abordaje de la educación como objeto de estudio se vincula al alcance de su mirada o, más bien, a la escala en que se desarrollará la investigación sobre educación. Pues aquí operan, por una parte, la mirada macro que ve en lo educativo el reflejo de estructuras, poderes e historias que atraviesan a la sociedad; mientras otro tipo de aproximación, específicamente microsocial, pone el énfasis en los procesos sociales que se desarrollan al interior del espacio local, pero descuidando sus vínculos con esas condiciones estructurales.

Lo anterior es planteado por Franzé (2007) como parte de las dificultades del estudio del campo de la educación. Sin embargo, esta misma autora señala cómo la antropología dispone de herramientas de diversa índole para confrontar este desafío.

> Con todo, la tradición transcultural, comparativa y holística de la antropología social la dota de un capital teórico-metodológico privilegiado –quizás su principal virtud– que permite articular el análisis de las modalidades educativas concretas y locales, en acto y en su discurrir, en sus dimensiones formales e informales…, con los procesos histórico-sociales donde se inscriben. Y por tanto permite una mirada capaz de superar esos obstáculos (Franzé 2007, p. 13).

En este sentido, tratar de superar la confusión entre la etnografía de la educación y la etnografía escolar implica observar a la escuela no solo como un mero transmisor y dador de cultura, sino también buscar aprehenderla etnográficamente en el centro de un conjunto de procesos que estructuran a la sociedad y vertebran los sentidos compartidos de una comunidad, al mismo tiempo de ser eco y emisor también de sus diferencias y desigualdades.

Esto se entiende al establecer que la institución escolar administra diversos capitales simbólicos en el alumnado. Ella misma está conformada por capitales sociales, económicos y simbólicos que conllevan no volver a pensarla como singularidad, sino, por el contrario, como pluralidad. Ya no es la escuela a secas, más bien son escuelas que administrando capitales simbólicos están orientadas a trabajar (y reproducir) precisamente las condiciones estructurales que las erigen como instituciones normativizadas (Bourdieu y Passeron, 1996).

Los desafíos de la etnografía escolar aluden a dar cuenta de esas discontinuidades presentes no solo entre diversas escuelas, sino también entre las escuelas y las familias de los alumnos.

De este modo, la *distinción* –en el sentido de Bourdieu (1998)– que diferenciará clases sociales y definirá la estructura social, se enseña y se aprende en el espacio escolar. La ilusión de que la escuela enseña "la cultura" es superada por la noción de que las distintas escuelas orientadas a distintas clases de sujetos ponen al alcance distintos repertorios culturales, que reproducirán distintos estatus y jerarquías al interior de las sociedades. La mirada *naif* sobre una cultura homogénea transmitida por la escuela se hace trizas en asimétricas posiciones sociales.

Un riesgo latente de estudiar etnográficamente la escuela es resucitar esa mirada antropológica de la cultura aislada, insular y claramente delimitada. Observar una institución educativa conlleva ciertas ventajas metodológicas en términos de su definición como unidad de estudio, pero asimismo trasunta la tentación de pensar que los muros de la escuela también son murallas para los procesos culturales que desencadena, o bien, que impiden ver los mecanismos estructurales que la conforman, legitiman y producen. En este sentido, el refrán "pinta tu aldea y pintarás el mundo", peca de ingenuo. Si no se describe bien la escuela en relación con el mundo que le da sentido, el mundo quedará fuera de cualquiera interpretación.

Uno de los autores que planteó estas cuestiones, fue John Ogbu (2006) con su abordaje ecológico-cultural para complejizar lo educativo más allá del aula escolar. La importancia del contexto social, de las comunidades que les dan sentido a las acciones de los alumnos, permite matizar esa mirada dominante que se centra en lo escolar como un microuniverso encerrado en sí mismo.

Si la etnografía de la educación abre el lente para observar aquellas dinámicas culturales en que se inscribe el aprendizaje humano no limitado a lo formal, burocrático o normativizado que representa la institución escolar, la etnografía de la escuela, al proponer la obturación del objeto de estudio a esas cuatro paredes, tiene el desafío de lograr ajustar el foco de su mirada para incorporar también aquellos procesos, estructuras, prácticas e imaginarios que, siendo externos a la escuela, a la vez la constituyen como tal.

Segunda parte: aprendizajes y limitaciones al realizar etnografía escolar

Mi primera aproximación al mundo escolar fue en el marco de un proyecto FONDECYT[2] que, en conjunto con un equipo de colegas, realizamos sobre la llegada de las nuevas tecnologías de la información y la comunicación a un par de escuelas rurales en la Región del Maule. Durante un periodo de dos años hicimos visitas a las escuelas, observamos aulas y patios, conversamos y convivimos con profesores y alumnos, y tratamos de acercarnos a la comunidad local. Fue en una época (2000 a 2002) donde aún no se masificaban los *smartphones*, ni el internet de banda ancha, ni el *wifi*. Era una suerte de "prehistoria digital", que como contexto se mostraba propicio para indagar etnográficamente qué dinámicas sociales comenzaban a surgir gatilladas por la tecnología en un medio rural conceptualizado comúnmente como tradicional, y donde la escuela, como institución que recibía y disponía de esos computadores provistos por la Red Enlaces, se transformaba de la noche a la mañana en el centro tecnológico de la comunidad rural. Era, de al-

---

[2]   Arredondo M. A., Catalán R., Montesinos J. y S. Monsalve: "Estudio exploratorio en torno a los alcances culturales derivados de la introducción de Tecnologías de Información y Comunicación en escuelas rurales". Proyecto FONDECYT n° 1000137. 2000-2001.

gún modo, la posibilidad de estar explorando el comienzo de una "nueva era" en la educación en Chile, y ahí la etnografía fue una aliada invaluable para dar cuenta de cómo se iban desencadenando diversos procesos, que anticiparían las reflexiones actuales sobre cómo se configuran y se enseñan conocimientos por parte de los docentes a los alumnos, cuando estos pueden casi inmediatamente tener acceso en las pantallas de sus celulares a esos conocimientos y datos.

Observamos en aquella etnografía cómo alumnos de ocho años se manejaban mucho mejor con la tecnología que sus profesores, quienes muchas veces les pedían ayuda para resolver algún problema. Quizás, sin que los docentes en ese momento le tomaran el peso al hecho de que la propiedad que detentaban tradicionalmente sobre la información y el conocimiento daría paso a un nuevo escenario donde la autoridad del profesor, como portador de un saber valorado socialmente, comenzaba a ser discutida inexorablemente por niñas y niños que aprendían mucho más rápido que sus profesores sobre la tecnología y que tampoco tenían ningún miedo de usar o echar a perder los computadores (Arredondo, Catalán, Montesinos y Monsalve, 2001).

El trabajo etnográfico nos mostraba en ese momento algo que no podía obtenerse con encuestas, cuestionarios, entrevistas o *focus group*, el observar y describir las prácticas sociales de uso de la tecnología inscritas en el cotidiano, el control ejercido por la institución escolar sobre la tecnología como un medio de premio o castigo para los alumnos según el comportamiento esperable de ellos, las miradas de complicidad entre los alumnos que contrastaban con las actitudes nerviosas de los docentes al enfrentarse al "aula de computación".

Ya desde ese incipiente trabajo etnográfico se hizo palpable para mí el potencial de la etnografía para contrastar las prácticas sociales, lo que alumnos y profesores realizaban cotidianamente, con lo que ellos decían sobre su quehacer. También permitía dotar de particularidad a la realidad escolar, situarla en un momento y en un lugar específicos, de tal modo de hacer posible examinar lo que de distinto y similar podía tener esa comunidad escolar en contraste con el panorama de la educación chilena.

Ese doble juego entre homogeneidad y heterogeneidad que permite captar la etnografía reviste importancia capital para plantear cuál es su aporte, no solo como herramienta metodológica, sino como dispositivo analítico, para hacerse parte de los debates actuales sobre la educación en el país.

En este sentido, un sistema escolar como el chileno, dominado por *semáforos educativos*, *simce-centrismo* y otros instrumentos normalizadores y evaluativos, deja la tarea y el desafío, para la etnografía realizada en instituciones escolares, de poder rastrear y relevar procesos complejos que vinculan prácticas sociales, representaciones y organización social que se dan en la escuela, y que exceden notoriamente la mera comprensión del sistema educativo como una escala de "colegios buenos y colegios malos".

La etnografía escolar puede permitir visibilizar la complejidad del cotidiano escolar, más allá de las lógicas imperantes en el modo de entender la educación bajo pautas tecnocráticas que estandarizan, miden y establecen *ranking* como modo dominante para comprender la educación. Entender, por ejemplo, la pluralidad de instituciones escolares, que no pueden aprehenderse solamente en virtud de su posición específica dentro de un sistema de escala.

Así, profundizar en cómo un colegio que puede presentar bajos resultados en pruebas estandarizadas (bajo ese prisma simce-céntrico) puede generar un sentido de pertenencia entre los alumnos, o hacer del discurso de la tolerancia y el respeto a la diversidad una suerte de canon pedagógico y convivencial.

En este punto me gustaría plantear otro ejemplo que creo viene al caso, aprovechando el trabajo de campo realizado en el marco de mi investigación doctoral (Catalán, 2015) para graficar algunas de las posibilidades y complejidades con las que puede encontrarse un etnógrafo en la escuela.

Dicha investigación exploró etnográficamente durante tres años pedagógicos las prácticas y discursos asociados a un proyecto de educación intercultural desarrollado en un Liceo de una comuna de la zona norte de Santiago de Chile. El problema de investigación que comenzó a emerger según se desarrollaba el trabajo de campo implicó dar cuenta de la complejidad y diversidad de representaciones que coexistían en el espacio escolar, teniendo como significante polisémico lo que se consideraba intercultural y, a la vez, aquello que se representaba como lo étnico y/o lo propio de los pueblos originarios.

En este sentido, una de las primeras tensiones que surgieron al desarrollar el trabajo etnográfico era ir percibiendo no solo el modo en que se iba implementando en el tiempo el proyecto intercultural del Liceo (como un programa orientado a generar cambios en las actitudes de alumnos y profesores con respecto a los pueblos originarios), sino, también, ir tomando nota de las posiciones confrontadas –de manera a veces explícita, la mayoría de las veces sutiles– que suscitaba la disputa sobre un tema en el que muchos actores tenían algo que decir (alumnos de origen mapuche, alumnos no mapuche, profesores, educadores tradicionales "talleristas" adscritos a un pueblo originario, coordinadoras del proyecto intercultural, directivos, apoderados, entre otros).

Abordar la producción de esos diversos tipos de representaciones sobre lo étnico planteó el desafío no solo de comprenderlas como discursos, sino también relevar las prácticas sociales, rutinas y estrategias de acción que podían visibilizar y expresar el modo de situarse con respecto a la *otredad étnica*.

En este sentido, un campo interesante para desarrollar etnografía escolar es el que se relaciona con la educación intercultural[3], pues plantea un escenario sugerente para etnografiar procesos de afirmación, negación, resistencias y seducciones entre un agente de políticas públicas, como la escuela, y los sujetos que serán conceptualizados por esta como pertenecientes a los pueblos originarios.

Así, la etnografía puede ser entendida no solo como un conjunto de técnicas de investigación cualitativas enfocadas a lo discursivo y a las prácticas sociales cotidianas, sino, sobre todo, como una perspectiva comprensiva para abordar las acciones sociales y los significados que subyacen a las relaciones sociales desde el propio contexto que le da sentido (Geertz, 1987), y es desde este enfoque que el tema del lugar como espacio antropológico (Augé, 2000) cobra relevancia.

Por ello, en las páginas siguientes me concentraré en dos facetas que creo pueden vincularse no solo al campo de lo intercultural, sino a una amplia gama de temas de investigación llevados a cabo en la escuela. Tal es la relevancia de las categorías etnográficas de *tiempo y lugar*.

a. El tiempo

Desde antes de Malinowski, aunque a él se le conceda el hecho de haberlo formalizado, los antropólogos han considerado al tiempo como uno de los mejores aliados de la etnografía. A mayor tiempo de permanencia, se supone, se puede realizar una mejor etnografía. Aunque no sea siempre el caso, observar un grupo social durante un intervalo de tiempo amplio permite darle mayor profundidad a la comprensión de los procesos cambiantes de la vida social. Y llevado a la especificidad de enfocarse en momentos con potencial de transformación, como aquel ejemplificado en la referencia a la investigación etnográfica sobre el Proyecto Enlaces a comienzos de la década pasada, se abre la posibilidad de acceder a la observación de dinámicas de continuidad, ruptura y negociación que conlleva la propia construcción de lo social, más aún en espacios como el escolar, tensionado constantemente bajo la lógica de distintas reformas educacionales.

En un artículo anterior (Catalán, 2014) desarrollo las potencialidades y limitaciones del tiempo como categoría analítica en el contexto de mi investigación

<hr>

[3]   En América Latina lo intercultural se ha relacionado en las últimas décadas con políticas educativas focalizadas en los pueblos originarios, que han sido implementadas a través de programas específicos desde el Estado, que institucionalizan ciertas categorías sobre lo étnico, lo originario, lo cultural y lo lingüístico para definir y "normalizar" esa diversidad cultural, antes negada y ahora supuestamente promovida (Cañulef 1998, Chiodi y Bahamondes 2001, Bolados 2006, Dietz 2003, Rockwell y Gómez 2009, Williamson 2004, 2012).

doctoral. Aquí me gustaría detenerme sobre un par de puntos que creo reflejan el carácter particular del trabajo etnográfico al desarrollarse siempre inscrito en una temporalidad que, cual lente o foco, permite una mirada más amplia o más acotada, más sincrónica o más diacrónica.

En la planificación de mi investigación doctoral tomé la decisión de concentrarme en un solo liceo, ubicado en la ciudad de Santiago, dejando de lado la idea original que tenía (pensada desde la comodidad de la biblioteca en Madrid) de plasmar un estudio comparativo en Chile entre un par de escuelas urbanas y rurales que desarrollaran proyectos interculturales. Mi experiencia de investigación ya me había llevado a explorar las dinámicas de implementación de iniciativas de ese tipo en escuelas rurales ubicadas en contextos *lican antai* (Catalán, 2013) y también en contextos aymara.

Lo que me atraía sobre el trabajar en una experiencia urbana era, por una parte, que estaba siendo escasamente investigado el tema de la educación intercultural en las ciudades, aun cuando en ellas reside la mayoría de la población autorreconocida como perteneciente a un pueblo originario (Campos, 2007). El segundo punto a favor lo veía asociado al desafío de trabajar etnográficamente en un liceo urbano que, al contrario de la experiencia en escuelas rurales que había investigado, recibe alumnos de una amplia dispersión territorial metropolitana (Donoso-Díaz y Arias-Rojas, 2013), y donde además los alumnos categorizados por la institución escolar como "de origen indígena" eran minoría en relación con el resto de sus compañeros.

Retomando la idea de lo temporal, enfocarme en un solo liceo me daba la posibilidad de concentrar todo el tiempo de trabajo del que disponía en dicha institución y, a la vez, darle un seguimiento que originalmente pensaba realizar a lo largo de dos años, con el fin de observar en detalle los procesos de implementación del proyecto intercultural, y la diversidad de posiciones y representaciones que no solo se observaban en la comunidad escolar comprendida como un todo, sino también al nivel de las prácticas individuales de los sujetos, que, como muy bien apunta Dubar (2002), pueden variar sus acciones y reflexiones en el curso de su trayectoria personal. Es decir, no solo rastrear los cambios institucionales y colectivos, sino también los cambios a nivel de subjetividades que, cómo no, incidían en transformaciones a nivel de representaciones y prácticas sociales.

Esa extensión temporal me dio la posibilidad de ir observando y registrando los cambios, las consolidaciones, contradicciones e inseguridades (las pocas certezas) del proceso de implementación y de los sujetos que se posicionaban en torno a la temática de lo intercultural y lo étnico. Observar y registrar las mutaciones de los comportamientos y discursos que evidenciaba, por ejemplo, una profesora recién egresada, que en su ingreso al liceo coincidió con mi primer año de trabajo de campo, que en aquel año se mostraba ilusionada y llena de ideas para llevar a cabo un trabajo intercultural, pero que al cabo de dos años se mostraba resignada y cansada de "luchar contra las decisiones que toman otros". En un periodo que según la perspectiva cotidiana podía considerarse breve para una persona adulta ("un par de años"), en términos etnográficos, sin embargo, permitía apreciar el cambio de expectativas, experiencias y actitudes que evidenciaba aquella docente.

Otra expresión de esto fue la posibilidad de observar cambios de disposición en algunos alumnos, que reacios al principio a participar en las ceremonias de conmemoración del año nuevo indígena o en la Feria Intercultural de octubre, realizadas en el Liceo, al año siguiente se mostraban participativos en esas mismas instancias.

Por otra parte, el tiempo también condiciona la etnografía y la deja sujeta al arbitrio de lo inesperado, lo azaroso. El terremoto de 2010, como un efecto ínfimo ante la magnitud del desastre, me obligó a retrasar el trabajo de campo por unos meses, pues el liceo en que iba a realizar la investigación fue trasladado a otro, conviviendo en ese nuevo espacio dos comunidades escolares, lo que habría dificultado observar un cotidiano escolar más o menos representativo de lo que habitualmente realizaban en su propio Liceo. De este modo, recién cuando los alumnos pudieron volver a su propio lugar pude dar inicio al trabajo de campo.

También, determinados eventos imprevistos pueden causar que dicho trabajo de campo se extienda en el tiempo más allá de lo esperado. Las movilizaciones estudiantiles de 2011, que clamaban por educación gratuita y de calidad, tuvieron su propia expresión en el Liceo, que durante un par de meses estuvo en paro y en toma. Dichas movilizaciones hicieron que ese año se suspendiera la celebración del año nuevo indígena, uno de los hitos más relevantes dentro de la puesta en escena del carácter intercultural del Liceo, donde, por ejemplo, se hace partícipe a las organizaciones de pueblos originarios de la comuna, lo que le da un carácter muy propicio para comprender ciertas relaciones que se dan entre la institución escolar y dichas organizaciones.

Lo anterior implicó que tuviera la convicción de que debía ampliar el trabajo de campo un año más, para poder observar aquel ceremonial, puesto que de otro modo no conseguiría aquella "grata" sensación de haber logrado la *saturación de la información*. Aun cuando eso también es relativo en etnografía, pues, comúnmente, mientras se van cerrando y saturando ciertos temas en el campo, permitiendo esbozar algunas respuestas más o menos coherentes a nuestros problemas de investigación, al mismo tiempo lo cotidiano y lo extraordinario te lanzan nuevas preguntas y te abren nuevos caminos de exploración. Es en ese sentido que en etnografía cuesta hablar de "saturar la información", de que el trabajo esté completo. Y más bien se podría decir que la etnografía permite recorrer un camino que nos lleva a otras rutas, quizás a otro terreno donde se bifurcan los senderos.

Así, el trabajo etnográfico en el espacio escolar está obligado a flexibilizarse y adaptarse a todo lo que pueda suceder en aquel "laboratorio singular" que es la vida cotidiana. Donde incluso aquello que es improbable, pero que sin embargo puede ocurrir, abre la puerta para permitir observar y comprender ciertas dinámicas que quizás de otro modo no hubiésemos podido presenciar.

b. El Lugar

También considero relevante referirme al lugar como una categoría significativa en el trabajo etnográfico en la escuela, y específicamente en mi investigación doctoral esa perspectiva me permitió comprender las representaciones simbólicas que se trazan sobre los espacios internos del liceo. Posibilitando aproximarse al modo en que la ubicación de esta institución escolar, en el contexto urbano y comunal, pone en juego nociones de segregación urbana, desigualdad social y representaciones sobre lo étnico.

En ese sentido, de un modo similar a lo planteado por Ogbu, la etnografía escolar, para aprovechar su potencial metodológico y analítico, debiera pensarse como algo un poco más complejo que solo observar las clases sentado en el último banco de la sala. Aproximarse a una mirada casi "ecológica" (Ogbu, 2006) para poder comprender la realidad de la escuela en relación con el contexto social y espacial donde se ubica. Y aquí cobra especial sentido el modo en que será descrito ese lugar.

A medio camino entre el relato etnográfico y la información fragmentaria, me tomaré algunas licencias de estilo narrativo para mostrar algo de aquella mirada etnográfica. En coherencia con ese movimiento del etnógrafo que se desplaza hacia la escuela, y que también transita por sus espacios, para ver si en ello se pueden entregar algunas luces que permitan introducirnos a ese liceo como lugar físico y simbólico que en importante medida estaba caracterizado por una impronta intercultural. El lente se mueve, entonces, para primero ampliar la mirada y luego ir obturándola.

El Liceo como lugar en un no lugar[4]

Augé plantea la distinción entre lugar y no-lugar antropológico en el entendido de que "si un lugar puede definirse como lugar de identidad, relacional e histórico, un espacio que no puede definirse ni como espacio de identidad, ni como relacional, ni como histórico, definirá un no lugar (Augé, 2000, 83).

La primera impresión al acercarse al entorno del Liceo es la de estar moviéndose por un no lugar. El Liceo se ubica a escasos metros de dos de las principales arterias de Chile, la carretera Panamericana, que recorre el país durante miles de kilómetros de norte a sur (y por consiguiente es conocida también como "la Norte-Sur"), y la circunvalación Américo Vespucio, que dibuja un anillo sobre la ciudad de Santiago definiendo simbólicamente lo que es el centro de la ciudad de lo que es el extra-radio. Y justamente a unos 200 metros de la intersección de ambas vías de circulación se encuentra el Liceo.

Pero además de la percepción del tránsito como velocidad, movimiento y desplazamiento, surge la imagen de la autopista como representación de la infraestructura vial como artefacto y oda al flujo, a la no pausa, al no asentamiento. Pasarelas que se dibujan sobre la carretera por donde se mueven a alta velocidad autos, camiones y buses. Nadie camina por sus bordes, ningún transeúnte, ningún peatón, ningún paseante. No es territorio para no motorizados.

[….] Desde Avenida Américo Vespucio se ingresa por una calle perpendicular, rodeada también por industrias, hasta dar con la calle en que se encuentra el Liceo. Su espacio colinda con un sitio eriazo que sirve de depósito de tuberías metálicas, y por el otro lado, con una industria de cementos que por su gran extensión también rodea por la parte de atrás el espacio del liceo. Al frente de este, en la calle, se ubica una pasarela en altura, que con el terremoto de febrero de 2010 se derrumbó. En parte por esta situación de destrucción frente al Liceo, a escasos 10 metros, los alumnos fueron reubicados durante todo el primer semestre de 2010 en otro establecimiento. Luego de muchos meses de trabajos la pasarela fue reconstruida y volvió a estar operativa para el paso de autos, camiones y buses por encima de las líneas del tren.

No hay casas, ni edificios de apartamentos, ni residencias. Para eso habría que caminar un par de calles para que recién ahí aparezcan los primeros barrios residenciales. El Liceo está literalmente al final de su calle… (Catalán, 2015, p. 141-144).

---

[4]   Los siguientes párrafos son extractos de mi tesis doctoral (Catalán, 2015).

El extracto anterior permite apreciar algunas de las características que son relevantes en el entorno urbano del Liceo, su ubicación rodeada de fábricas y a contramano de los hogares de los alumnos. En un espacio, además, cercano a fuentes de contaminación ambiental y acústica. Aquel carácter de segregación urbana que se hace manifiesto implicará, en el sentido amplio de la investigación llevada a cabo en ese espacio, poder vislumbrar cómo el proyecto intercultural, y el modo en que este se normaliza y se expande en esta comunidad escolar, la va a dotar de un sentido de pertenencia y de arraigo difícilmente entendible si no se conoce el quehacer cotidiano de este Liceo.

En este punto, se transforma en un desafío explorar el modo en que se articula (o desarticula) el Liceo con su contexto urbano. Pues, a diferencia de otras escuelas urbanas y rurales inexorablemente unidas al barrio o localidad en que están inscritas espacial y socialmente, la complejidad de rastrear los vínculos sociales y la vida de los alumnos fuera de las paredes de este Liceo, al volver a los barrios y comunas de las que proceden, se hace manifiesto. De ese modo, esa dificultad de seguir (y perseguir) etnográficamente los contextos particulares de donde vienen y donde viven esos chicos implica un desafío mayor que puede tratar de resolverse, solo parcialmente, con sus propios relatos surgidos en conversaciones informales o en alguna entrevista.

Aquí surge el contraste entre ese "no lugar" en que se ubica el Liceo y, por otro lado, la escenificación de lo intercultural al interior de la escuela, que le da sentido a su construcción como un lugar propicio para que la comunidad escolar genere un sentido de pertenencia. Algo que se comienza a observar, nada más ingresar al patio central del Liceo, donde en distintas direcciones se aprecian símbolos, imágenes y representaciones que van a indicar que se está en presencia de un colegio distinto. Figuras realizadas en los talleres de artesanía del Liceo como un Moai, una cabeza ceremonial Olmeca, o las banderas de algunos pueblos originarios como la *Wiphala*[5] marcan esa condición de liceo que trabaja un proyecto intercultural, con una puesta en escena notoria.

En ese sentido, si anteriormente mencionaba las limitaciones que engloba realizar etnografía en un espacio escolar signado por la segregación urbana, por su distancia con respecto a los hogares de los alumnos, a los espacios donde se juntan con sus amigos, entonces, la pregunta queda planteada, ¿cómo aproximarse a una comunidad escolar que una vez fuera de las paredes del liceo se disgrega, se expande y se distribuye por el mapa de Santiago?

Y, sin embargo, aquello también se conecta con la referencia hacia ese espacio interno del Liceo cargado de símbolos, estatuas, representaciones de un

---

[5]   Bandera aymara.

proyecto de interculturalidad en proceso de establecerse. Esa apropiación del espacio escolar, de algún modo abigarrada, recargada, de *collage*, plantea la idea de hasta qué punto la institución escolar que despliega y concentra lo intercultural, la relevancia del respeto al otro, la importancia de los pueblos originarios, pueda trascender como proyecto fuera de sus muros, en las vidas cotidianas de los alumnos y sus familias, y también de los profesores, quienes al volver a ese amplio mundo que los espera fuera de la escuela, se enfrentan al riesgo latente de que esa impronta de la tolerancia intercultural desarrollada en el Liceo se diluya en lo urbano percibido como un espacio segregado, impersonal, desigual y no comunitario.

Reflexiones finales

La perspectiva etnográfica tiene esa particularidad, de tanto concentrar la mirada sobre aquel contexto que se quiere investigar para poder tratar de generar esa comprensión minuciosa y casi microscópica sobre lo social, como también de ampliar el foco para poder analizar el marco societal que le da sentido, y a la vez lo interpela.

Ahora bien, en el caso de la etnografía desarrollada en escuelas, esa doble vertiente que alude a las categorías de tiempo y lugar, y que recorre no solo el trabajo de campo, sino también las posibilidades analíticas que presenta lo etnográfico, nos permite aproximarnos a una realidad particular y distinta en cada escuela, pero también construir puentes que nos permitan vincularla con las diferentes esferas de lo social que atraviesan, le dan sentido, e influencian un modo específico de entender la educación en un país.

Probablemente ese sea uno de los mayores desafíos de realizar etnografía escolar en Chile hoy en día. Por una parte, aportar en el conocimiento específico sobre las prácticas sociales desarrolladas en las comunidades escolares, pero también ofrecer una perspectiva más amplia que permita reflexionar críticamente sobre la relación que existe entre el sistema educativo y nuestra sociedad.

Referencias

Arredondo M., Catalán R., Montesinos J., y S. Monsalve. 2001. Aproximación etnográfica a la introducción de nuevas tecnologías en escuelas rurales del centro-sur de Chile. En B. Marcelo y G. Cliche (Eds.), *Internet y Sociedad en América Latina y el Caribe* (pp. 131-171). Quito: IDRC-Canadá/FLACSO-Ecuador.

Augé M. (2000). *Los "no lugares": espacios del anonimato. Una antropología de la sobremodernidad*. Barcelona: Gedisa.

Bolados P. (2006). La educación intercultural atacameña en los procesos étnicos actuales: aproximación, análisis y comprensión de los discursos en los principales agentes que la implementan. Tesis para optar al grado de Magíster en Antropología. Instituto de Investigaciones Arqueológicas y Museo, Universidad Católica del Norte, San Pedro de Atacama.

Bourdieu P. y J. Passeron. (1996). *La reproducción*. México D.F.: Distribuciones Fontamara.

Bourdieu P. (1998). *La distinción. Criterios y bases sociales del gusto*. Madrid: Taurus.

Campos L. (2007). La violencia al denominar en la construcción/desconstrucción del sujeto indígena urbano por el Estado de Chile. *Revista de la Academia, 12*, 63-84.

Cañulef E. (1998). *Introducción a la Educación Cultural Bilingüe en Chile*. Temuco: Instituto de Estudios Indígenas, Universidad de la Frontera.

Catalán R. (2015). Educación intercultural y representaciones de lo étnico en Chile. Etnografía en un establecimiento secundario en contexto urbano. Tesis doctoral. Departamento de Antropología. Universidad Complutense de Madrid.

Catalán R. (2014). Representaciones de lo intercultural en un liceo de Santiago de Chile. Apuntes etnográficos sobre las potencialidades y limitantes del tiempo como categoría cultural. En A. Franzé y D. Poveda, *Miradas y voces etnográficas en la educación. Contextos múltiples de socialización y aprendizaje. Un análisis desde la etnografía de la educación* (pp. 7-13). Madrid: Traficante de Sueños.

Catalán R. (2013). Prácticas y discursos pedagógicos en Toconao. Cultura, patrimonio e interculturalidad. *Estudios Atacameños, 45*, 19-40.

Chiodi F. y Bahamondes M. (2001). *Una escuela, diferentes culturas*. Temuco: Corporación Nacional de Desarrollo Indígena.

Dietz G. (2003). *Hacia una antropología de la interculturalidad*. Granada: Editorial Universidad de Granada.

Donoso-Díaz S. y O. Arias-Rojas. (2013). Desplazamiento cotidiano de estudiantes entre comunas de Chile: evidencia y recomendaciones de política para la nueva institucionalidad de la educación pública. *Revista EURE, 39*(116), 39-73.

Dubar C. (2002). *La crisis de las identidades*. Barcelona: Ediciones Bellaterra.

Franzé A. (2007). Antropología, educación y escuela. Presentación. *Revista de Antropología Social, 16*, 7-20.

Franzé A. (2003). *Lo que sabía no valía: escuela, diversidad e inmigración*. Madrid: Consejo Económico y Social de la Comunidad de Madrid.

Geertz C. (1987 [1973]). *La interpretación de las culturas*. Barcelona: Gedisa.

Jociles M. I. (2007). Panorámica de la antropología de la educación en España: estado de la cuestión y recursos bibliográficos. *Revista de Antropología Social, 16*, 67-116.

Ogbu J. (2006). Etnografía escolar. Una aproximación a nivel múltiple. En H. M. Velasco, F. J. García y A. Díaz de Rada (Eds.), *Lecturas de antropología para educadores*, (pp. 145-174). Madrid: Trotta.

Rockwell E. y A. Gómez. (2009). Introduction to the special issue: Rethinking Indigenous Education from a Latin American perspective. *Anthropology and Education Quarterly*, 40(2), 97-109.

Williamson G. (2012). Institucionalización de la educación intercultural bilingüe en Chile. Notas y observaciones críticas. *Perfiles educativos*, 34(138), 126-147.

Williamson G. (2004). ¿Educación multicultural, educación intercultural bilingüe, educación indígena o educación intercultural? *Cuadernos Interculturales*, 3, 16-24.

B. Exploraciones etnográficas actuales

Aprender, participar e investigar en la escuela: particularidades y desafíos de la etnografía escolar

Laura Luna

¿Qué aprendemos en la escuela? Una innumerable cantidad de cosas, por cierto. Sin embargo, muchos convendrían que lo que más y mejor aprendemos durante nuestro largo pasar por la escolaridad no tiene que ver con los múltiples contenidos y habilidades detallados en el currículum nacional. De hecho, es muy poco lo que recordamos de lo que nos han enseñado (o han tratado de enseñarnos) durante las actividades didácticas. En cambio, el tedio de las largas horas en la sala y los inventos para superarlo; las normas, sus consecuencias y las estrategias para esquivarlas; los sobrenombres y las burlas de los compañeros; el profesor estimulante o el inspector intransigente, son algunas de las situaciones típicas de la vida escolar que guardamos en nuestra memoria como algo más que anécdotas. En buena medida, la reelaboración de las vivencias escolares, constituye uno de los componentes centrales de la transición a la vida adulta y de la formación de nuestra identidad. Incluso los padres parecen tener claro el rol que juegan las rutinas cotidianas y las relaciones sociales en la formación de los niños, porque, tal como han mostrado algunos estudios (CEP, 2011; Gaete, 2015), la mitad de ellos elige el colegio para sus hijos en función de los valores y hábitos que entregará, más que por su calidad académica. Llama la atención, entonces, cómo la gran mayoría de los investigadores de la educación que miran a la realidad escolar de nuestro país se han focalizado en los efectos de las políticas educativas sobre la práctica docente, en el rendimiento académico y en la segregación socioeconómica, ignorando los procesos de socialización y los efectos de la realidad escolar o de un *tipo* de realidad escolar para la formación de los niños como *personas*[1].

Este capítulo tiene tres propósitos. El primero es destacar la relevancia de la aproximación a la educación escolar desde una perspectiva que ve el aprendizaje como un fenómeno intrínsecamente social, más que académico, y más

---

[1]   Una interesante excepción son los trabajos de Assaél y Neumann (1988); Cerda, Assaél, Ceballos y Sepúlveda (2000).

situacional que curricular. El segundo es mostrar, por un lado, la necesidad de la etnografía basada en la participación del etnógrafo en las situaciones mismas de aprendizaje y, por otro, la necesidad de una mirada antropológica a los procesos educativos para comprender la formación de los niños como personas en el contexto escolar. El tercero es discutir algunos aspectos que complejizan la participación del etnógrafo en la escuela, constituyéndose en desafíos que es importante tomar en cuenta al emprender una etnografía en un establecimiento. Mi propia experiencia como etnógrafa en diferentes comunidades escolares (en Inglaterra y en Chile; en el mundo rural indígena y en el urbano), constituye la base de las reflexiones que siguen, por lo que haré referencia a algunas de las situaciones y problemáticas que se me presentaron en esos contextos.

La escuela como comunidad de práctica o aprender a ser en la escuela

Que la escuela sea una institución universal no es nuevo para nadie. La imagen de niños sentados en una sala mirando a un adulto que habla o da instrucciones –la versión más tradicional del acto pedagógico– permite, en cualquier parte del mundo, reconocer la existencia de una escuela. La presencia de prácticas, artefactos e imágenes que tipifican a cualquier escuela se debe a su carácter institucional, es decir, al hecho de ser una organización que funciona según mecanismos procedimentales y una estructura de roles y labores preestablecidos a nivel central. Desde el Estado se normativizan y supervisan los procesos de enseñanza-aprendizaje de las nuevas generaciones durante su niñez y juventud.

Sin embargo, las escuelas no han de entenderse solo como "burocracias" (Díaz de Rada, 2008; Eddy, 1993), son también grupos de personas que trabajan y se desenvuelven dentro de un determinado espacio y un determinado régimen, situado en un contexto histórico y social específico. En sus interacciones cotidianas establecen relaciones de reciprocidad e interdependencia; comparten, o llegan a compartir por intercambio, conocimientos y significados, construyendo una forma compartida de entender su propio quehacer; desarrollan un sentido de pertenencia compartido. Es decir, se constituyen en una comunidad de práctica (Wenger, 1998). Por "práctica", explica Wenger, se entiende el "hacer en un contexto histórico y social que otorga estructura y significado a lo que hacemos" (p. 47). Esta involucra un amplio repertorio de elementos tanto materiales como inmateriales, tanto explícitos como tácitos (lenguajes, documentos, artefactos, roles, símbolos, gestos, entre otros). Wenger (1998) pone en evidencia cómo el "diseño organizacional", es decir, el carácter burocratizado e institucional de una organización, adquiere vida y sentido solo en una comunidad de práctica, donde "lo oficial se encuentra con lo cotidiano" (p. 243). En una institución como la escuela el diseño organizacional se refleja en altos niveles de "reificación", necesarios para su reglamentación, es decir: políticas, currículos, definiciones, reglas, programas, etc. Estos, sin duda, dan un sello a las formas de "participación", pero no se acoplan a estas.

La idea de *comunidad de práctica* es central para mirar al aprendizaje que ocurre en el contexto escolar más allá de lo establecido en los planes y programas o en el proyecto educativo institucional. Implica poner el foco de atención en las relaciones intersubjetivas que caracterizan una realidad escolar específica. Esas relaciones son mucho más que el contexto del aprendizaje escolar –el cual tendría influencia sobre el aprendizaje académico o cognitivo–; constituyen la esencia misma del aprendizaje de los niños, otorgándole contenido y significado. Desde una perspectiva fenomenológica del conocimiento –la que ha sido impulsada por diversos antropólogos (Lave y Wenger, 1991; Toren, 2001; Ingold, 2001; Marchand, 2010, entre otros)–, nuestros cambios en la comprensión del mundo no constituyen un momento aparte de nuestro actuar e interactuar en él. Tampoco estos son el resultado de un proceso de *internalización* de la realidad social de parte del individuo, tal como el trabajo de Vigotsky sugiere. De acuerdo con Lave y Wenger (1991), esta visión perpetúa una dicotomía entre el mundo individual y el social, o el cognitivo y el corporal, insinuando que el verdadero "locus" del aprendizaje es la mente individual (p. 47). Por el contrario, desde una perspectiva fenomenológica que ve el aprendizaje como una dimensión de la práctica, conocer es una actividad intrínsecamente social que se va "haciendo" en la medida en que estamos y actuamos en el medio. El medio está conformado por las personas con las cuales interactuamos y por los lugares y artefactos cargados de significados socialmente compartidos. Consecuentemente, aprender, en cuanto fenómeno situado, es una forma de participar (estar, ser y hacer) en ese espacio. Desde esta perspectiva, aprender en la escuela es involucrarse de manera paulatina en el sistema de relaciones, actividades y significados que caracterizan una comunidad de práctica particular. Ese involucramiento es integral y conlleva una transformación del participante como persona, porque implica incorporar una forma de ser (Herrenkohl y Mertl, 2010).

Desde este marco, en los últimos años he estado investigando[2] qué hace de dos comunidades escolares de la Araucanía dos lugares peculiares de aprendizaje o, dicho de otro modo, qué aprendizaje específico es generado en cada una de esas comunidades y cuáles formas de ser se moldean en la práctica cotidiana

[2]   Proyecto FONDECYT n.° 11110390 "Aprender en diferentes 'comunidades de práctica': estudio etnográfico comparativo de la práctica social de una 'escuela indígena' rural y una 'escuela no indígena' urbana en la región de la Araucanía", 2011-2014.

de sus participantes. Se trata, en primer lugar, de una escuela básica particular subvencionada, ubicada en un sector mapuche rural. Esta es la concreción de un proyecto educativo de la comunidad local orientado al fortalecimiento de la identidad cultural y étnica de los niños, y vinculado al movimiento social mapuche que demanda el reconocimiento constitucional y la autonomía territorial de su pueblo. La otra comunidad estudiada es, en cambio, una escuela básica municipal y urbana con una matrícula diversificada de niños rurales y/o mapuche y niños urbanos en desventaja socioeconómica. Contrariamente a la escuela rural mapuche, esta carece de un proyecto educativo claramente definido ni apropiado por los docentes, quienes, como en muchos otros establecimientos municipales, sufren la presión de un sistema centralizado de rendición de cuentas que tecnifica su labor y los desprofesionaliza (Carrasco, 2013; Falabella y Opazo, 2014).

En suma, por un lado tenemos una comunidad de práctica cohesionada en torno a un proyecto étnico y cultural. El empoderamiento étnico y la reproducción de la cultura orientan el quehacer diario de los miembros de la organización escolar, la cual no es nada más que un medio para conseguir de esos fines. Por lo mismo, los profesores, aun sufriendo las presiones y exigencias de un sistema culturalmente exógeno (la educación occidental), no sucumben ante ellas, ya que las pueden resignificar en función de su proyecto étnico-cultural. Los estudiantes también conocen y, en su mayoría, comparten la naturaleza del proyecto que inspira el centro educativo, contribuyendo a generar una comunidad de práctica nítida y sólida. Por otro lado, la escuela urbana se configura como una comunidad de práctica desperfilada, privada de un sentido común que oriente las acciones de sus miembros. Los profesores cumplen con su rol de docentes, al igual que los niños con el de ser estudiantes, por lo que ambos participan en la "empresa común" –como plantea Wenger (1998)– de mantener en función la organización escolar; sin embargo su quehacer carece de trascendencia. Esto último se revela en las percepciones y prácticas de profesores y niños, donde se muestran sujetos alienados que actúan conforme a un fin impuesto: el de educar (para los profesores) y el de educarse (para los niños). Por lo tanto, en las actividades e intercambios diarios sí se construyen significados compartidos que permiten hablar de una comunidad de práctica, pero esos dicen relación con la necesidad de *sobrevivir* como individuos a un medio enajenante, y no con el interés por lograr objetivos que trasciendan ese medio, como ocurre en la escuela rural mapuche.

El aprendizaje situado en cada una de estas realidades es, como puede imaginarse, muy diferente. En la escuela rural mapuche los niños aprenden qué significa ser mapuche, y adquieren herramientas para posicionarse como mapuches en la sociedad. Reelaboran las relaciones y los conocimientos de su medio familiar y comunitario en función de una imagen de mapuche altamente valorada en la escuela, no solo a nivel curricular o discursivo, sino también a través de las decisiones y prácticas cotidianas de los adultos. Esa imagen, entonces, se carga de sentido y es fuente de autoestima para la gran mayoría de los niños; mientras para otros, que no se reconocen plenamente en dicha imagen –como es el caso de los niños evangélicos–, da lugar a tensiones identitarias (Luna 2015a). Por el contrario, en la escuela urbana municipal aparentemente los niños no aprenden mucho más que a ser sujetos escolarizados, lo que significa adquirir las habilidades básicas (leer, escribir, contar) y someterse al conjunto de normas y roles que caracterizan la institución escolar. Sin embargo, la inexistencia de un proyecto educativo claro y de un modelo de persona educada explícito en las prácticas del establecimiento solo hace menos notorio el aprendizaje situado, pero no por eso está menos presente. Los niños desarrollan habilidades y construyen conocimientos en sus creativos intentos de sobrellevar el aburrimiento en la sala de clase y la frustración que les genera la exclusión de los procesos didácticos, conducidos por docentes desmotivados. En este sentido, las múltiples estrategias de resistencia que ponen en acto para transgredir las normas escolares no son solamente mecanismos de sobrevivencia a un contexto enajenante, sino también actividades generadoras de formas de conocer, ser y hacer que pueden proyectarse más allá del contexto escolar y en su participación en la vida ciudadana (Luna 2015b).

La educación escolar desde un enfoque antropológico y etnográfico

La aproximación a la escuela como sitio de aprendizaje principalmente de orden social y cultural cuenta ya con diversas décadas de desarrollo gracias al trabajo de los antropólogos de la educación. La antropología de la educación surge en los años 1950 como subdisciplina de la antropología cultural, a partir del interés de un grupo de investigadores norteamericanos por el estudio de las dinámicas, procesos sociales y valores en juego dentro de la educación formal. Este enfoque deriva de la temática más general de las formas de socialización transmitidas culturalmente que se empezó a abordarlas en el marco de la escuela antropológica "Cultura y Personalidad", particularmente en el trabajo de Margaret Mead (1928). Para George Spindler, uno de los fundadores de la antropología de la educación, la educación formal es, a todo efecto, una instancia de transmisión cultural como las que existen en cada grupo social y cultural para su mantención en el tiempo, por lo que es necesario estudiarla desde un enfoque antropológico y mostrar los cambios y las rupturas que esta introduce respecto a otras formas de socialización y transmisión que los niños traen consigo a la escuela (Spindler, 2007).

El interés propiamente antropológico por investigar la cultura en el contexto de la educación escolar se ha encontrado con la atención otorgada al "currículum oculto" por investigadores especialistas de la educación. Esta noción fue utilizada por Philippe Jackson en 1968 en su conocido libro *Life in Classrooms*, donde por primera vez se analizan todos esos momentos y situaciones aparentemente secundarios que conforman la rutina escolar y que, en su juicio, son claves para conocer cómo los niños viven en la escuela y qué aprenden de ella. Para Jackson, estar en una fila o levantar la mano para hablar, complacer a la autoridad con la respuesta esperada o mostrar interés por aprender, por ejemplo, son aprendizajes del currículum oculto que se espera que los niños adquieran, y que son aún más necesarios que los del currículum oficial para que el proceso de escolarización sea exitoso.

La obra de Jackson es precursora del trabajo de los antropólogos de la educación, quienes, mediante un enfoque etnográfico, han buscado los patrones culturales implícitos y tácitos que se reproducen en las interacciones sociales de la escuela y del aula. Los trabajos de microetnografía o etnografía de la comunicación, influenciados por la sociolingüística, de Cazden, John y Hymes (1972), Erickson (1996), Mehan (1979), entre otros, de alguna manera también dan cuenta del currículum oculto al analizar las formas o estructuras de participación en el aula. Por otra parte, con una mirada que trasciende el espacio de la sala de clase para examinar el conjunto de prácticas sociales que se desarrollan en un establecimiento educacional, los trabajos aunados en el texto de Levinson, Foley y Holland (1996) ven a las "escuelas como sitios para la formación de subjetividades a través del consumo y de la producción de formas culturales" (Levinson y Holland, 1996, pp. 13-14). La colección de ensayos etnográficos muestra cómo las prácticas escolares reproducen un modelo de persona educada sostenido por las ideologías y clases dominantes, pero también cómo ese modelo puede ser cuestionado o reforzado por formas de participación paralelas a las formalmente establecidas, ya que dicen relación con otros sitios de aprendizaje para los cuales cobran sentido. Las etnografías que ponen a luz las diferentes expresiones de resistencia a las formas de participación establecidas refuerzan esta idea de la escuela como lugar de disputa entre diferentes formas de socialización y diferentes modelos de persona. Los trabajos de Willis (1977), McLaren (1986), Wolcott (1997), Evans (2006) en el mundo anglosajón y Rockwell (1995) y Bertely (2000) en Latinoamérica, son solo algunos ejemplos de esta perspectiva.

No sorprende que la etnografía, como enfoque y como metodología (basada principalmente en la observación participante), haya caracterizado la gran mayoría de los estudios antropológicos de la educación. Investigar la participación y el aprendizaje social y cultural en el contexto escolar no parece posible sino haciéndose parte de ese mundo en que los sujetos de estudio se desenvuelven. En otras palabras, solo se pueden conocer y comprender las formas de participación en el contexto escolar tal como los antropólogos tradicionalmente han estudiado el *habitus* de grupos humanos particulares: participando de manera estable y prolongada en una comunidad o sitio, y captando "desde adentro" tanto las maneras en que los sujetos se van involucrando en las actividades como los significados que van construyendo sobre ellas. Por lo tanto, la *participación* del investigador –unida a su bagaje teórico-analítico– es el principal instrumento de recolección de datos y constituye la médula de la investigación etnográfica, tal como ha sido diseñada dentro de la antropología.

Sin embargo, la etnografía no se restringe a la participación directa del investigador en los contextos estudiados. También dice relación con una manera de leer los datos recolectados mediante la observación participante y otras técnicas. Esta aclaración ha sido hecha por diversos antropólogos ante la propagación de la etnografía como "método" de análisis cualitativo en los estudios educacionales llevados a cabo por otras disciplinas. Wolcott (1985) y Spindler y Spindler (1997) de manera eficaz explican los elementos que hacen una "buena" etnografía o una etnografía válida desde un punto de vista antropológico: ambos destacan la dimensión interpretativa. Lo anterior significa ir más allá de la descripción de ciertos fenómenos o del reporte de las categorías *emic* –o punto de vista del nativo– para articular o traducir los hallazgos en categorías analíticas que añaden conocimiento al que es producido localmente: "Es imperativo descubrir lo que el nativo no sabe de manera explícita (la cultura tácita e implícita) y examinar la interacción de las personas en cuanto actores en escenarios sociales. Saber lo que los nativos saben no es suficiente" (Spindler y Spindler, 1997, pp. 71-72)[3].

Por otra parte, si bien la esencia del trabajo etnográfico, tal como afirma Wolcott (1985), está en su intencionalidad (que es hacer interpretación cultural), hay otros aspectos fundamentales para llevar a cabo una (buena) etnografía. Pasar un largo tiempo en el contexto de estudio, sumergiéndose en la cotidianidad de los sujetos hasta llegar a ser percibido como parte de ella; mantener la posición de observador en cada instancia en que se participa; llevar un registro sistemático de todas las situaciones que parecen relevantes para las preguntas de investigación formuladas, e ir re-formulando esas preguntas en la medida que el trabajo de campo y el análisis de datos permiten visualizar otras dimensiones

---

[3]   Traducción propia.

y vetas de indagación significativas. Todos estos son componentes claves del trabajo etnográfico en cualquier contexto, y el escolar no constituye excepción. Sin embargo, la escuela como sitio y objeto de investigación etnográfica presenta particularidades y desafíos sobre los cuales me parece necesario reflexionar.

Particularidades y desafíos de hacer etnografía en la escuela

Todos somos seres escolarizados. Es decir, nadie podría extrañarse frente a la escuela; todo lo contrario, es un lugar que, esencialmente, conocemos muy bien. A mi juicio, precisamente esta falta de "sorpresa", a la cual un etnógrafo de escuela está sometido, por lo menos en su primer impacto con el objeto de estudio, constituye el primer desafío de hacer etnografía en la escuela. Sin tener la intención de enfatizar el exotismo de los estudios antropológicos contemporáneos, que hace tiempo han dejado de buscar tribus o aldeas lejanas física y culturalmente, quiero poner énfasis en el hecho de que la familiaridad que el etnógrafo inevitablemente tiene con la escuela puede poner en riesgo su capacidad de mirarla críticamente y de desarticular todos aquellos componentes que hacen de ella una realidad *sui generis*. Sostengo que el investigador que "vuelve a la escuela" para hacer una etnografía se encuentra en una situación comparable a los antropólogos que hacen "antropología en casa". Especialmente, quiero apuntar a algunos inconvenientes que la etnografía escolar o "antropología en la escuela" presenta, y que dicen relación con aspectos señalados por la discusión antropológica sobre la "antropología nativa" (*native anthropology*) o "antropología en casa" (*home anthropology*).

En la literatura se ha apuntado a las facilitaciones en términos de acceso al lugar de estudio y de intimidad con sus sujetos que lograría un antropólogo "nativo" al estudiar un sitio del cual es "originario". Se captaría mejor el "verdadero" punto de vista del nativo y se lograrían mayores niveles de reflexividad tanto en relación con la sociedad que es objeto de estudio (y lugar de origen del antropólogo) como en relación con los métodos y prácticas de la antropología (Strathern, 1987). Por otra parte, también se han discutido la ambigüedad y el relativismo de la categoría de "nativo" (Narayan, 1993). Por un lado, estamos siempre sujetos a tener algún grado de familiaridad con los miembros de las comunidades que estudiamos, sea por motivos de clase, género, edad o historia de vida. Y por otro, el mismo hecho de tener una formación académica en una determinada disciplina (antropología) cuestiona *per se* nuestra condición de nativo, aunque pertenezcamos al contexto de origen de los sujetos estudiados, e impone una inevitable distancia entre ellos y nosotros, aun cuando tengamos muchos elementos de afinidad en el plano personal (Narayan, 1993).

En la misma línea, Strathern propone mover el foco de atención desde el estatus del antropólogo al tipo de análisis que este produce y, en particular, al grado de "continuidad cultural" que existe entre el producto del trabajo del antropólogo y la forma en que la gente estudiada da cuenta de su realidad (Strathern, 1987, p. 17). En este sentido, ella considera que sería legítimo hablar de "autoantropología" en el caso de un estudio de un antropólogo inglés en Essex (Inglaterra) pero no en el caso de un antropólogo Malay (Indonesia) en su lugar de origen. La razón de esta diferencia estaría en el manejo de conceptos para describir y explicar la realidad en cuestión: en el contexto inglés existen ya nociones de cultura, sociedad y relaciones sociales que marcan la visión que la gente tiene de sí misma. No así en el caso de la zona Malay, donde la discontinuidad entre marcos conceptuales y, de manera más general, lenguajes, sería total. Ahora, contra esta distinción es posible hacer el alcance de que hoy en día los conceptos de cultura y sociedad y muchos otros producidos en el marco de las ciencias sociales, y en particular de la antropología, han dejado de ser de exclusivo dominio del mundo occidentalizado. Al contrario, estos son adoptados incluso por pueblos originarios, quienes los han utilizado en función de sus procesos de reconstitución y producción identitaria. Desde esta perspectiva, es bastante difícil encontrar en la actualidad las situaciones de discontinuidad a la cual apela Strathern para trazar los límites de la "autoantropología", ya que, de una u otra forma, todos los antropólogos estaríamos haciendo "antropología en casa".

Sin embargo, me parece relevante rescatar el concepto de "continuidad cultural" para examinar el caso del antropólogo en la escuela. Para él o ella, esta continuidad se inscribe en un plano que es tanto vivencial y subjetivo como conceptual y de lenguaje, es decir, el antropólogo está sujeto a identificarse con la vida de la escuela por ser ella parte de su historia personal y, a la vez, por vivir en una sociedad escolarizada. Es evidente que la distancia temporal de la experiencia escolar, así como la formación académica y profesional y, sobre todo, la mirada crítica que brindan la antropología y otras ciencias sociales, amortiguan el impacto cultural y "cognitivo" de la escolarización y entregan al investigador las herramientas conceptuales necesarias para mirar y pensar la escuela desde otras perspectivas. Sin embargo, me atrevo a sostener que está siempre presente el riesgo de "acoplamiento" a los marcos interpretativos entregados por la sociedad e interiorizados en nuestra experiencia de vida personal para mirar a la escuela.

La dificultad de hacer en la escuela "extraño lo que es familiar" (Erickson, 1984) –conocido mandato de la tarea antropológica– es mayor para todos los especialistas de la educación que emprenden o creen emprender una investigación etnográfica en la escuela. Por lo mismo, se hace particularmente necesario el entrenamiento antropológico y el manejo de herramientas conceptuales para escudriñar el modelo de transmisión cultural en el cual nosotros mismos hemos sido plasmados. Por otra parte, una actitud proactiva y flexible en la gestión de la propia participación en el campo puede ayudar también a sobrellevar la posible sensación de estancamiento en la observación: pasado un tiempo desde la inserción del investigador en el contexto escolar, el carácter rutinario y reiterativo contribuye a aplastar cualquier sentido de novedad: los días escolares transcurren todos de forma similar, según el calendario establecido y, tras un tiempo, la sensación imperante es que ya no hay nada interesante que mirar.

Otro orden de desafíos de hacer etnografía en la escuela dice relación con la naturaleza institucional de la escuela y su estructura organizacional, que marcan de manera significativa tanto el posicionamiento del etnógrafo en la comunidad de práctica como su experiencia de trabajo de terreno. En ese sentido, los principales problemas para la participación del etnógrafo son los siguientes: 1) la estructuración de roles y funciones a la cual están sujetos todos los miembros de la comunidad, desde los más centrales a los más periféricos (cuya participación es más bien ocasional y vinculada a acciones puntuales); 2) el régimen de disciplina y permanente supervisión a la cual están sometidos todos los participantes de la organización y la organización en su conjunto; 3) la neta división de los miembros de la organización en dos grandes grupos: los adultos y los niños; y el antagonismo y la estructura de poder intrínseca a esta distinción. Está claro que estos tres aspectos están estrechamente relacionados.

Tener un rol y cumplir una función dentro de una institución escolar en el marco del sistema universalizado de *accountability* o rendición de cuentas, significa estar sujetos a ser constantemente monitoreados y evaluados por el propio desempeño, y ha implicado que el quehacer cotidiano en el contexto escolar esté conducido de acuerdo con pautas aún más estructuradas de lo que ya solían ser (Falabella, 2014). Este régimen se aplica claramente a profesores, estudiantes y directores, pero los profesionales de apoyo tampoco son ajenos, especialmente si son contratados por el sistema público (Municipio o Ministerio). El acceso del etnógrafo en calidad de investigador escapa al amplio abanico de profesionales que normalmente contribuyen a la labor escolar fuera de los profesores. El etnógrafo, de hecho, no colabora de ninguna manera en la actividad educativa, porque su trabajo de observación no está orientado a entregar retroalimentación para el mejor cumplimiento del fin institucional: la efectividad del proceso de enseñanza-aprendizaje, por ejemplo. Lo que el etnógrafo observa en clase no se refleja en un informe a corto plazo, como es el caso de las observaciones de externos para las evaluaciones de desempeño docente que efectúan representantes del Ministerio. Por lo mismo, él es un libre agente dentro del contexto escolar y ajeno al sistema de rendición de cuenta, lo que le permite casi situarse

en una posición de externalidad y, en cierta medida, de superioridad. No debe
someterse al sistema de supervisión ni tampoco a la rígida estructura de roles
que pautea los comportamientos tanto de los profesores como de los estudiantes: puede acompañar a alumnos y docentes en la rígida rutina escolar, pero
también puede salirse de ella en cualquier momento; puede, en su calidad de
adulto, llamar la atención a los niños por su conducta inadecuada, pero no se
espera de él o ella que lo haga, porque no es parte de las obligaciones implícitas
que tienen todos los adultos en el contexto escolar, desde los profesores hasta
los trabajadores de la limpieza. El ejercicio de esta libertad en un contexto tan
normado puede ser desconcertante para los miembros de la comunidad escolar.
Al mismo tiempo, el etnógrafo, para poder insertarse en la vida de la escuela
debe someterse al orden, a la disciplina y a las reglas de comportamiento que
incumben incluso a los adultos. Debe intentar posicionarse también como un
"legítimo aprendiz" –aunque muy periférico– de esa comunidad de práctica
(Lave y Wenger, 1991) para garantizar tanto su aprendizaje como su "supervivencia" (legitimidad) en ese contexto[4].

Por otra parte, si las observaciones del etnógrafo son, en un sentido, menos
amenazantes –porque no tienen las mismas consecuencias que las institucionales–, su carácter continuado e invasivo (las observaciones institucionales son,
por lo general, anunciadas de antemano y son puntuales y acotadas en términos de tiempo), la poca claridad respecto a su utilización o fin, y la falta de acceso a sus resultados (en el corto plazo) por parte de los participantes-objetos
de la observación, son todos elementos que aumentan el estrés y la presión a
la cual ya está sometido el gremio de los profesores. El hecho que el etnógrafo venga de un medio académico y no en calidad de agente de un organismo
gubernamental, no lo convierte en un aliado de los docentes; por el contrario,
la posición de "vigilia" en la cual se sitúa, unida a la ambigüedad que reina en
torno al estatus y función de su trabajo, se configura como un obstáculo para
el establecimiento de relaciones de confianza, imprescindibles para el éxito de
cualquier trabajo etnográfico.

---

[4]   Lave y Wenger (1991) definen el aprendizaje como una forma legítima y periférica de
participación (*legitimate peripheral participation*) en una comunidad de práctica. El aprendiz se encuentra en una posición marginal respecto a un corpus de conocimiento y a un *modus operandi* que
caracteriza esa comunidad de práctica y que se espera que se convierta en algo familiar y "natural" (por medio de su corporalización) para todos sus participantes. Los aprendices, por esencia,
no tienen pleno dominio de las prácticas de su comunidad, por lo mismo se encuentran en una
posición periférica; sin embargo, esa falta de experticia es aceptada como algo legítimo, justamente
por su calidad de novicio o aprendiz. La posición de novicio se define intrínsecamente como algo
transitorio, ya que se espera que en algún momento la participación del nuevo miembro sea plena
y que el proceso de aprendizaje, si bien nunca se complete, alcance el desarrollo del conjunto de
competencias requeridas tanto explícita como implícitamente en una comunidad de práctica.

En mi trabajo de campo en una escuela inglesa sufrí bastante mi condición de observadora externa de la práctica de los profesores. Mi preocupación por la incomodidad que mi presencia podía generar en ellos, unida a mis dificultades de orden cultural y lingüístico para establecer relaciones de complicidad, me llevaron a actuar cada vez más como un apoyo directo a la labor de los profesores. Ofrecía directamente ayuda de todo tipo y aceptaba incondicionalmente demandas de los profesores de colaborar con el orden y la disciplina. El efecto de esta toma de posición fue nefasto, obviamente no para mi relación con los profesores (que sin embargo no mejoró significativamente), sino para mi relación con el otro importante grupo de participantes de la comunidad escolar: los alumnos. No llegué a percibir las formas de resistencia hacia mí que Wolcott (1993) señala en su brillante ensayo "El maestro como enemigo". Sin embargo, fui marginada de su mundo solo por ser considerada una ayudante más de los profesores. Es más, las expectativas de los estudiantes hacia mi forma de actuar (por ejemplo, en dirimir conflictos entre niños) se afianzaron en ese sentido al punto que fui objeto de reacciones de desconcierto y molestia cuando, tratando de revertir mi papel, empecé a actuar como niña en varias circunstancias, arriesgándome a romper alguna regla o mostrando complicidad con quien tenía conductas reprochables, desde la perspectiva de los adultos. También me negaba a responder peticiones de niños y adultos que reforzaran la imagen de "teaching assistant" que me había construido. De tal forma me fue posible convertirme en una "legítima participante" (Lave y Wenger, 1991) del mundo de los niños, aunque nunca me liberé de la tensión que significaba tratar de establecer vínculos de confianza paralelamente con los dos bandos opuestos de la comunidad escolar.

La condición de adulto naturalmente posiciona al etnógrafo en el bando de poder institucional, por lo que se hace necesario encontrar diferentes maneras para romper con los prejuicios y expectativas hacia el mundo adulto que pueden impedir un auténtico intercambio con los niños. Pasar los recreos y almorzar con los estudiantes; jugar, consumir con ellos e incluso hacer las mismas tareas durante las horas de clase pueden ayudar a reducir la brecha, aunque la medida en que eso va a ayudar depende también del tipo de relación adulto-niño que caracterice cada comunidad escolar. En el caso de mi reciente investigación en Chile[5] el acceso al mundo de los niños fue completamente diferente para mí en la escuela rural mapuche y en la urbana municipal. En la primera, la actitud de estima y respeto de los estudiantes hacia los mayores y hacia las normas y espacios establecidos en la institución escolar y afuera se traducía en una distancia estructural entre ellos y el adulto, no obstante lo amistoso que este tratara de

---

[5]   Se trata del proyecto FONDECYT n° 11110390, citado anteriormente.

ser. Esta condición, unida también a factores como la timidez de los niños y mi cercanía personal con algunos profesores, entre otros, me hizo difícil penetrar en profundidad en su visión de mundo. En cambio, en la escuela urbana, donde la relación adultos-niños era confrontacional y la única autoridad a la cual podían apelar los profesores era la que tenían en virtud de su rol como profesores, paradójicamente, existían las condiciones para establecer una relación más paritaria y cómplice con los estudiantes: el adulto que no tenía una actitud de vigilancia ni de censura era, solo por eso, un potencial amigo y aliado. En consecuencia, en la escuela urbana con facilidad pude establecer relaciones de confianza y amistad con algunos niños.

Por otra parte, el mundo de significados de los niños al cual se puede tener acceso desde el contexto escolar es limitado. La excelente etnografía de Gillian Evans (2007) muestra que participar en los contextos familiares de los niños es indispensable para comprender su valoración de la educación escolar y sus formas de participar en la escuela. Sin embargo las familias también tienden a ser interlocutores antagónicos de la organización escolar. Especialmente en contextos de desventaja socioeconómica, las escuelas asumen una postura educativa y evaluativa hacia las mismas familias, por lo que no es fácil para el etnógrafo acceder y establecer un auténtico diálogo con ellas al ser identificado como emisario de la institución escolar. Este tipo de problemáticas puede y debe ser abordada de antemano cuidando la selección de las "vías de entrada" que marcan de manera determinante la experiencia de campo, tal como señala Rockwell (2009, p. 56).

Es evidente que todas las dificultades mencionadas para la incorporación del etnógrafo en la o las comunidades de prácticas de profesores, niños y familias pueden ser superadas con éxito, ya que el largo periodo de trabajo de campo permite cambios y reajustes. Pero es importante tener presente que ser etnógrafo de escuela requiere constante reflexividad sobre el propio posicionamiento en el contexto de estudio, y especial trabajo sobre el rol que se espera asumir en virtud de las preguntas de investigación que se definieron y que se van redefiniendo durante la etnografía. Junto con la flexibilidad necesaria para reinventarse en el campo, también parece necesario recordar en qué consiste el carácter holístico que se aspira a dar a la propia etnografía para que efectivamente sea acreditada por los antropólogos como tal. Así como señalan varios autores –Spindler y Spindler (1997), Rockwell (2009), Ogbu (1993), entre otros– el *holismo* o la *comprehensividad* de la etnografía dice relación no con el registro exhaustivo de todas las instancias y voces en el campo, sino con la variedad y profundidad de las relaciones que se establecen entre las diferentes situaciones y eventos que se observan en el sitio etnográfico, como también entre esos y los acontecimientos y procesos que se desarrollan en otros contextos relevantes:

las familias, la comunidad local, las políticas públicas, las condiciones socio-económicas, los procesos histórico-sociales, entre otros.

En suma, lo que he querido argumentar es que algunas características hacen de la escuela un lugar peculiar y con desafíos específicos para la realización de trabajo etnográfico. La familiaridad o "continuidad cultural" entre el etnógrafo y la escuela como objeto de estudio plantea una particular exigencia de adecuado entrenamiento antropológico, para que el etnógrafo pueda desenvolverse en el campo con la "ingenuidad funcional" que requiere el oficio y, al mismo tiempo, con la sensibilidad necesaria para captar matices y establecer relaciones relevantes. Por otra parte, la rígida división de roles en la cual predominan dos grupos estructuralmente contrapuestos por variables niveles de antagonismo (profesores y niños) requiere tanto de un acabado diseño y manejo previo de la posición que se ocupará en terreno, como del constante trabajo para consolidar o repensar y deslizar esa posición para transformar la propia participación según las necesidades de la investigación.

Finalmente, sugiero que la participación del etnógrafo en la escuela implica, por un lado, volver a aprender cómo se aprende en la escuela (como niños), pero al mismo tiempo interpelar esas mismas formas de aprendizaje desde la participación en otras dimensiones de la vida escolar (en calidad de adultos), desarrollando la capacidad de establecer complicidades en ambos "bandos". Pero también, junto con vivir o re-vivir la escuela en sus diferentes facetas, es crucial buscar activamente la ruptura con el modelo dominante de pensar la realidad escolar para facilitar la discontinuidad cultural de la mirada del etnógrafo respecto a ese mundo que, inevitablemente, le es familiar. Asumir este múltiple desafío es fundamental para que la etnografía pueda hacer un auténtico aporte al conocimiento de la escuela y contribuir a hacer más significativo el aprendizaje que se da en ella.

Referencias

Assaél J. y Neumann E. (1988). *Clima emocional en el aula. Un estudio etnográfico de las prácticas pedagógicas*. Santiago: Programa Interdisciplinario de Investigación en Educación.

Bertely M. (2000). *Familias y niños mazahuas en una escuela primaria mexiquense: etnografía para maestros*. México: Sindicato de Maestros al Servicio del Estado de México.

Carrasco A. (2013). Mecanismos performativos de la institucionalidad educativa en Chile: pasos hacia un nuevo sujeto cultural. *Observatorio Cultural, 15*, 4-10.

Centro de Estudios Públicos. Estudio nacional de opinión pública. Junio-Julio 2011. Recuperado de http://www.cepchile.cl/dms/archivo_4844_2963/encuestaCEP_junio-julio2011_completa.pdf

Cerda A., Assaél J., Ceballos F., Sepúlveda R. (2000). *Joven y alumno: ¿conflicto de identidad?* Santiago: Programa Interdisciplinario de Investigación en Educación/ lom Ediciones.

Díaz de la Rada A. (2008). ¿Qué obstáculos encuentra la etnografía cuando se practica en las instituciones escolares? En M.I. Jociles y A. Franzé (Eds.), *¿Es la escuela el problema?* (pp. 24-48). Madrid: Editorial Trotta.

Eddy E. (1993). Iniciación a la burocracia. En H. Velasco, F. García y A. Díaz de la Rada (Eds.), *Lecturas de antropología para educadores. El ámbito de la antropología de la educación y de la etnografía escolar* (pp. 259–288). Madrid: Editorial Trotta.

Erickson F. (1996). Going for the zone: the social and cognitive ecology of teacher-student interaction in classroom conversations. En D. Hicks (Ed.), *Discourse, learning and schooling* (pp. 29-62). Cambridge, UK: Cambridge University Press.

Erickson F. (1984). What makes school etnography "etnographic"? *Anthropology and Education Quarterly 15,* 51-66.

Evans G. (2006). *Educational failure and working class white children in Britain.* Basingstoke, UK: Palgrave M.

Falabella A. y Opazo C. (2014). *Sistema de Aseguramiento de la Calidad y procesos de mejoramiento: una mirada desde la gestión educativa. Informe ejecutivo.* Santiago: Centro de Investigación y Desarrollo de la Educación.

Falabella A. (2014). The performing school: the effects of market & accountability policies. *Education Policy Analysis Archives,* 22(70), 1–25.

Gaete A. y Ayala C. (2015). Enseñanza básica en Chile: las escuelas que queremos. *Calidad en la Educación, 42,* julio: 17-59.

Herrenkohl L., y Mertl V. (2010). *How students come to be, know and do. A case for a broad view of learning.* Cambridge y New York: Cambridge University Press.

Ingold T. (2001). From the transmission of representations to the education of attention. En H. Whitehouse (Ed.), *The debated mind. Evolutionary psychology versus ethnography.* Oxford: Berg.

Jackson P. (1968). *Life in classrooms.* New York, Rinehart y Winston: Columbia University Press.

Lave J. y Wenger E. (1991). *Situated learning: legitimate peripheral participation.* New York: Cambridge University Press.

Levinson B., Foley D., y Holland D. (Eds.). (1996). *The cultural production of the educated person: critical ethnographies of schooling.* Albany: State University.

Levinson B. y Holland D. (1996). The cultural production of the educated person. An Introduction. In B. Levinson, D. Foley, y D. Holland (Eds.), *The cultural production of the educated Person: critical ethnographies of schooling* (pp. 1–56). Albany: State University.

Luna L. 2015a. Educación mapuche e interculturalidad: un análisis crítico desde una etnografía escolar. *Chungara. Revista de Antropología Chilena,* 47(4), 659-667.

Luna L. 2015b. Construyendo "la identidad del excluido": etnografía del aprendizaje situado de los niños en una escuela básica municipal de Chile. *Estudios Pedagógicos, 41,* 97-114.

Marchand T. H. J. (2010). Making knowledge: explorations of the indissoluble relation between minds, bodies, and environment. *Journal of the Royal Anthropological Institute, S1–S21.* doi:10.1111/j.1467-9655.2010.01607.x

McLaren P. (1986). *Schooling as a ritual performance. Towards a political economy of educational symbols*. London, Boston and Henley: Routledge.

Mead M. (1928). *Coming of age in Samoa*. New York: William Morrow.

Mehan H. (1979). *Learning Lessons. Social organization in the classroom*. Cambridge and London: Harvard University.

Rockwell E. (1995). De huellas, bardas y veredas, una historia cotidiana en la escuela. En E. Rockwell (Coord.), *La escuela cotidiana* (pp. 13-57). México: Fondo de Cultura Económica.

Rockwell E. (2009). *La experiencia etnográfica. Historia y cultura en los procesos educativos*. Buenos Aires: Editorial Paidos.

Spindler G. (2007). La transmisión de la cultura. En H. Velasco, J. García y A. Díaz de la Rada (Eds.), *Lecturas de antropología para educadores. El ámbito de la antropología de la educación y de la etnografía escolar* (pp. 205-241). Madrid: Editorial Trotta.

Toren C. (2001). The child in mind. En H. Whitehouse (Ed.), *The debated mind: evolutionary psychology versus ethnography* (pp. 155-179). Oxford: Berg.

Willis P. (1977). *Learning to labour. How working class kids get working class jobs* (I). Westmead, England.

Wolcott H. (1985). On ethnographic intent. *Educational Administration Quarterly, 21(3)*, 187–203.

Wolcott H. 1993. El Maestro como enemigo. En H. Velasco, F. J. García y A. Díaz de la Rada (Eds.), *Lecturas de antropología para educadores. El ámbito de la antropología de la educación y de la etnografía escolar* (pp. 243-258). Madrid: Editorial Trotta.

Aprendizajes y prácticas mediáticas en la escuela. Desafíos de la etnografía escolar con jóvenes[1]

Andrea Valdivia y Minka Herrera

Introducción

En las últimas décadas la escuela, como institución y espacio social, ha sido ampliamente cuestionada por sus limitaciones y escasa pertinencia en la formación de niños, niñas y jóvenes. Desde esta visión, la escuela y el sistema escolar en su conjunto parecieran no atender a las transformaciones sociales, políticas y económicas producto del desarrollo tecnológico y los nuevos entramados sociales. Una de las principales críticas es la permanencia de viejas prácticas, anquilosadas en saberes y formas de educar que poco tienen que ver con las demandas de formación de una sociedad donde los medios de comunicación y la cultura digital[2] estarían en el centro del cambio, tanto de las formas de comunicación y de acceso a la información como de las maneras de producir conocimiento y de participar y vivir en sociedad.

Esta crítica a la escuela ha instalado una visión de oposición entre el mundo escolar y el mundo mediático, situación que, nos parece, desconoce la complejidad de los procesos culturales que están en la base de estas transformaciones. Tal como señala Inés Dussel (2009), se trata de una relación de tensión y conflicto, pero a su vez con grados de complementariedad. Esta radical separación no se

---

[1]   Este documento fue elaborado en el marco del Proyecto FONDECYT de iniciación n° 1130640 "Alfabetizaciones mediáticas y aprendizajes situados. Producción mediática de adolescentes metropolitanos dentro y fuera de la escuela"

[2]   Haremos referencia a los medios de comunicación como aquellas instituciones y herramientas culturales que tienen como fin la construcción de sentidos y significados y su amplificación, es decir, que el fenómeno comunicativo trascienda la inmediatez y locación del encuentro. De tal forma, consideramos acá los tradicionales medios de comunicación de masas, y también los medios que operan y se configuran a partir de plataformas digitales, tales como las redes sociales. La cultura digital, de alguna forma, se articula a partir de la acción de los sujetos en relación con y a través de los medios de comunicación en escenarios digitales. Esto último es lo que se denomina práctica mediática situada en lo digital. Para efectos de este texto hablaremos de práctica mediática asumiendo que hoy en día gran parte de ella se juega en estos escenarios y está orientada desde la cultura digital.

hace cargo de que quienes ponen en práctica día a día las políticas, los currículos y los saberes pedagógicos en la escuela son adultos, niños, niñas y jóvenes que viven también las transformaciones culturales y tecnológicas. No es que las experiencias cotidianas con y a través de los medios de comunicación queden fuera de, o solo estén circunscritas a, los espacios escolares informales como tópicos de conversación que permiten socializar, sino que también atraviesan las prácticas pedagógicas. Las formas de "ver" y de delimitar lo que tiene o no valor responden a regímenes de la visualidad y de lo ético donde participan en gran medida los medios de comunicación. Dichos regímenes configuran nuestras prácticas, y en estas incluimos tanto nuestro quehacer respecto de los medios y en relación con ellos, así como nuestros significados y comprensión sobre estos y sobre el mundo en su conjunto (Couldry, 2012; Portill, 2010).

La vida cotidiana de la escuela está plagada de diversas manifestaciones que dan cuenta de lo anterior: el aprecio de determinados encuadres de la imagen en las presentaciones de los profesores; formas narrativas con huella en formatos y géneros televisivos en trabajos de estudiantes; el valor de la respuesta inmediata y la opacidad de los límites entre lo público y lo privado a partir de la experiencia con las redes sociales digitales que se cuelan en la convivencia escolar; términos y palabras que aparecen en series animadas infantiles y juveniles y que se escuchan en la sala de clases; el uso de *Whatsapp* que hacen tanto los apoderados de un mismo curso, como los estudiantes para coordinar; profesores y profesoras que usan el *Facebook* para complementar actividades educativas, por mencionar solo algunos ejemplos. Todo esto nos habla de una situación más compleja de lo que se ha planteado y que, por cierto, no niega las tensiones y conflictos que pueden existir entre tradiciones educativas sostenidas en la palabra y el texto escrito impreso, con formas propias de la cultura digital (Valdivia, 2016).

El propósito de este texto es abordar la relación de la escuela con los medios y la cultura digital, a partir del estudio etnográfico de los aprendizajes y las prácticas, mediáticas y pedagógicas, desde la perspectiva de los jóvenes estudiantes. En específico, queremos poner en común nuestras reflexiones y conocimientos generados en el marco de una etnografía que estamos haciendo desde hace tres años en dos establecimientos escolares de la región Metropolitana de Chile, uno público y otro privado. En esta investigación privilegiamos aprendizajes asociados a la producción y creación mediática o de contenidos digitales, pues nos interesa acercarnos a una participación activa y productiva en los medios y plataformas digitales y, con ello, a las posibilidades que tienen los jóvenes de empoderamiento y acción ciudadana en estas esferas.

El texto presenta primero una discusión teórica y empírica del aprendizaje desde una perspectiva sociohistórica, teniendo como centro las experiencias de los y las jóvenes. En el siguiente apartado mostraremos el abordaje etnográfico de nuestro trabajo, relevando su carácter relacional y las diversas estrategias que nos ha exigido construir el problema estudiado. En particular, deseamos compartir y discutir el giro que en este tiempo ha tenido la etnografía cuando pasamos del aprendizaje con foco en las prácticas pedagógicas, al aprendizaje que pone énfasis en las prácticas mediáticas.

El aprendizaje de los jóvenes como intersección situada de las prácticas mediáticas y las prácticas pedagógicas

El aprendizaje probablemente es uno de los fenómenos que más se asocia a la escuela y en especial a los estudiantes. A la escuela se va a adquirir marcos de referencias, a construir conocimientos, a desarrollar habilidades y destrezas que permitirán moverse y vivir en sociedad. En la base están las ideas de cambio y de "convertirse en", que en un sentido amplio y general es una experiencia no exclusiva del estudiante, sino de todo aquel que vive la escuela. Desde una perspectiva histórica y situada (Vigotsky, 1978; Lave, 1996; Wertsch, 1991), no solo se aprende sobre un contenido, sino que también se aprende a participar en el escenario, adentrándose en las prácticas y las normas que organizan la participación en una comunidad (Rogoff, 2003; Lave y Wenger, 1991; Gee, 2004).

En esta visión del aprendizaje y la escuela la práctica resulta clave. Tal como señalan Portill (2010) y Couldry (2012) desde el estudio de los medios, la cultura y la sociedad, la teoría social –si bien no ofrece un constructo teórico robusto ni unificado para definir práctica–, la lectura de diversos autores[3], permite establecer cuatro aspectos que la configuran: la regularidad en la acción; el carácter social y, desde allí, la mediación clave del lenguaje; la orientación a necesidades humanas fundamentales tales como coordinación, interacción, comunidad, confianza y libertad; y la normatividad de la acción social. A partir de ello las prácticas serían formas complejas y reconocibles de actividad social, a través de las cuales las personas conservan o generan procesos de cambio sobre sí mismos, sobre otros y sobre el mundo. Supone la articulación de sujetos, objetos y propósitos. Aunque la regularidad y la normatividad aportan estabilidad a la práctica, esta jamás debe pensarse como totalmente consistente, pues conlleva una puesta en juego permanente que la torna susceptible a la contingencia y la contradicción. Desde una perspectiva antropológica, Hobart (2010) dirá que la práctica ocurre en un escenario de acción, implica un ejercicio situado y contingente, operando

---

[3]   Dentro de los primeros aportes se destacan los trabajos de Ludwig Wittgenstein y Pierre Bourdieu; más recientemente, los de Theodor Schatzki y Andreas Reckwitz.

como un marco de referencia que usamos para interrogar una compleja realidad. A partir de lo anterior, tres conceptos son centrales para su abordaje: actividad, participación y comprensión, todos ellos en completa dependencia. Las teorías de la actividad situada, que nutren esta visión de la práctica, no separan entre acción, pensamiento, sentimiento y valor; tampoco entre la dimensión colectiva e histórico-cultural de la actividad, y su forma localizada.

Situados en la escuela, la práctica pedagógica puede ser definida a partir de las actividades cotidianas y regulares, los significados asociados y generados en relación con dichas actividades, y las orientaciones de los sujetos para su participación. Si bien toda actividad tiene límites temporales y espaciales más o menos definidos, esto no supone una clausura en lo pedagógico, pues, tal como señala el antropólogo Jan Nespor (citado por Dussel, 2012), la escuela debiera ser entendida como una "intersección en un espacio social, un nudo en una red de prácticas que se extienden hacia sistemas complejos que empiezan y terminan fuera de la escuela" (p. 196). Desde allí, la escuela no puede ser abordada sino es en relación con su cotidianeidad y desde una mirada compleja sin clausura en sí misma, en palabras de Elsie Rockwell (1995), la escuela cotidiana y en su total complejidad.

Proponemos, entonces, que el aprendizaje de los jóvenes en la escuela, para efectos del problema que investigamos, es una articulación entre las prácticas pedagógicas y las prácticas mediáticas. Ambas entendidas como acciones, orientaciones y significados que vehiculizan los actores escolares, solo que las primeras tendrán como foco orientativo la enseñanza y el aprendizaje, y las segundas dan cuenta de la relación con y a través de los medios de comunicación. Las prácticas mediáticas hoy en día han visto desdibujada la tradicional y bilateral relación comunicativa de producción-recepción, producto de que las tecnologías digitales han acercado o puesto en el horizonte de lo posible la experiencia cotidiana de la creación, producción y circulación de contenidos. Este horizonte es el que nos interesaba explorar en la etnografía escolar: los espacios y posibilidades donde los jóvenes actúan como creadores o productores digitales.

Prácticas mediáticas de los jóvenes. Más acá del nativo digital

Un aspecto que creemos dificulta la comprensión de las experiencias cotidianas en relación con los medios de comunicación y las tecnologías digitales en la escuela es la identificación de todos los estudiantes como "nativos digitales". Término arraigado en el sentido común y acuñado por Presky (2001), al que se le carga una serie de características imprecisas y generalistas: jóvenes usuarios y consumidores asiduos de las redes sociales; niños y niñas adictos a las tecnologías y videojuegos; adolescentes *youtubers* y fotógrafos expertos. Detrás hay una operación homogeneizadora (Selwyn, 2009) que parece obviar que el individuo que interactúa con aparatos es una o un sujeto situado en el mundo, con trayectorias, configuraciones culturales y posiciones sociales que condicionan esa relación.

Frente a la idea de avezados expertos tecnológicos, los estudiantes muestran una práctica más bien sencilla en términos de producción y creación de contenidos. Los jóvenes de los establecimientos en los que trabajamos, casi sin distinción entre colegios, no tienen dificultades de acceso a computadores ni internet; un porcentaje importante tiene celulares *smartphone*; poseen cuentas en más de una red social y tienen usos diferenciados según función comunicativa que le asignen. La imagen es el contenido que prima en la circulación y producción de estos jóvenes, principalmente entre conocidos y amigos (a través de Whatsapp, Facebook e Instagram); sin embargo, tal como ellos mismos analizan, se evita la producción que demanda una tarea compleja en términos de edición y montaje, ya sea audiovisual o de curatoría en páginas virtuales (Valdivia, Brossi y Cabalín, en evaluación). Por lo general, las cuentas en redes sociales son principalmente un medio de sociabilidad, de contacto y coordinación con los conocidos, y de información sobre el acontecer. Estos jóvenes, al igual que el general de nuestra población nacional (Condeza, Bachmann y Mujica, 2014), prefieren el Facebook para informarse y compartir información sobre los debates públicos que les interesan. En estos casos, por lo general, implica compartir contenidos ya puestos en circulación.

La etnografía en los establecimientos está mostrando que los jóvenes que asumen una posición activa de creadores o productores de contenidos digitales comparten la necesidad de expresar, explorar creativamente y comunicar; así reflexionaron la directora del canal de televisión *on line* del establecimiento público y una estudiante de cuarto medio, en el taller de etnografía que realizamos este último año. Tal como ella reconoce, no son muchos los estudiantes que dedican tiempo y se autoforman a través de tutoriales y exploración intuitiva en internet, donde se ofrecen aplicaciones y herramientas para la creación. En estos casos, por lo general, hablamos de jóvenes más bien introvertidos y que se convierten en expertos en aquella manifestación de la que son fanáticos (*animé* japonés, narraciones fantásticas, comics, videojuegos, etc.), a partir de su participación en estas comunidades y plataformas digitales (Jenkins, Ford, Green, 2012). Es una participación selectiva y orientada por el gusto, el interés y la pasión que estos temas despiertan en los jóvenes. Con estos creadores digitales nos encontramos en ambos establecimientos.

La producción de medios de comunicación digitales de los estudiantes (canal *on line*, periódico digital, etc.) es una práctica que se observa en ambos establecimientos, pero menos extendida que la anterior. Requiere de una capacidad de

organización considerable y de cierta legitimación en la comunidad educativa.
Este tipo de experiencias está asociado a organizaciones estudiantiles (formales
e informales), a la participación y la sociabilidad. Podemos ver, entonces, ciertas
similitudes con el caso que nos enseñó la etnografía *Joven y alumno ¿conflicto de
identidad?* de hace casi veinte años (Cerda, Assaél, Ceballos y Sepúlveda, 2000).
En todas estas experiencias el pulso movilizador central es la necesidad de tener
u ofrecer un espacio de visibilidad y expresión de los estudiantes. Estos medios,
si bien pueden contar con el apoyo o participación de docentes, una característica central es que son iniciativa de los propios estudiantes. Estas experiencias
son las que nos están permitiendo observar el aprendizaje informal asociado a
la creación y producción mediática.

Aprendizajes escolares: jóvenes como creadores digitales en la práctica pedagógica

Nuestro primer acercamiento a los aprendizajes desplegados por los jóvenes
en tanto productores o creadores digitales se dio en el marco de las actividades
educativas que los promueven: clases de lenguaje y comunicación, artes visuales,
talleres de comunicación y de audiovisual. Actividades con diversos encuadres
de formalidad pedagógica, heterogéneos en sus propósitos, intencionalidades,
estructuraciones y rutinas, pero todas comparten el gran desafío que les plantea a profesores y estudiantes, en la medida que requieren de la participación
activa y el compromiso con proyectos que son de largo aliento, pues una producción o creación es algo que no se resuelve en una o dos sesiones de trabajo.
Supone imaginación, búsqueda de ideas y experimentación con ellas; planear,
producir y probar tecnologías; a veces, coordinar y tomar decisiones en conjunto; apreciar y estar abierto a la crítica. Acciones que no son sencillas y que
van más allá de lo que demandan la rutina escolar, el currículum asignaturista
y las mediciones estandarizadas (Valdivia, Herrera y Guerrero, 2015; Valdivia,
Brossi y Cabalin, en evaluación).

Todo ello conduce a que estas experiencias educativas sean algo extraordinario en las escuelas, en especial en colegios subvencionados por el Estado que
tienen menos libertad para experimentar con el currículum escolar. Nuestro país
carece de una política de educación de medios, y la presencia de los medios de
comunicación y la digitalización de la sociedad en el currículum es marginal y
son concebidos más bien como recursos didácticos al servicio de otros aprendizajes (Donoso, 2011).

Algo que nos resultó un indicio importante de estas limitaciones en las escuelas subvencionadas fue que pasamos casi un año buscando para encontrar

una escuela pública que ofreciera actividades de producción o creación de medios, como parte de las clases o como talleres extraprogramáticos, y que, por supuesto, aceptara participar. Cuando logramos combinar intereses y voluntades con la dirección de un liceo, nuestro ingreso a las aulas fue lento y limitado; solo un profesor de artes visuales, asesor del Centro de Estudiantes, aceptó trabajar con nosotras; el equipo de Lenguaje y Comunicación se rehusó a hacerlo. Uno de los argumentos planteados por las profesoras para no aceptar nuestra invitación fue la escasa coherencia del proyecto con lo que debían trabajar y lograr; en este establecimiento la excelencia académica con evidencia en el puntaje de las pruebas estandarizadas es el horizonte. En dicho momento pensamos "deben estar agotadas de tanta observación y supervisión", y por lo mismo, no insistimos. Mientras eso nos pasaba al final del primer año de etnografía en el establecimiento público, en el privado casi no dábamos abasto, estuvimos trabajando en clases de Artes Visuales y de Lenguaje y Comunicación, con tres profesoras de esas asignaturas; también en talleres de periodismo y de video, dos electivos de los más de 20 ofertados en el establecimiento y que son parte de sus planes y programas propios. Estamos hablando de contextos escolares que enfrentan de manera desigual la relación con el currículo y las orientaciones de la política educativa nacional.

Con ese antecedente, un escenario escolar que trabajamos de manera intensiva durante los dos primeros años fueron las clases de Artes Visuales en ambas escuelas[4]. En el caso de la escuela particular, una de las unidades de aprendizaje observadas correspondió a la creación de un nanometraje, actividad que por primera vez la profesora realizaba y que planeó especialmente para participar en el proyecto. La propuesta pedagógica consideró la creación, en duplas, de un nanometraje a partir del desarrollo paulatino de tres recursos creativos: un ser, un cubo y un contexto. En términos narrativos, la docente esperaba la creación de una historia audiovisual de corta duración que expusiera una situación puntual y se resolviera de manera rápida, sorpresiva e inesperada. El desafío principal estaba en lograr transmitir un mensaje. En el caso del liceo municipal, el profesor propuso la actividad "Mi paisaje" para desarrollar el contenido curricular de primer año medio que tiene el mismo nombre. La actividad consistió en un proyecto audiovisual individual que tuvo por objetivo favorecer la autoafirmación del alumno a partir de la presentación de su paisaje. Debía durar aproximadamente tres minutos. En ambos casos la actividad resultó un

---

[4]   Hacemos referencia en especial a algunos resultados producto de la tesis para optar al grado de Magíster en Psicología Educacional "Aprendizajes en el escenario escolar: Estudiantes como creadores mediáticos digitales. Un estudio etnográfico del aprendizaje en Artes Visuales" (2016). Universidad de Chile. Con autoría de Minka Herrera.

desafío por la complejidad que implica la creación audiovisual. Para muchos estudiantes del liceo municipal fue la primera vez que usaban un *software* de edición y que hacían la producción visual previa. Para los docentes también lo fue; de hecho, la profesora del liceo privado extendió casi al doble las sesiones para terminar el trabajo, aceptando luego que había subestimado el tiempo y nivel de exigencia.

Respecto a la participación que se genera en una clase de Artes Visuales, esta depende de la noción y visión que tenga el docente que enseña y aprende dentro de un área disciplinar. Esto marca una distinción importante en la relación estudiante-profesor y, por lo tanto, también en la de participación. De manera general, la participación de los estudiantes en la clase de Artes Visuales, en especial en la escuela pública, se sostuvo en el habla del profesor la opinión de los estudiantes se acotó a aquellas instancias que fueran permitidas (gatilladas) por el docente, quien guía y dirige el diálogo de acuerdo con sus propósitos pedagógicos. En la escuela privada los estudiantes durante la clase se desplazan por la sala, conversan con sus compañeros, escuchan música, trabajan en el suelo o simplemente piensan. En una ocasión un estudiante estuvo callado mirando al suelo casi toda la clase, de pronto la profesora se acerca y le dice "¿está pensando hermano? Registre lo que piensa, le puede servir para más adelante". Esto es así porque para la profesora, quien además es tallerista de serigrafía y tiene un colectivo femenino asociado a esta creación que hace intervenciones en espacios públicos, el arte y la creación en particular requieren de espacios y momentos de libertad, tal como lo señaló en la entrevista que le realizamos.

Participación y actividad dependen, entonces, de las orientaciones y concepciones que tengan docentes y estudiantes sobre las artes y la práctica pedagógica. Revisaremos el caso de dos estudiantes, uno de cada establecimiento, para mostrar cómo el aprendizaje ocurre en la intersección de prácticas mediáticas y prácticas escolares.

Julieta, estudiante de 13 años del liceo privado, tiene una personalidad más bien retraída y participa de comunidades virtuales donde crea historias de *animé*. Desde allí la actividad del nanometraje le resultó interesante, y durante el proceso parecía comprometida con la misma, desplegando sus conocimientos del *animé* al servicio del proyecto. Su creación fue bien valorada por profesora y compañeros en el momento de la apreciación y retroalimentación. En una entrevista realizada a Julieta con posterioridad, nos señala que el aprendizaje que ella identifica reside principalmente en lo técnico, "por ejemplo, siento que aprendí más a usar como los programas en los que hice el nanometraje, como de edición y animación". En la misma entrevista nos plantea que las actividades de creación son cotidianas en esta clase, actividades que pueden ser complejas pero que siempre logran captar su motivación pues le permiten expresarse y explorar con libertad; lo nuevo en esta ocasión estaba en los recursos utilizados.

Lo planteado por Julieta nos da cuenta de varias cosas interesantes: la primera es la noción del aprendizaje como lo nuevo, lo que visiblemente no se sabía, conocía y dominaba antes. En este caso, la técnica y la herramienta de edición. La segunda es cómo Julieta crea a partir de los recursos y repertorios previos que le aportó su gusto por el *animé*. Algo que llama la atención es cómo otros aprendizajes, tal vez más complejos, no son visibles para la joven; nos referimos a, por ejemplo: dominio de criterios estéticos, que en este caso corresponden a una estética femenina propia de ciertos estilos de *animé*; la sincronía narrativa entre sonido e imágenes, entre otros. Es decir, la experiencia de crear y expresar artísticamente es algo que pareciera estar dado, que es parte del cotidiano en esta clase, con esta profesora y en esta escuela.

El segundo caso corresponde a Federico, estudiante de 14 años del liceo municipal. Federico tiene una personalidad extrovertida, sigue las normas de la escuela y participa en el canal de televisión *on line* de los estudiantes del liceo, aquí es el encargado de la edición del material audiovisual. Es estudiante de primer año medio del curso que observamos, donde el profesor de Artes Visuales planeó una actividad de creación audiovisual que tuvo como propósito general favorecer la "autoafirmación del alumno mediante la presentación de sus paisajes". Federico decidió mostrar en la creación su paisaje a través de la rutina de un día común donde sus actividades preferidas aparecen escenificadas en su habitación y la internet. En una entrevista realizada reconoce que en el proceso de creación "aprendí a expresar mi opinión a través de la comedia, me di cuenta que mucha gente se rio y aprendí y descubrí que a la gente se le quedó grabado el mensaje a través de la comedia, de la risa".

En este caso, los significados asociados al aprendizaje son de tipo más profundo tal vez, pues tienen que ver con un proceso de *mostrarse* tal cual es, lo que implica confianza y seguridad para relacionarse con los *otros* a través de la comedia. El aprendizaje que aquí identifica el estudiante está vinculado con el desarrollo de sí mismo y la relación con *otros*. En relación consigo mismo el estudiante descubre que a partir de este recurso puede expresarse, pero también que su mensaje tiene consecuencia en *los otros*. Otros que, según cuenta en la entrevista, se ven influenciados por los medios televisivos –"las noticias nos impulsan a ser tristes" (entrevista de Federico)–, y frente a ello él desea responder mediante el humor. En este caso los aprendizajes presentes en la experiencia de creación audiovisual de un paisaje catalizan emociones y desarrollo del sí mismo.

A partir de estos dos casos presentados vemos que las experiencias de los estudiantes en los procesos de creación artística dependen del enfoque del y la docente sobre la visión y noción de sujeto que aprende y que enseña Artes Visuales. Las creaciones, por tanto, tomaron características particulares dependiendo de la decisión, implícita o explícita, del docente en torno a su propuesta.

En el caso del nanometraje, el producto se asume como acto creativo y artístico. Y en el caso del video, como producto expresivo de emociones y vivencias.

En términos generales, en ambas escuelas los significados sobre el aprendizaje fueron en la línea de los desarrollados por Julieta, asociados a lo técnico, la novedad, el uso audiovisual y las herramientas nuevas que fueron incluidas por los docentes. Este hallazgo es coherente con la noción de aprendizaje que ha instaurado la escuela de manera implícita mediante la escolarización. Sin embargo, resulta interesante que algunos estudiantes como Federico, en la escuela pública, hayan coincidido con el docente e identifiquen los aprendizajes desde una dimensión emocional y expresiva; es probable que experiencias de este tipo no sean frecuentes, y por eso también se valoren.

Un aspecto interesante que surge a partir del análisis de las creaciones son los mundos o audiencias que de alguna manera interpelan en sus propuestas juveniles. Todas las creaciones hacen referencia a sus gustos, intereses y motivaciones que circulan en la *web*, como por ejemplo, el *animé* japonés. Esto evidencia que las prácticas mediáticas de los estudiantes se cuelan en el cotidiano de la escuela.

Si bien ambas experiencias apuntan en su base a la expresión, la lógica de cada una de las propuestas desarrolla y potencia cuestiones diferentes en los estudiantes. En la escuela privada la reflexión, y en la escuela pública el desarrollo de emociones. La complejidad de ambas experiencias conlleva implícitamente el desarrollo de una variedad de aprendizajes que coinciden con un sistema social y educativo desigual. Estas desigualdades son apreciables en las creaciones, en especial en la escuela pública, donde, a pesar de que el estudiante domina el uso de las herramientas tecnológicas, en la mayoría de los casos el trabajo audiovisual apuntó a una secuencia de imágenes acompañada de una música, con exploraciones estéticas más bien limitadas; cuestión que no es menor tratándose de un trabajo desarrollado en la clase de Artes Visuales. Detrás tenemos repertorios audiovisuales y narrativos reducidos a la oferta que la televisión y sus preferencias en internet les ofrecen, mientras que en el liceo privado estaban estos presentes, pero además un considerable *corpus* de películas de cine, obras de teatro y literatura, mucho mayor y que proveía de recursos para la creación. Detrás también está el lugar que tienen las disciplinas artísticas en la escuela: en el liceo público las artes visuales disponen de 45 minutos a la semana en el nivel observado, versus los 90 minutos de asignatura que todos los estudiantes tienen en el liceo privado, más los electivos de igual duración, con una oferta de más de diez talleres dedicados a las artes visuales y plásticas en general; con un departamento compuesto por siete profesores y profesoras, situación que en el liceo público se reduce a dos profesores para atender casi igual número de matrícula.

La etnografía del aprendizaje y la práctica mediática de los jóvenes. Desplazamientos de los límites de la etnografía escolar

Tal como plantea Hobart (2010), el carácter situado y de orientación normativa de las prácticas hace necesario que su investigación considere la observación de la actividad y la participación como proceso y resultado, así como atender a los significados de los actores sobre su propia práctica y a la lectura que hacemos como investigadoras. Coincidimos también con el autor cuando plantea que la escuela, como intersección de prácticas pedagógicas y prácticas mediáticas, no podría ser estudiada de otra forma si no es etnográficamente. Ello implica experimentar la cotidianeidad, asumir un encuadre desde los miembros de la comunidad, e interrogar y describir interpretativamente desde dicho punto de vista (Rockwell, 1995; Guber, 2009; Anderson Levitt, 2006).

Asumir la perspectiva de los jóvenes, comprender cómo aprenden y participan en la escuela y en las plataformas digitales, qué pasa y cómo ocurre ese proceso de convertirse en creadores y productores, todo ello nos ha exigido experimentaciones metodológicas que no teníamos visualizadas al principio. Si bien desde un inicio estaba contemplado expandir los límites físicos de los espacios de observación, en un movimiento progresivo desde las aulas y patios, hacia el barrio y las plataformas virtuales en los que participan los jóvenes con quienes trabajamos, el detalle de ese proceso ha implicado un aprendizaje por sí mismo. Si pudiésemos resumir esto en nuestra posición, la imagen sería tal vez así: etnógrafas aprendices del investigar con jóvenes en la escuela.

La etnografía en los dos establecimientos de la región Metropolitana comenzó a inicios del año 2014. En ese entonces el equipo de investigación estaba constituido por tres etnógrafas (dos antropólogas sociales y una educadora). Hoy se ha ampliado en número y en su carácter interdisciplinario, al sumarse una psicóloga, dos comunicadores (un realizador audiovisual y una periodista) y dos estudiantes de periodismo de último año[5]. El rango de edad del equipo actualmente va entre los 22 y los 42 años. Este dato no es menor, pues la diversidad también ha enriquecido las claves de análisis y el trabajo de *rapport* en las escuelas, con docentes y estudiantes. La heterogeneidad en la composición

---

[5] El equipo actual, además de nosotras, autoras del artículo, está formado por un grupo de profesionales y estudiantes de la Universidad de Chile: Yadira Palenzuela, candidata a doctora en Psicología de la Facultad de Ciencias Sociales; Camila González, periodista del Instituto de la Comunicación e Imagen; Nicolás Rivadeneira, realizador audiovisual del mismo instituto y actualmente estudiante de pedagogía en Artes Visuales para enseñanza media; Constanza Rifo y Ariel Dianta, estudiantes de cuarto año de Periodismo. En el primer año de la investigación estuvieron también Manuela Guerrero, licenciada en antropología social, y Daniel Pinto, licenciada en sociología.

del equipo de investigación ha impactado positivamente en la reflexividad que estamos construyendo. Tal como plantea Guber (2009), esto, que puede ser tal vez uno de los atributos esenciales de la etnografía, exige de una doble perspectiva: la comprensión del punto de vista del grupo o comunidad observado para acercarse a la lógica de sus acciones, y una toma de distancia para "ver" aquello que resulta obvio o invisible por la naturalización con que operan las orientaciones. Así, nuestras diversas posiciones y experiencias (dadas por la generación, la formación profesional y las trayectorias vitales) respecto de los jóvenes, los profesores, las prácticas mediáticas y la escuela, enriquecen no solo el momento de análisis, sino también las interacciones entre reflexividades de observadores, estudiantes y profesores que ocurren en la escuela.

Como señalamos, los escenarios de observación han sido múltiples y diversos. En el primer año comenzamos el trabajo de campo en el establecimiento privado en dos asignaturas lectivas: Lenguaje y Comunicación y Artes Visuales, en dos cursos: un octavo básico y un primero medio, además de dos electivos: uno sobre periodismo y otro sobre cortometraje. Además de esto, nos dedicamos a mapear la escuela, sus diversos espacios y los usos que los estudiantes hacían de ella, las dinámicas de organización y participación docente. De alguna forma, privilegiamos la observación de la práctica pedagógica en relación con la creación o producción mediática y los aprendizajes allí desplegados; sin embargo, también hicimos un levantamiento de información sobre prácticas y alfabetización mediáticas de estudiantes de séptimo básico a segundo medio a través de un cuestionario autoaplicado. En el caso del liceo público, en los pocos meses que pudimos trabajar en el primer año solo pudimos hacer este último levantamiento de información.

En el siguiente año, entonces, concentramos el trabajo de terreno en el establecimiento municipal. Desde marzo se inició el seguimiento a un canal de televisión *on line*, iniciativa de un estudiante de 4° medio que fue acogida por el profesor de Artes Visuales, y donde participan estudiantes de 7° básico a 4° de enseñanza media. En mayo de ese año se ingresó a la asignatura de Artes Visuales en un primero medio con el mismo profesor. De manera paralela, realizamos el trabajo de análisis con el liceo privado. Esto último comienza a marcar el giro etnográfico de nuestra investigación que anticipa la mayor participación de los jóvenes en el proceso de trabajo. En la medida en que fuimos dejando los espacios de aula para movernos hacia los aprendizajes asociados a las prácticas mediáticas sin la mediación pedagógica, los escenarios de observación también han variado. Esto no quiere decir que la observación de la práctica pedagógica solo ocurrió en el aula, pues acompañamos a los cursos y talleres en diversas instancias: en sus salidas a terreno, a los trabajos prácticos con guía docente de grabación en locaciones específicas, y también acompañamos a un grupo en actividades autónomas de producción y rodaje audiovisual que realizaban en sus casas, para el electivo de "Corto".

Estos desplazamientos fueron los que paulatinamente nos permitieron establecer vínculos de confianza con los jóvenes, que fueron clave para el trabajo actual, donde hemos conformado grupos de trabajo con estudiantes. En el tercer año, 2016, invitamos a los estudiantes de ambos liceos a investigar con nosotras acerca de las prácticas mediáticas de los jóvenes, para lo cual estamos desarrollando el taller de comunicación digital y etnografía virtual "Productores digitales". Tal como lo enunció uno de los investigadores del liceo municipal en la segunda sesión de trabajo: "(ahora entiendo), esto se trata de jóvenes investigando a jóvenes".

Este giro, si bien estaba planeado en el diseño de la investigación como eje del tercer año, pretendiendo explorar en los interesantes trabajos de la etnografía colaborativa (Rappaport, 2007) y de la etnografía con jóvenes (Milstein, 2010), se instala como necesidad de la investigación más tempranamente, al término del primer año. En diciembre del 2014 comenzamos el proceso de análisis más riguroso con todo el material generado el primer año de trabajo en el liceo privado; el volumen de información era casi inconmensurable, entre notas de campo, entrevistas, fotografías, audios de situaciones escolares, videos registrados, resultados de los cuestionarios, producciones y creaciones de los estudiantes. La organización por estudio permitió dar la coherencia inicial que era evidente: por una parte, el estudio del aprendizaje asociado a las prácticas pedagógicas para la creación y producción mediática; y por otra, el aprendizaje asociado a la alfabetización y las prácticas mediáticas, estudio que en ese primer año hicimos por medio del cuestionario. Sin embargo las largas jornadas por equipo de analistas y jornadas interequipos nos dejaban con la sensación de inconformidad, de escasa certeza de si las inferencias, análisis e interpretaciones que hacíamos desde las claves teóricas hacían sentido, y si eran coherentes con los procesos ocurridos y registrados. La misma definición del aprendizaje como práctica situada comenzó a refractarnos, a poner entre paréntesis todo análisis que podría parecer conclusivo. Sumado a ello estaba la interrogante y preocupación sobre cómo abordar los talleres de devolución que habíamos propuesto a cada establecimiento al cierre de cada año de trabajo.

La reflexividad en esta fase de análisis fue clave para tomar la decisión de abrir ese trabajo a la escuela, de hacerlo con los propios implicados, profesores y estudiantes. Planeamos entonces una metodología especial para trabajar con ellos. Utilizamos la estrategia "café del mundo" para generar situaciones de diálogo dinámico y participativo con materiales seleccionados y provenientes de nuestro primer año de trabajo. Hicimos dos talleres por estamento (profesores y estudiantes) uno para trabajar alfabetización y prácticas mediáticas, el otro para ver las prácticas pedagógicas. La selección de los materiales que se discutían en las mesas se hizo según el criterio de pertinencia y representatividad de la dimensión propuesta de análisis; en el caso del taller de prácticas pedagógicas estas fueron: relación profesor-estudiante; relación entre estudiantes; aprendizaje y evaluación. En el caso del estudio de las prácticas y alfabetización mediáticas las dimensiones fueron: consumo e interacción, para prácticas; y lenguaje y recepción crítica, para alfabetización[6].

Otro criterio que utilizamos para la selección del material fue la complejidad en el análisis: pusimos en discusión aquella información que más conflicto nos había generado en nuestros talleres de análisis previos.

En el caso del liceo privado, gracias al apoyo de la dirección y nuestros profesores colaboradores, pudimos realizar los cuatro talleres, dos con docentes y dos con estudiantes, de manera satisfactoria. Trabajamos con 15 profesores y profesoras, y con 30 estudiantes de primero a cuarto medio. En el caso del liceo municipal el trabajo era menos demandante en ese momento, pues solo teníamos información sobre las prácticas mediáticas y la alfabetización; el análisis acá lo trabajamos con el profesor de Artes Visuales y el equipo de ocho estudiantes del canal de televisión. La sistematización de todo este trabajo de análisis colaborativo nos mostró significados sobre el aprendizaje que no habíamos visto previamente, y aún nos sigue aportando claridades sobre lo que seguimos observando. Pero, además, los talleres –como instancias de diálogo y análisis conjunto– se transformaron en un escenario de observación por sí mismo, pusimos en práctica esa reflexividad en el campo de la que habla Guber (2009) y que Rappaport (2007) destaca como un elemento importante en la etnografía colaborativa.

La adaptación de estrategias fue posible gracias al tiempo destinado para investigar, donde el vínculo con la cultura escolar y personajes clave permitieron conocerlos en profundidad. El diálogo informal con estudiantes y docentes ocurrió tanto en el contexto escolar como fuera de él. El vínculo mediado por las redes sociales con aquellos estudiantes que se convirtieron en informantes clave fue vital, ya que permitió complementar aquellos vacíos que deja la observación o las entrevistas en profundidad.

---

[6]   Para el estudio de las prácticas diseñamos un instrumento a partir de las siguientes dimensiones: acceso, uso, apropiación y producción. En el caso de la alfabetización mediática seguimos la propuesta de Ferrés *et al.* (2011) sobre competencias mediáticas de estudiantes secundarios.

Reflexiones finales

A modo de cierre, nos gustaría proponer un par de reflexiones que nos deja esta mirada retrospectiva de nuestro hacer etnográfico que aún está en curso y, por lo tanto, varias de ellas deben entenderse como ideas en construcción que se abren a nuevas preguntas; pero también algunas, como certezas confirmatorias de nuestras apuestas de qué y cómo investigar la escuela, y desde qué punto de vista hacerlo.

La primera tiene que ver con por qué estudiar las prácticas mediáticas en relación con los aprendizajes escolares de los jóvenes. Tal como hemos visto, resulta maniquea la relación de oposición entre cultura escolar y culturas mediáticas o digitales, pues la cotidianeidad escolar nos muestra cómo se cuelan incluso en los aprendizajes más escolarizados. Ahora, si bien intentamos dar cuenta de las múltiples prácticas mediáticas de los jóvenes, nuestro foco de atención (y promoción) son las de creación y producción mediática y digital, esto por el potencial de apropiación de las tecnologías y por el desarrollo de habilidades complejas que podría permitir un posicionamiento más activo de los sujetos. Tal como hemos visto, estas no son frecuentes entre los jóvenes. Las acciones de empoderamiento, de un uso generativo de los medios, la participación activa a través de los mismos, en otras palabras, el ejercicio de ciudadanía, están reducidos y limitados a ciertos grupos, por lo general asociados a quienes cuentan con un capital cultural más rico en recursos simbólicos y materiales. Y esto no es menor, pues dada la relevancia que tienen hoy en día las plataformas digitales y las redes sociales en el devenir de la vida cotidiana y la sociedad en su conjunto, el aprendizaje en esa dimensión, el aprender a posicionarse desde un lugar como consumidor-usuario o como generador de contenidos y procesos, marca una diferencia clave. Tal como señala Dussel (2012), la escuela puede ser un lugar significativo para interrogar, problematizar y educar en ese ejercicio ciudadano. En ese sentido, compartimos la demanda por que la escuela asuma un rol más claro y activo en la relación con la cultura digital.

Un segundo aspecto que nos interesa destacar son los desafíos que nos plantea hacer etnografía escolar desde el punto de vista de los jóvenes, en especial cuando nos aproximamos a sus aprendizajes como creadores y productores mediáticos desde una perspectiva situada de las prácticas. Como proponemos, esto requiere de un desplazamiento, no total, de la etnografía escolar. Nos ha implicado explorar en la etnografía virtual y la etnografía con jóvenes, instancias donde la escuela funciona más bien como referente o escenario. Sin embargo, decimos que es un desplazamiento parcial, pues, tal como planteamos recién, seguimos apostando por la escuela, nos interesa de fondo conocer, construir y crear con ella y en torno a ella.

Ese desplazamiento ha tenido implicancias metodológicas que nos permiten explorar en nuestros propios aprendizajes. La observación de espacios y dinámicas escolares, del barrio, entrevistas individuales y grupales, el diseño y análisis de cuestionarios, la revisión de documentos, todo eso junto con estrategias de discusión y análisis colaborativos, el uso de las redes sociales para la comunicación con los estudiantes, ya no solo como espacio de observación de sus prácticas, todo ello nos ha permitido explorar en nuestras capacidades de indagación y *performance* relacional en terreno. Por otra parte, está la exploración en diversas formas de participar en esta investigación, en particular en esta última etapa donde, a través de los talleres de productores digitales, cada una de nosotras y del resto del equipo ha asumido una posición diversa en dicho escenario: talleristas, facilitadoras, observadoras menos o más participativas, aprendices de edición y montaje audiovisual. Diversos lugares y modalidades que adopta nuestra participación en la investigación y que nos ponen en una posición también de aprendizaje.

Referencias

ANDERSON LEVITT K. (2006). Ethnography. En G. Camilli, P. Elmore, and J. Green (Eds.). *Handbook of complementary methods in education research* (pp. 279-295). Washington, DC: American Educational Research Association/Lawrence Erlbaum Associates.

CERDA A. M., ASSAÉL J., CEBALLOS F. y SEPÚLVEDA R. (2000). *Joven y alumno: ¿conflicto de identidad? Un estudio etnográfico en liceos de sectores populares*. Santiago: LOM ediciones.

CERDA A. M., ASSAÉL J. y SANTA CRUZ G. E. (2001). Los centros de alumnos como espacio de aprendizaje de participación ciudadana. *Docencia, 15*, 37-46.

CONDEZA R., BACHMANN I. y MUJICA C. (2014). El consumo de noticias de los adolescentes chilenos: Intereses, motivaciones y percepciones sobre la agenda informativa. *Comunicar, 43*(22), 55 - 64. doi: 10.3916/C43-2014-05.

COULDRY N. (2012). *Media, society, world. Social theory and digital media practice*. Cambridge: Polity Press.

DONOSO V. (2011). The challenges of media education in Chile: where we are and where we should be. *International Journal of Media and Cultural Politics, 6*(3), 359-364. doi: 10.1386/mcp.6.3.359_3.

DUSSEL I. (2009). La escuela y los nuevos medios digitales. Notas para pensar las relaciones con el saber en la era digital. En A. Sarbach, *Filosofar con jóvenes* (pp. 9-36). Córdoba: Salida al Mar Ediciones/Eduvim.

DUSSEL I. (2012). Más allá del mito de "los nativos digitales". Jóvenes, escuela y saberes digitales. En M. Southwell (comp.,) *Entre generaciones. Exploraciones sobre educación, cultura e instituciones* (pp. 183-213). Rosario: Homo Sapiens ediciones/FLACSO.

EDWARDS V., CALVO C., CERDA A. M., GÓMEZ M. V. e INOSTROZA G. (1995). *El liceo por dentro: estudio etnográfico sobre prácticas de trabajo en educación media*. Santiago: MINEDUC.

Ferrés J., Aguaded I., García A., Rodríguez M., Sánchez J., Aranda J., Santibáñez et al. (2011). *Competencia mediática. Investigación sobre el grado de competencia de la ciudadanía en España*. España: Instituto de Tecnologías Educativas del Consell de l'Audiovisual de Catalunya/Grupo Comunicar.

Gee J. P. (2004). *Situated language and learning: a critical of traditional schooling*. London: Routledge.

Guber R. (2009). *El salvaje metropolitano: reconstrucción del conocimiento social en el trabajo de campo*. Buenos Aires: Paidós.

Herrera M. (2016). "Aprendizajes en el escenario escolar: Estudiantes como creadores mediáticos digitales. Un estudio etnográfico del aprendizaje en Artes Visuales". Tesis para optar al grado de Magíster. Universidad de Chile.

Hobart M. (2010). What do we mean by "media practices"? En B., Bräuchler y J. Postill (Eds.), *Theorising media and practice* (pp. 55-75). Oxford: Berg.

Jenkins H., Ford S. y Green J. (2013). *Spreadable media: creating value and meaning in a networked culture*. New York: New York University Press.

Lave J. (1996). La práctica del aprendizaje. En Seth Chaiklin y Jean Lave (comp). *Estudiar las prácticas. Perspectivas sobre actividad y contexto* (pp. 15-46). Buenos Aires: Amorrortu editores.

Lave J. y Wenger E. (1991). *Situated learning: legitimate peripheral participation*. New York: Cambridge University Press.

Milstein D. (2010). Children as co-researchers in anthropological narratives in education. *Ethnography and Education, 5*(1), 1-15. doi: 10.1080/17457821003768406

Prensky M. (2001). Digital natives, digital inmigrants. *On the Horizon, 9*(5), 1-6.

Postill J. 2010. Introduction: Theorising media and practice. En B. Bräuchler y J. Postill (eds.), *Theorising media and practice* (pp. 3-32). Oxford and New York: Berghahn.

Rappaport J. (2007). Más allá de la escritura: la epistemología de la etnografía en colaboración. *Revista Colombiana de Antropología, 43*, 197-229.

Rockwell E. (1995). De huellas, bardas y veredas: una historia cotidiana en la escuela. En: *La escuela cotidiana* (pp. 13 – 57). México D.F.: Fondo de Cultura Económica.

Rogoff B. (2003). *The cultural nature of human development*. New York: Oxford University Press.

Selwyn N. (2009). The digital native – myth and reality. *New Information Perspectives, 61*(4), 364-379.

Valdivia A., Herrera M. y Guerrero M. (2015). Aprendizaje y producción mediática digital en la escuela. Un abordaje etnográfico de las prácticas culturales en el aprendizaje en artes visuales. *Estudios Pedagógicos, 41*, especial, 231-251.

Valdivia A. (2016). What was out of the frame? A dialogic look at youth media production in a cultural diversity and educational context in Chile. *Learning, media and technology*, marzo 2016. doi: 10.1080/17439884.2016.1160926.

Vigotsky L. (1978). *Pensamiento y lenguaje*. Madrid: Paidós.

Wertsch J. (1991). *Voices of the mind: a sociocultural approach to mediated action*. Cambridge, M.A.: Harvard University Press.

La orientación etnográfica en el diseño metodológico de una investigación educacional

Nolfa Ibáñez y Sofía Druker

En el presente artículo comentamos la orientación etnográfica de la metodología utilizada en una investigación sobre saber pedagógico y práctica docente desarrollada entre 2006 y 2009, que comparó lo que ocurre en aulas de escuelas de Santiago y aulas de escuelas rurales de comunidades mapuche de la región de la Araucanía, en cursos desde educación inicial hasta sexto básico.

En primer lugar daremos a conocer los antecedentes de nuestra opción por la metodología utilizada, luego señalaremos las razones que tuvimos presentes para abordar el problema de investigación con una orientación etnográfica. Finalmente señalaremos lo que para nosotras significa la etnografía, las oportunidades y limitaciones que consideramos relevantes en el tipo de estudio que realizamos, y los desafíos que visualizamos para el empleo de la etnografía en la investigación en educación. Los principales aprendizajes que como investigadoras consideramos haber construido en este proceso se integran en cada apartado.

Antecedentes

Mirar el aula para distinguir las características de la interacción entre estudiantes-profesor/a y estudiantes-estudiantes; observarlos en su circunstancia particular en un momento determinado de la implementación curricular, parecía urgente y necesario ya a mediados de la década de los años 1980, cuando no se hablaba de etnografía educativa. La antropología cultural o social tenía escasa o nula presencia en la formación docente y, en general, los métodos de otras ciencias sociales no se visibilizaban en esa formación. En nuestro medio la excepción la constituye el trabajo de Assaél y Neumann (1988), conocido a fines de dicho periodo.

Para la investigadora responsable del estudio que aquí se comenta[1], educadora diferencial de primera formación, la inquietud de indagar en este ámbito no tuvo que ver con la disciplina antropológica, sino que surgió de la reflexión sobre la propia práctica. Primero, sobre su práctica pedagógica en aula regular y con grupos de estudiantes con problemas de aprendizaje, en los cuales se evidenciaba una contradicción recurrente entre lo que informaban los antecedentes de los niños y niñas de cada curso o grupo –antecedentes que tenían una gran incidencia en los instrumentos y métodos de enseñanza seleccionados para ellos–, y lo que efectivamente ocurría en las salas de clases: estudiantes cuyos informes los describían como inquietos, desordenados o poco interesados en aprender, se comportaban de modo opuesto y lograban los objetivos de aprendizaje cuando el profesor o profesora cambiaba el sistema habitual de relación profesor-alumno. Ya como formadora de docentes en la Universidad Metropolitana de Ciencias de la Educación (UMCE), elaboró el instrumento que llamó "registros de relato" (Ibáñez, 1986), cuyo objetivo era capturar los estilos de relación que se propician al interior de las aulas, describiendo lo que hacen y dicen estudiantes y profesores en el contexto particular de la clase observada; como diríamos hoy, describir para interpretar las significaciones implicadas en el fluir relacional que ocurre en la interacción en el aula. El instrumento pasó a formar parte de los contenidos de formación en la Carrera de Educación Diferencial, Especialidad Problemas de Aprendizaje de la UMCE, y sus estudiantes aprendieron a utilizarlo como parte de prácticas de asignaturas, detallando las interacciones al interior de clases regulares en distintos niveles, especialmente en educación básica. Estos registros debían indicar el contenido curricular tratado, el nivel, la asignatura, un esquema del aula y de la ubicación de estudiantes y profesor/a, el número de estudiantes y su género, entre otros aspectos.

Los registros de relato no tienen indicaciones de qué o cómo observar; son, como dice su nombre, relatos desde cada observador y se escriben en forma de guion. La tarea es escribir (relatar) todo cuanto ocurre en esa sala, lo que dice o hace cada quien en relación con el o los otros y con el medio en general, para su posterior análisis. Las apreciaciones personales, los juicios o los comentarios de la o el observador se escriben entre paréntesis. Como es habitual hasta la actualidad, aunque era mucho más acentuado en esa época, el discurso y las acciones predominantes en el aula son las del profesor o profesora, ya sea para explicar el contenido o para dar instrucciones, por lo que los registros no

---

[1] La investigación se desarrolló mediante dos Proyectos: a) FONIDE N° 274, investigadora responsable: Nolfa Ibáñez; coinvestigadoras: Tatiana Díaz, Sofía Druker y M. Soledad Rodríguez; y b) FONIDE N° 55, investigadora responsable Nolfa Ibáñez; coinvestigadoras Sofía Druker y M. Soledad Rodríguez.

tenían la dificultad que pudiese suponer quien no está familiarizado con el contexto interaccional de las aulas de nuestras escuelas, donde los estudiantes tienen poco espacio para participar. Se obtuvo cientos de estos registros hasta 2004, los cuales fueron sistematizados por estudiantes en función de sus tesis de pregrado solo hasta el año 1994. El resto del material, aunque incompleto, aún espera ser analizado.

Esta larga experiencia de observación tuvo valiosos resultados que nos ayudaron a comprender en profundidad la importancia que tiene para el clima del aula y para el aprendizaje de los estudiantes el estilo relacional que se propicia en la implementación del currículo. La relevancia de este aspecto –cómo se sienten los actores en ese proceso– y su incidencia en los resultados de aprendizaje de los estudiantes empezaron a ratificarse posteriormente por varios estudios realizados en Latinoamérica y en nuestro medio (Casassus, 2006; Ibáñez, 2002; unesco, 2000, 2008; Villarroel, 2005, entre otros).

Con los antecedentes señalados, era natural para el equipo de investigación utilizar para la recolección y análisis de datos una metodología de orientación etnográfica para los estudios realizados a partir de 2000, por cuanto nuestro interés principal ha sido, y continúa siendo, develar las percepciones de los actores involucrados en situaciones relacionales específicas, las cuales son siempre dinámicas, asegurándonos de que nuestros análisis reflejen sus propias perspectivas; esto es, asegurándonos de que entendemos lo mismo sobre aquello de lo cual hablamos, dado que estos actores provienen de distintas culturas. En nuestras investigaciones con familias mapuche y aymara de comunidades rurales empleamos un enfoque etnográfico propiamente tal[2], recogiendo los datos en los propios hogares y comunidades durante periodos prolongados de tiempo, haciendo devolución conceptual de los resultados parciales y generando talleres de co-construcción con los participantes. Estas experiencias nos permitieron establecer las limitaciones del empleo de lo que entendemos por etnografía cuando la investigación no contempla trabajo de campo prolongado ni recogida de datos más allá de la sala de clases; pero también nos permitieron valorar la relevancia que tienen algunas de las características principales de este método para la comprensión de lo que ocurre en ese espacio escolar, en relación con el modo en que se implementa el currículo y el estilo de interacción que se propicia en el aula.

Tomando en cuenta lo anterior, la investigación cuya metodología aquí se comenta tuvo una *orientación etnográfica*, por cuanto no hubo trabajo de campo prolongado, solo la observación de cuatro clases completas, registradas en

---

[2]   Proyectos fondecyt n° 100078, 1020496 y 1111030.

video grabaciones, en cada uno de los cursos. Tampoco se consideró la dinámica relacional de la comunidad educativa de cada escuela ni a los otros actores, como directivos, apoderados u otros docentes del mismo curso. La investigación se desarrolló en dos proyectos con el intervalo de un año entre uno y otro: el primero, durante 2006 y 2007 (Ibáñez *et al.*, 2008) en 12 cursos desde párvulos a 6° básico, en ocho escuelas de la región Metropolitana; y el segundo durante 2008 y 2009 (Ibáñez, Druker y Rodríguez, 2009), en 11 cursos, completos y multigrado, de los mismos niveles de cinco escuelas rurales de comunidades mapuche de la región de la Araucanía, lo que permitió comparar los resultados de ambos proyectos. El objetivo principal fue develar las concepciones que tienen los y las docentes sobre el aprendizaje, a partir de sus discursos y de la interpretación y análisis de los modos en los cuales ellos y ellas operacionalizan en su sala de clases algunos aspectos constitutivos del saber pedagógico considerados en el estudio.

Por qué fue importante abordar el problema de investigación con una orientación etnográfica

El énfasis etnográfico en la producción relacional de sentidos y significados releva la necesidad de visibilizar las cualidades situacionales y relacionales de la información producida en la situación de trabajo en terreno, que debe ubicarse en el marco de la constitución de campos de representación en los que los diferentes actores construyen tipos específicos de narrativas (Coffey y Atkinson, 1996). Consistentemente, lo que es dicho y lo que no se dice dependen de la orientación, interés y agencias específicas creadas por la posición relativa de quien está construyendo dichas narrativas (Comaroff y Comaroff, 1992). En nuestro caso, esta construcción se da desde la convicción de que el saber pedagógico es lo específico de la profesión docente y que todo profesor o profesora tiene como principal propósito que sus estudiantes aprendan aquello que se propone enseñar. De este modo, el foco de nuestra investigación está en algunos aspectos del saber pedagógico de los y las docentes que participaron de la investigación, entendido este saber como aquellos conocimientos, habilidades y competencias, elementos relacionales, procesuales, situados y dinámicos, que vinculan los saberes prácticos y teóricos que orientan el accionar de los profesores y representan los fundamentos para la acción pedagógica que se realiza al interior de la institución educativa, con la intencionalidad que la sociedad le otorga en cada época (Ibáñez, 2014), y que no pueden concebirse alejados de la práctica profesional concreta. El saber pedagógico es conceptualizado aquí como un corpus de conocimientos provenientes de distintas disciplinas, que es articulado *por la comprensión de la relación dialógica entre teoría y práctica*, y cuyo nodo central es el entendimiento sobre cómo ocurre el aprendizaje, qué lo facilita y qué lo dificulta (Ibáñez *et al.*, 2007). A partir de este conjunto de saberes articulado por la comprensión que se tiene de la relación teoría-práctica en cada contexto de desempeño, el profesor o profesora desplegará su conocimiento del contenido a enseñar y de su didáctica, propiciando un determinado contexto interaccional, es decir, una orientación particular de las relaciones interpersonales al interior del aula, un fluir relacional propio de ese contexto. En consecuencia, el saber pedagógico es sistémico y, dado su carácter situado, es siempre dinámico, por lo que puede aparecer incomprensible a la mirada lineal.

En este marco, y considerando las particularidades y constricciones de la investigación que aquí se discute, algunos aspectos metodológicos ampliamente reconocidos como propios de la etnografía resultaron especialmente relevantes en el desarrollo de nuestro proceso de recolección de datos, así como en el análisis que acompañó cada etapa del proceso investigativo, como señalaremos a continuación.

El problema abordado fue develar las concepciones que sobre el aprendizaje tienen los y las docentes a cargo de los cursos observados mediante la interpretación y análisis de los modos en los cuales ellos operacionalizan en su sala de clases algunos aspectos constitutivos del saber pedagógico: el saber sobre cómo ocurre el aprendizaje, el saber sobre cómo facilitar un contexto interaccional que lo favorezca, y el saber sobre la atención pedagógica a la diversidad en el aula. Partimos del supuesto de que la práctica profesional docente constituye el modo en que se pone en acto la enseñanza y el aprendizaje de la cultura que se desea transmitir a las nuevas generaciones, a partir de determinadas concepciones del desarrollo personal, cognitivo y social de los/las niños/as y, especialmente, de la concepción que se tenga sobre aprendizaje. Por lo anterior, asumimos que el análisis de los modos de operacionalización de los aspectos del saber pedagógico considerados en el estudio, puestos en práctica en contextos disímiles, podría ser una importante contribución a la búsqueda de una conceptualización compartida de este saber que consideramos constituye lo específico de la profesión docente. Para esto era necesario registrar el fluir relacional habitual en cada sala de clases durante la implementación curricular de una determinada unidad, para posteriormente interpretar estas descripciones, las cuales se complementaron con entrevistas a las y los profesores. Estas entrevistas tuvieron la particularidad de incluir la revisión de ediciones de las clases registradas, con el propósito de analizarlas en conjunto y recoger los comentarios y explicaciones acerca del propio desempeño; es decir, los fundamentos o consideraciones de cada profesor o profesora para lo dicho o hecho en los distintos momentos de la clase. En esta instancia se consideraron también preguntas cuyas respuestas permitirían conocer las expectativas del profesor acerca de la capacidad de aprendizaje de sus estudiantes, su valoración de determinados tipos de aprendizaje y, para los y las docentes de la Araucanía, su opinión respecto de la implementación del Programa de Educación Intercultural Bilingüe en lo pertinente a las clases revisadas. Así, observación y entrevistas se complementaron para permitir develar la concepción general de aprendizaje que subyacería al quehacer profesional de los docentes participantes en el estudio.

La noción de *fluir relacional habitual* de la sala de clases, entonces, constituyó el eje sobre el cual operacionalizamos nuestra propia versión de una orientación etnográfica en investigación educativa, entendiéndola como el espacio de existencia de las dinámicas relacionales específicas que constituyen y delimitan sentidos y significados sobre el mundo para los sujetos que participan en ellas. Este fluir constituiría las "arenas" de producción de significado (Long, 1992) en las cuales los sentidos sobre el mundo son creados, confrontados, modificados y reafirmados en un proceso de producción de campos semánticos que, si bien fluidos en términos de sus contenidos específicos, tienden a la estabilidad en la estructura de las relaciones que las componen.

La comprensión de esas relaciones entendidas como dinámicas de interacción, y los supuestos que subyacen a ellas, sería el objetivo de la aplicación de una orientación etnográfica para el abordaje de nuestro problema de investigación, por cuanto la singularidad de dicha orientación radicaría en su capacidad hermenéutica, extendiendo la reflexividad e interpretación investigativa a todas las etapas del estudio. Lo propio de la etnografía, como estancia analítica, posibilitó una aproximación al problema del saber pedagógico en docentes de enseñanza básica, a través de estrategias indagativas centradas en el abordaje de los campos semánticos definidos por el fluir de interacciones habituales en la sala de clases durante una unidad programática, abordando las prácticas significativas involucradas en su constitución, a la vez que visibilizando las nociones sobre las cuales interesaba indagar y que, subyaciendo a ellas, les dan sentido.

Por estas razones, aun cuando no exploramos el mundo de la vida de los actores más allá de las situaciones particulares registradas, consideramos que la metodología cualitativa que utilizamos es de orientación etnográfica, orientación que se plasma en el carácter circular de su diseño, en la constante interacción entre la recolección de datos y su análisis (Sandin, 2003), complementándose con la innovación que significa la revisión conjunta de los registros en videos de las clases con cada profesor o profesora.

Lo propiamente etnográfico: haciendo extraño lo familiar

Quisiéramos hacer mención de un relato que hemos usado antes en el medio académico-educacional: imaginemos que en el siglo XVIII se inventa una máquina del tiempo y la comunidad científica nacional decide enviar al futuro a dos personas por separado: al más reputado médico cirujano y al profesor que cuenta con el mayor reconocimiento por su trayectoria pedagógica. El médico cirujano viaja en el tiempo y la máquina lo lleva al más moderno pabellón quirúrgico que existe en 2016 en Chile. Al salir de la máquina, ¿sabría este médico dónde se encuentra? La respuesta que siempre se da es que no lo sabría, prácticamente todo sería desconocido para él. Ahora bien, imaginemos que el profesor también llega a 2016 y termina su viaje en el tiempo en una sala de clases de una escuela pública de cualquier comuna del país. Al salir el profesor de la máquina, ¿sabría dónde se encuentra? La respuesta siempre es afirmativa; es más, ¡¡él podría hacer la clase!!

Este cuento ha sido utilizado como una crítica humorística a la tradicionalidad y resistencia al cambio de la institución escolar en Chile y, con ello, a una característica de la cultura escolar. Si bien el relato enfatiza principalmente la falta de innovación y apertura al cambio de escuelas y docentes, sirve también para ilustrar otro fenómeno que resulta de la casi inmutabilidad del sistema escolar chileno, a saber: todas las personas que han pasado por la escuela, incluyendo por supuesto a las investigadoras e investigadores educativos, están profundamente familiarizados con lo que ocurre en la sala de clases. Lo anterior, obvio como puede resultar, tiene importantes consecuencias para el desarrollo de investigaciones educativas cuyas estrategias de obtención de datos involucran la observación/participación en dinámicas de aula. Esto ha sido profusamente señalado en antropología (Erickson, 1984; Boivin, Rossato y Arribas, 1999; Guber, 2004; entre otros): la familiaridad del observador con los fenómenos observados obscurece características clave de dichos fenómenos que, al ser percibidas como naturales, no son consideradas en la construcción de los cuerpos de datos, perdiendo su potencial para el análisis.

En el caso de este equipo de investigación, como muchos otros en el país, las investigadoras que formaron parte del estudio también están profundamente familiarizadas con las dinámicas de aula, habiendo sido estudiantes y docentes por largo tiempo. En esta situación, la etnografía, al mismo tiempo que permite aproximarse a culturas lejanas –desde la familiaridad que otorga el contacto sostenido que caracteriza el trabajo de campo en su acepción más tradicional–, cuando se estudia lo cercano, lo familiar, obliga al investigador a situarse como observador de un fenómeno externo, presuponiendo el desconocimiento o extrañamiento respecto a lo observado como punto de partida de su estancia metodológica. Como señalan Comaroff y Comaroff, "la etnografía sirve a la vez para hacer familiar lo extraño y extraño lo familiar, siendo lo mejor para entender ambos"[3] (2002, p. 2).

Por otra parte, la plasticidad propia de la etnografía que permite diseñar y adaptar estrategias de aproximación a los fenómenos estudiados de acuerdo con los contextos de investigación específicos, nos permitió generar estrategias indagativas adecuadas para lidiar con las condiciones y constricciones impuestas por un marco temporal y presupuestario que no hacía posible desarrollar un trabajo de campo como ha sido concebido tradicionalmente en antropología, sin por ello perder el énfasis reflexivo e interpretativo necesario para explorar los campos de significado constituidos por el fluir relacional habitual de las salas de clases observadas.

En este sentido, además de la observación de dichas dinámicas mediante la revisión de videograbaciones de clases, ha sido particularmente relevante en la operacionalización de una orientación etnográfica centrada en el fluir relacional del aula, la incorporación de sesiones de trabajo con los profesores cuyas prácticas docentes fueron estudiadas, en las cuales se revisaron y discutieron algunas de las videograbaciones de sus propias clases. Esto, con el propósito de conocer sus comentarios y explicaciones acerca de lo dicho y/o hecho en los distintos momentos de la clase, más allá de las concepciones sobre aprendizaje que declaraban. Como afirma Erickson "no podemos transferir los métodos particulares del trabajo de campo de la investigación etnográfica tradicional a los estudios sobre la escuela"[4] (1984, p. 53), por lo que esta estrategia, si bien no constituye una técnica tradicional en estudios etnográficos propiamente tales, nos fue muy útil en la consecución de nuestros propósitos, especialmente en lograr hacer extraño lo familiar. La utilización de entrevistas, complementadas con la revisión conjunta de clases, fortaleció significativamente la orientación etnográfica de nuestra investigación, ya que permitió generar un espacio privilegiado para la contrastación de contenidos específicos entre las construcciones discursivas de los docentes y las prácticas concretas (acciones) constitutivas de su participación en el fluir relacional de la sala de clases. Lo anterior fue extremadamente significativo para el desarrollo de nuestros objetivos de investigación, ya que permitió develar que los modos de puesta en acto de los aspectos del saber pedagógico considerados en nuestro estudio dependen de la claridad y comprensión que tiene cada docente sobre la relación teoría-práctica en su particular contexto de desempeño. La metodología utilizada permitió evidenciar que estos aspectos son operacionalizados de distintos modos, *según sea la concepción de aprendizaje*

---

[3]   Traducción propia.
[4]   Traducción propia.

subyacente al quehacer profesional del profesor o profesora del grupo de estudio y según la imbricación que para él o ella tienen el aprendizaje y las emociones. La mayoría de los profesores y profesoras participantes en la investigación, tanto de la región Metropolitana como de La Araucanía, basa su accionar en el aula en concepciones de aprendizaje ausentes desde hace casi dos décadas en la formación inicial y continua, a pesar de ser profesionales comprometidos con la educación y con el aprendizaje de sus estudiantes, que han participado o están participando en actividades y cursos de perfeccionamiento, que nos permitieron mirar sus clases sin otro interés que el de aportar a la investigación, dedicando parte de su tiempo personal a las entrevistas y que, en su mayoría, declara adscribir a una concepción general de aprendizaje de tipo socioconstructivista.

La metodología de orientación etnográfica construida para esta investigación sin duda facilitó el logro de sus objetivos y permitió mayor profundidad en sus resultados, los cuales permitieron establecer que, para la gran mayoría de las y los docentes participantes en el momento y contexto de esta participación, no existiría una cabal comprensión de la relación entre la teoría que se aprende, en la formación o en el perfeccionamiento, y la práctica en situaciones concretas de aprendizaje y enseñanza. La comprensión de esta relación es lo que articula los saberes constitutivos del saber pedagógico, por lo que su carencia podría estar en la base de la falta de coherencia que aún persiste entre, por un lado, el discurso de los profesores respecto a cómo conciben el aprendizaje y, por otro, sus prácticas en el aula. Vinculado a lo anterior, la competencia profesional del docente para acoger e incorporar la diversidad del estudiantado es la competencia profesional con menor presencia en el fluir relacional propiciado en las prácticas analizadas, a pesar de la preeminencia otorgada a este aspecto en el discurso educativo, tanto en el de las políticas públicas como en el de las instituciones formadoras.

Por qué consideramos nuestro diseño metodológico como "orientación etnográfica" y no como etnografía propiamente tal

La etnografía se fundamenta en una concepción de la investigación social eminentemente cualitativa. Esta condición cualitativa determina los modos de conceptualizar aquello que es posible estudiar, así como la producción de relaciones entre los investigadores y las preguntas que orientan sus indagaciones. A este respecto, y como señalan Goetz y Lecompte (1998), la información que constituye la unidad básica en la solución de cualquier proyecto científico –a saber, el dato– es conceptualizado como el resultado de una construcción que el investigador realiza en el campo –esto es, el lugar de emergencia y desarrollo de los fenómenos estudiados–, y no como elemento propio de dicho campo que ha sido extraído en el proceso investigativo. En nuestro caso, como investigadoras buscábamos entender aquello que subyace a la construcción de pequeños mundos colectivos que se establecen en un contexto particular y en una situación determinada que se reitera en el tiempo, como es la situación-aula en una misma asignatura. Como señalan Comaroff y Comaroff, se trata de "comprender el proceso de creación de mundos colectivos –las dialécticas en el espacio y el tiempo, de sociedades e identidades, personas y lugares, órdenes y eventos– para luego abrirnos a convenciones de criticismos ampliamente compartidos en las ciencias humanas no positivistas"[5] (1992, p. 1). Nuestra perspectiva, entonces, es etnográfica; no obstante, si bien nuestro trabajo comparte el propósito señalado por estos autores, no podría llamarse propiamente etnográfico, por los fundamentos y razones que señalamos a continuación.

Como sabemos, la etnografía tiene sus orígenes en disciplinas de las ciencias sociales distintas de la educación; específicamente, se genera en el campo de la antropología cultural o social y de la sociología, y ha sido históricamente relacionada con la disciplina antropológica. La etnografía ha sido equiparada con el "trabajo de campo", hasta el punto de usarse estos últimos dos conceptos en forma intercambiable (Faubion, 2008; Ingold, 2014) para indicar un proceso de recolección de datos usualmente concebido como una larga, virtualmente ininterrumpida, estadía en el campo, durante la cual la información primaria es obtenida principalmente a través de la técnica de observación participante. En la perspectiva clásica de la etnografía descrita por Faubion el proceso de recolección de información es visto como: "una estancia más o menos permanente de aproximadamente un año de duración en una ubicación primaria, un par de viajes satélites aquí y allá y, probablemente, un barrido general de dos o tres meses antes de que la tesis o monografía esté terminada"[6] (Faubion, en Marcus, 2007, p. 354).

Si por investigación etnográfica se entiende la obtención de información mediante el trabajo de campo, con el uso de entrevistas y el registro de observación, entonces podría decirse que abundan las investigaciones etnográficas y que la nuestra se situaría allí. Por el contrario, si se busca además interpretar la construcción de la vida cotidiana de los actores, esto es, aprehender el sentido de las acciones sociales y todo lo que implica una descripción densa, entonces algunas investigaciones no logran esto, no obstante que se autodenominen etnográficas (Piña, 1997, p. 6). En el caso de nuestra investigación, la decisión fue optar por la orientación etnográfica, con plena convicción de que, dadas las condiciones,

---

5   Traducción propia.
6   Traducción propia.

recursos y tiempo para investigar otorgado por el financiamiento al cual concursamos, no era posible utilizar un método etnográfico propiamente tal, por lo que construimos un diseño metodológico que nos permitiera acercarnos lo más posible a la comprensión de las acciones observadas, teniendo claro que etnografía no es sinónimo de descripción y que no toda descripción constituye etnografía (Ingold, 2014). Para ser propiamente etnográfico, el trabajo descriptivo necesariamente debe comunicar las redes de significado que fundamentan las conductas e interacciones descritas, para lo cual es requisito conocer el contexto en el cual se desenvuelven las interacciones entre los actores observados en las distintas instancias y situaciones propias de dicho contexto; en nuestro caso, el propio de cada establecimiento educativo en el que se realizó la observación. La ya famosa frase de Thoreau "no vale la pena dar la vuelta al mundo para contar los gatos de Zanzíbar"[7], y que fuera popularizada por Geertz (1973), da cuenta, precisamente, del tipo de descripciones que al estructurarse como recuento objetivo de aquello que el investigador observa como inventarios o colecciones narradas no constituyen trabajo etnográfico. Este punto hace necesario tornar la atención nuevamente a la concepción del "dato" implicada en investigación cualitativa. En el enfoque cualitativo, característico de la investigación etnográfica, no cabe la pretensión de descripción objetiva de aquello que se observa. Esto lo resuelve Geertz tomando del filósofo del lenguaje Gilbert Ryle la noción de descripción densa, analizando la interacción como si fuese un texto. De acuerdo con Geertz, lo que se busca "es la explicación, interpretando expresiones sociales que son enigmáticas en su superficie" (1973, p. 20); en este sentido, la descripción densa que constituye el trabajo etnográfico no es inventario o colección, sino descripción interpretativa de las capas de sentido que distinguen las acciones e interacciones como propiamente humanas. Así, etnografía sería la descripción densa de los mundos de vida de personas que pertenecen a grupos sociales o contextuales diferentes de los de quien describe (Ingold, 2014); y, a través de estas descripciones densas, el propósito de la etnografía es el de conocer los mundos de vida de las personas, para lo cual la observación participante constituiría un primer requisito. Como señala Jackson refiriéndose al "dato objetivo": "nada podría ser más lejano de la verdad. Porque observar no es objetivar, es atender a personas y cosas, aprender de ellas, y seguirlas en precepto y práctica. De hecho, no puede haber observación sin participación"[8] (Jackson, 1989, p. 51).

Con esta concepción de etnografía, y pensándola como marco metodológico, suscribimos la definición de Comaroff y Comaroff, en tanto comprendemos

---

[7]   En el original de 1849, p. 194 y recogida en la reedición de 2005.
[8]   Traducción propia.

como particular de la etnografía su capacidad para el estudio de fenómenos multidimensionales y complejos desde un abordaje global e integrador: "Etnografía es un ejercicio en dialéctica más que dialógica [...] Además de hablar, requiere observación de actividad e interacción formal y difusa, de modos de control y restricción, de silencio a la vez que de aserción y desafío"[9] (1992, p. 11). Al mismo tiempo, concordamos con Ingold (2013, 2014), respecto a que la etnografía no se agota en un método investigativo, sino que constituye un modo específico de construir y abordar el problema de investigación, un modo de mirar que sitúa al investigador como aprendiz del mundo de vida que pretende estudiar, cuestión que concuerda plenamente con nuestros propósitos en la investigación que se comenta, en la cual nos focalizamos en la práctica de producción de significados. A este respecto, y volviendo a lo planteado por Gertz (1973), etnografía es siempre un ejercicio hermenéutico de interpretación y reflexión sobre aquello que se estudia en el marco de la relación entre investigadores y objetos/sujetos de conocimiento.

Si bien en nuestra investigación todo lo anterior está presente en algún grado, su cumplimiento es parcial, inacabado, por cuanto refiere a la interpretación y reflexión de un grupo en una situación particular, sin seguimiento en el tiempo y sin conocimiento del contexto inmediato de los actores, es decir, del modo de relación imperante en cada escuela y de su particular cultura. Lo anterior, en circunstancias que sabemos que la cultura escolar en cada establecimiento está reglada por cuestiones que van más allá de lo declarado en reglamentos o programas, y que tienen que ver no solo con la clase, sino también con los otros ámbitos de la vida escolar y la de sus actores educativos en cuanto tales. Por estas razones, como dijimos antes, llamamos a nuestra metodología "de orientación etnográfica".

El desafío de hacer etnografía en la escuela

Los contextos y situaciones que conforman los campos de significado estudiados forman parte de otros más amplios, definidos por marcos institucionales y estructuras de poder con las que interactúan y que existen como contexto de su accionar. En el caso atendido por nuestra investigación, el fluir relacional habitual de las salas de clases observadas forma parte de las relaciones que se establecen en la institución escolar, la cual, a su vez, depende de una instancia administrativa mayor y está bajo el marco de la política pública que la sociedad

---

[9]   Traducción propia.

determinó para ese campo particular y, sobre todo, bajo el marco de las representaciones y del imaginario colectivo que sobre la escuela tienen los integrantes de una sociedad en cada época.

Dicho lo anterior, un primer desafío para el empleo de la etnografía en la investigación que aquí se comenta, y en las investigaciones de aula en general, es la poca factibilidad de utilizar observación participante. En general, se es un observador que, obviamente, pasa a formar parte de ese contexto particular durante las observaciones, pero no participa del fluir relacional habitual entre profesores-estudiantes y estudiantes-estudiantes. Las condiciones de accesibilidad a la observación participante en aulas escolares e instituciones educativas es restringida en nuestro medio, la formación docente prácticamente no considera preparación para ese propósito y la investigación empírica en educación está usualmente muy limitada en tiempo y recursos.

Un segundo desafío lo constituye la duración posible de las observaciones; en nuestro caso, solo 2 o 3 horas a la semana por 3 o 4 semanas, lo que si bien permite la descripción e interpretación del fluir relacional que se puede suponer habitual, no es suficiente para afirmar que las características de esa interacción son permanentes o estables en el tiempo. A diferencia de la investigación antropológica, la investigación en educación en Chile que contemple un trabajo de campo que abarque un periodo de observación mayor al que corresponde a la implementación de una o dos unidades curriculares, es prácticamente inexistente.

Un tercer desafío se configura con el desconocimiento del contexto del mundo de vida de los actores a quienes se observa: profesores y estudiantes en cuanto tales. El conocimiento previo es del contexto educativo general y, en el mejor de los casos, podrían conocerse algunos aspectos de la cultura propia de ese establecimiento en particular, si quien investiga considera visitas y conversaciones informales previas. La mayoría de las veces se desconoce el contexto particular de ese profesor o profesora y de esos estudiantes, en cuanto integrantes de una comunidad escolar determinada que tiene su propia estructura organizacional y sus propios modos de relación que, se puede suponer, permean también los estilos de relación al interior del aula.

Si bien nuestra metodología no es etnografía propiamente tal, podría, al menos en parte y al mismo tiempo que en educación, inscribirse en el campo de la antropología social, por cuanto esta disciplina sería también un proceso de educación de la atención, una práctica de exposición en la cual un elemento central es la producción de una estancia compartida donde el investigador coexiste atencionalmente con aquellos entre quienes aprende:

> la antropología es una búsqueda de la educación en el sentido original del término, muy alejada del sentido que ha adquirido posteriormente a

través de su asimilación a la institución de la escuela [...] La educación era un problema de conducir a los novicios afuera en el mundo, en lugar de, como comúnmente se entiende hoy en día, inculcar conocimientos en sus mentes. En vez de situarnos en una posición de adoptar una perspectiva, la educación en este sentido trata de que nos alejemos de cualquier punto de vista determinado, de cualquier posición o perspectiva que podríamos adoptar. En resumen [...], es una práctica de exposición[10] (Ingold, 2014, p. 388).

Como señalan Velasco y Díaz de la Rada "la etnografía de la escuela no es más que el resultado de aplicar una práctica etnográfica y una reflexión antropológica al estudio de la institución escolar" (2006, p. 10), nosotras propondríamos una modificación importante: sustituir "una reflexión antropológica" por "una reflexión educativo-antropológica", considerando las limitaciones de la práctica etnográfica en estudios en la escuela señalados antes y, principalmente, la preeminencia de un marco acotado a la educación formal, institucionalizada, a diferencia del marco general que correspondería al mundo de la vida, propio de la investigación antropológica.

El propósito de develar los sentidos y conceptualizaciones sobre el aprendizaje y la enseñanza subyacentes al fluir relacional al interior de las aulas observadas se enmarca en lo educativo-antropológico, por lo que pensamos que los desafíos que enfrenta la etnografía escolar debieran abordarse sobre una base de trabajo interdisciplinario que permitiera ampliar los campos particulares, los cuales sin duda se intersectan en sus propósitos y métodos, para mejor contribuir a mejorar los procesos de aprendizaje-enseñanza en nuestras escuelas.

Referencias

Assaél J. y Neumann E. (1988). *Clima emocional en el aula. Un estudio etnográfico de las prácticas pedagógicas*. Santiago: PIIE.

Boivin M., Rosato A. y Arribas V. (1999). Observación participante. En: *Constructores de otredad. Una introducción a la Antropología Social y Cultural* (pp. 143-155). Buenos Aires: Eudeba.

Casassus J. (2006). *La educación del ser emocional*. Chile: Cuarto Propio.

Coffey A. y Atkinson P. (1996). *Making sense of qualitative data*. London: Sage Publications.

Comaroff J. y Comaroff J. (1992). *Ethnography and the historical imagination*. Boulder: Westview Press.

---

[10] Traducción propia.

Erickson F. (1984). What makes school ethnography 'ethnographic'? *Anthropology and Education Quarterly, 15*(1), 51-66.

Faubion J. (2008). Constructionism in anthropology. En: J. Holstein y J. Gubrium (Eds.), *Handbook of constructionist research*, (pp. 67-84). New York: Guilford Publications.

Geertz C. (1973). *La interpretación de las culturas.* New York: Basic Books.

Goetz J. y Le Compte M. (1988). *Etnografía y diseño cualitativo en investigación educativa.* Madrid: Morata.

Guber R. (2004). *La etnografía. Método, campo y reflexividad.* Buenos Aires: Norma.

Ibáñez N. (1986). *Registros de relato.* Documento de trabajo. Departamento de Educación Diferencial, Facultad de Filosofía y Educación, umce.

Ibáñez N. (2002). Las emociones en el aula. *Estudios Pedagógicos, 28,* 31-45.

Ibáñez N. (2014). Saberes profesionales para la transformación del modelo educativo en Chile. *Estudios Pedagógicos, XL,* 145-160.

Ibáñez N., Díaz T., Druker S. y Rodríguez M. S. (2007). Informe de avance. Proyecto fonide N° 274 (ex 8513).

Ibáñez N., Díaz T., Druker S., Rodríguez M. S. y Smith C. (2008). *Saber pedagógico y práctica docente: estudio en aulas de educación parvularia y básica.* Santiago: diumce.

Ibáñez N., Druker S. y Rodríguez M. S. (2009). Saber pedagógico y práctica docente en escuelas rurales de comunidades mapuche de la región de la Araucanía. Estudio comparativo con escuelas de la región Metropolitana. Informe Final Proyecto fonide N° 55. Recuperado de: http//www.fonide.cl.

Ingold T. (2014). That's enough about ethnography! *HAU: Journal of Ethnographic Theory,* 4(1).

Ingold T. (2013). *Making: anthropology, archaeology, art and architecture.* Abingdon: Routledge.

Jackson M. (1989). *Paths toward a clearing: radical empiricism and ethnographic in-quiry.* Bloomington, IN: Indiana University Press.

Long N., y Arce A. (1992). The dynamics of knowledge. En N. Long y A. Long (Eds.), *Battlefields of knowledge.* London and New York: Chapter 9.

Marcus G. y Okely J. (2007). How short can fieldwork be? *Social Anthropology, 15*(3), 353-368.

Piña J. M. (1997). Consideraciones sobre la etnografía educativa. *Perfiles Educativos, XIX*(78). Recuperado de: http://www.redalyc.org/toc.oa?id=132&numero=193

Thoreau H. D. (2005). Desobediencia civil. En: J. J. Coy, *Desobediencia civil y otros escritos* (pp. 41-54) Madrid: Alianza Editorial.

unesco. (2000). Primer estudio internacional comparativo sobre lenguaje, matemática y factores asociados, para alumnos del tercer y cuarto grado de la educación básica. Segundo informe. Santiago: orealc/unesco.

unesco. (2008). *Los aprendizajes de los estudiantes en América Latina y el Caribe. Primer reporte de los resultados del Segundo Estudio Regional Comparativo y Explicativo.* Santiago: orealc/unesco.

Velasco H. y Díaz de la Rada A. (2006). *La lógica de la investigación etnográfica. Un modelo de trabajo para etnógrafos de escuela.* Madrid: Trotta.

Villarroel R. G. (2005). Emoción y aprendizaje: un estudio en estudiantes de Educación Básica Rural. *Revista Digital e Rural, Educación, cultura y desarrollo rural*, 2(4). Recuperado de: http://educación.upa.cl/revistaerural/erural.htm.

Etnografía de la normalidad[1]

Claudia Matus y Carolina Rojas

En este capítulo presentamos una reflexión acerca de cómo el estudio de la normalidad en espacios escolares exige cuestionar los supuestos y las formas disponibles de hacer etnografía. Estas reflexiones se enmarcan dentro del trabajo que hemos realizado a lo largo de tres años en el proyecto Anillos en Ciencias Sociales y Humanidades "Normalidad, Diferencia y Educación" (NDE)[2]. El propósito general en este proyecto ha sido indagar y profundizar en aquellas articulaciones entre conceptos de diversidad y diferencia, y nociones de normalidad en contextos escolares. Nuestra premisa ha sido entender que cualquier política o acción dirigida a identificar y abordar el tema de la diversidad en las escuelas pone en operación, por lo menos, dos conceptos claves: diferencia y normalidad. Con esto queremos decir que aquello que de manera tan recurrente llamamos diferencia en la escuela (el estudiante lento en la sala de clases, el estudiante "afeminado", el estudiante inmigrante, el estudiante "vulnerable", etc.) es solo posible porque en nuestras formas de imaginar la sala de clases opera la idea de que existen identidades "normales" (tales como la del estudiante "no inmigrante", del estudiante que exhibe una masculinidad hegemónica, del estudiante concentrado y que sigue el ritmo propuesto por el profesor o la profesora, etc.). Por lo tanto, el foco de nuestra investigación ha estado orientado a entender cómo es que ciertas identidades, valores y atributos de los y las estudiantes son pensadas como normales, obvias, deseadas y no cuestionadas socialmente, y los efectos que esto tiene en

[1] La producción de este capítulo se enmarca dentro del Proyecto Anillos en Ciencias Sociales y Humanidades, "Normalidad, Diferencia y Educación -NDE" (SOC1103), el cual cuenta con el financiamiento del Programa de Investigación Asociativa-Comisión Nacional para la Investigación Científica y Tecnológica (PIA-CONICYT). Las ideas expresadas son de responsabilidad exclusiva de las/los autores y no representa necesariamente aquellas de la Comisión o de NDE.

[2] El Proyecto Anillos en Ciencias Sociales y Humanidades, Normalidad, Diferencia y Educación-NDE (SOC1103) es un proyecto financiado por PIA-CONICYT (2013-2015). Esta plataforma interdisciplinaria de investigación congrega a 16 investigadoras e investigadores asociados e invitados, 25 tesistas (pre y posgrado) y 12 instituciones asociadas tanto nacionales como internacionales.

la producción del "otro". Un ejemplo de esto sería preguntarse ¿por qué en Chile un estudiante más rubio y que vive en un barrio acomodado será pensado como más dispuesto al estudio y, en consecuencia, *a priori* no se pondrá en duda su facilidad/aptitud a aprender? Y, más importante, ¿cómo es que a propósito de esta sobrevaloración –por ejemplo, de lo blanco/económicamente acomodado–, es permanentemente puesta en duda la condición de buen estudiante de un joven/moreno que vive en un sector más pobre/vulnerable?

Nuestro interés investigativo, por lo tanto, ha estado enfocado en estudiar cómo circulan, se aprenden e institucionalizan los discursos, representaciones e imágenes de aquello que ha sido construido como el ideal normativo a seguir en las escuelas; concretamente nos referimos a lo blanco, lo femenino y masculino hegemónico, valores y moralidades asociadas a ciertas clases sociales, los cuerpos "no deficitarios", entre otros.

Tal como mostraremos a lo largo del texto, una de las particularidades del proyecto es que ensaya un modo productivo, y al mismo tiempo deconstructivo, de hacer investigación etnográfica. Con esto nos referimos, por una parte, a que las preguntas y definiciones metodológicas y analíticas se elaboraron durante el propio desarrollo de la investigación. Así, se dio inicio al trabajo etnográfico orientado solo por la siguiente cuestión: ¿cómo se produce la normalidad y la diferencia en las escuelas? En este contexto, la etnografía se tradujo en un proceso de producción del objeto más que en la ejecución de un programa teórico y/o metodológico definido *a priori*, es decir, en un método. Por otra parte, a lo largo del proceso de investigación hemos explorado un modo deconstructivo de hacer etnografía en función del cual hemos tenido que aprender a poner en cuestión las propias formas de producir conocimiento acerca de la diferencia, desafiando nuestros propios límites, conocimientos y fronteras de comprensión de lo normal. Es en este sentido que el propio proceso de producción del objeto ha ido desafiando y definiendo el modo de conocerlo.

Si la normalidad opera como tal se debe a que está naturalizada y, por tanto, incrustada en el sentido común, y desde esta misma lógica concebimos que está epistémicamente inscrita en el modo de investigar. Esta ha sido nuestra premisa y es por eso que nuestro trabajo, acerca del cual reflexionamos en este capítulo, ha estado dirigido a documentar un espacio que no es *a priori* evidente para la investigación. Por ejemplo, si nuestro interés era indagar en la articulación de la diferencia y la normalidad a partir de una perspectiva de género, un acto tan propio del sentido común como es la neutralización del lenguaje al nombrar a niños y niñas en espacios escolares (e.g. descripciones de campo en donde se indica: "los niños juegan en el patio" cuando en realidad se está queriendo decir que son niños y niñas jugando en el patio) tiene efectos significativos. Si nuestro foco ha sido documentar cómo circula el poder, por ejemplo, en relación con el género, ha sido necesario exponer lo que siendo evidente no estaba siendo dicho, lo ausente, lo impensado. Esto, tanto a nivel de los registros de terreno, como en la misma forma de describir y narrar lo observado. Solo así fue siendo posible observar cómo se reproduce, por ejemplo, un orden de género, que era aquello que intentamos construir etnográficamente.

Es así como nuestro trabajo de investigación nos ha llevado a producir una pregunta profundamente política, que tiene que ver con el uso del lenguaje y de los discursos disponibles para poder contestar a nuestras preguntas de investigación desde la etnografía, y cómo en las mismas descripciones y observaciones que buscan narrar la producción de lo normal y lo diferente está inscrita y reproducida la misma normalidad que se intenta poner en cuestión.

Junto con esto, nos ha parecido que la escuela como terreno ofrece un espacio privilegiado para poner en juego nuestras preguntas de investigación. La escuela es un espacio institucional que por "naturaleza" homologa, distingue, separa, jerarquiza y ordena subjetividades, procesos y prácticas. Esto supone una cierta *estabilidad* del terreno en términos espaciales y temporales (Jackman, 2010; Tsolidis, 2008; Weems, 2006; Youdell, 2010) que para efectos de nuestra investigación ha sido vital poder cuestionar. Esta estabilidad se traduce en que los sujetos asumen identidades institucionales que la escuela atribuye y administra (e.g. estudiante vulnerable, estudiante con necesidades educativas especiales, etc.) y que, por lo tanto, se asume que son fáciles de identificar, describir y monitorear.

En las siguientes páginas profundizaremos en el problema que aborda esta investigación, como también presentaremos algunos supuestos clave para repensar la etnografía en su dimensión normativa, a propósito de nuestras preguntas de investigación. Luego presentaremos unas reflexiones acerca del desarrollo de nuestro trabajo de campo, relevando implicancias epistemológicas en términos de la experiencia etnográfica, en particular poniendo atención a las experiencias de los investigadores y las investigadoras; por último, compartiremos algunos desafíos políticos y éticos que nos plantea la práctica etnográfica.

Producir el problema y la manera de conocerlo

El problema

Durante las últimas décadas las políticas que se hacen cargo de regular temas de diversidad e inclusión en Chile han tenido una gran expansión y alcances variados, produciendo un cambio en el contexto de regulación para temas de diversidad en Chile. Así, se tiene, entre otras, leyes que regulan la participación social de personas con discapacidad (Ley 19.284) y otras que entregan indicaciones para producir diagnósticos sobre necesidades educativas especiales (Decreto 170), hasta aquellas que definen prácticas discriminatorias, como la Ley de Antidiscriminación (Ley 20.609) y la recientemente promulgada Ley de Inclusión Escolar (Ley 20.845). Este contexto de regulación exige, por lo tanto, que aquellos temas que parecían anclados en la cultura popular (e.g. Chile es un país clasista, racista, etc.) sean tomados en serio, y es particularmente relevante cuando lo llevamos al ámbito escolar en donde, a pesar de las políticas que se han creado para regular estas prácticas (Ley 20.536 Sobre Violencia Escolar – Política de Convivencia Escolar del MINEDUC), se observa un aumento de situaciones de abuso, violencia y *bullying*.

Historizando brevemente la manera cómo en Chile se han abordado los temas relacionados con diversidad, inclusión y diferencia en educación, se observa que ha habido un énfasis en dos grandes áreas: discapacidad y necesidades educativas especiales, esto tanto a nivel de las políticas nacionales como en los programas de formación de profesores y profesoras (Infante y Matus, 2009)[3].

El peso que se le ha dado a la discapacidad y a las necesidades educativas especiales, como la forma evidente de traducir la idea de diversidad en los contextos escolares, ha producido una serie de prácticas institucionales diarias, representaciones y valoraciones que son problemáticas por lo menos por dos cosas. Primero, porque producen una idea restringida de diversidad, ya que, al focalizarse en los sujetos "distintos" sostiene la idea de que la diferencia es natural, situada en identidades particulares y, por lo tanto, convenientemente desvinculada de la noción de normalidad. Y segundo, porque moviliza la idea de que "el problema de la diversidad" se resuelve con el uso de herramientas y estrategias específicas para las "diferencias". Por ejemplo, una forma de pensar casi evidente sería que, para trabajar con niños y niñas sordas o niños y niñas con síndrome de Down es necesario tener unos conocimientos específicos. Con lo cuestionable que esto resulta desde las líneas más contemporáneas de trabajo sobre discapacidad (Davis, 2013), pensemos por un segundo que esto resuelve algo del "problema". Si es así, entonces todas "las diferencias" debieran seguir la misma lógica: se identifica la diferencia (déficit), se describe, se piensa en herramientas específicas para esa diferencia y, como consecuencia,

---

3 También existen programas que abordan necesidades de comunidades específicas a través de iniciativas tales como: educación intercultural bilingüe y programas especiales para jóvenes y adultos. En general estos programas emanados desde el Estado tienden a segmentar grupos e identidades con el fin de poder generar estos programas compensatorios. Es así como una se encuentra con programas para migrantes, para discapacitados, para mujeres, etc. Para efectos de la formulación de nuestra problemática de investigación, esta segmentación no recoge la complejidad que significa el pensar los sujetos como una intersección de identidades.

"se mejora". Esto, ya siendo cuestionable para el caso de la discapacidad y necesidades educativas especiales, se convierte en algo extremadamente complejo cuando se traslada a otras categorías marcadoras de diferencias, tales como raza, etnia, clase social, género, etc. Sería algo más o menos como lo siguiente: los y las estudiantes peruanas o los y las estudiantes vulnerables, debido a su "condición", portan "diferencias particulares" y, por tanto, también requieren de "estrategias específicas" para aprender. Para efectos del planteamiento de nuestro problema de investigación, esto es profundamente segregador y discriminador, ya que refuerza y esencializa las diferencias y reproduce un privilegio de aquello normal no nombrado –en este caso, el barrio "acomodado", la familia "bien constituida", etc.

Siguiendo la forma como se ha abordado la discapacidad y las necesidades educativas especiales, las políticas educativas para la diversidad se han orientado más bien a proponer diseños e implementaciones de metodologías, ya sea para organizar de mejor manera la sala de clases, evaluar, diagnosticar, categorizar e identificar a los y las estudiantes poniendo atención a sus diferencias particulares, o siendo más sensible a aquellos estudiantes que han sido diagnosticados con necesidades educativas especiales (Infante, 2007). Dicho así, la diversidad es vista como un déficit y, como tal, requiere de prácticas compensatorias para que el "problema sea resuelto". En la medida que las políticas educativas se orientan a resolver el "problema de la diversidad" mediante el diseño de herramientas e instrumentos administrativos y pedagógicos, se sostienen conceptualizaciones particulares sobre diversidad (Matus e Infante, 2011) que promueven que los establecimientos escolares elaboren políticas reduccionistas, esencialistas y fundacionalistas acerca de la diferencia. La narrativa que subyace a estas formas de enmarcar la diferencia es que los sujetos son diferentes, y, luego de aceptar este hecho, los investigadores sociales y diseñadores de políticas deben proponer cómo medir, monitorear y controlar estos hechos (Báez, 2004).

Entonces, escapando de este modo reduccionista centrado en el déficit y la diferencia, centramos nuestro problema de investigación en la articulación de la diferencia y la normalidad y, por tanto, en dimensiones y categorías tales como raza, género, clase social, capacidad, edad, etc., que nos permitían observar las operaciones de poder ligadas a identidades sociales y culturales. Ahora bien, tal como dijimos, estas formas de ordenar, jerarquizar y organizar la experiencia social están a su vez encarnadas en quienes las observan y, por tanto, incrustadas en la práctica investigativa (Pillow, 2007), lo cual fue desafiando los alcances y límites de su propia forma de estudio: la etnografía y sus supuestos. ¿Cómo documentar aquellos procesos y mecanismos discursivos que producen y circulan conceptos de normalidad dentro de la escuela si los y las propias investigadoras participan de los mismos? Fue entonces que la práctica investigativa empezó a intervenir sobre sí misma requiriendo ser especialmente observada. Con esto queremos decir que tuvimos que ir buscando una manera de observar, registrar, comunicar y problematizar los contextos que pudieran dar cuenta de narrativas que desestabilizaran los contornos establecidos del sentido común, del conocimiento y poder, de manera de intentar observar aquello que parece imposible de ser observado (Pillow, 2015) debido a que se corresponde con los modos que tenemos para observar. Es en este sentido que la producción de nuestro objeto de estudio resultó ser la construcción de un problema de investigación. Y, asociado a esto, es que la reflexividad adquiere no solo un sentido ético e interpretativo del tema a estudiar, sino que nos permite politizarnos abriendo conexiones a pensar acerca de qué y con quién estamos teorizando, y con qué y para qué fines (Pillow, 2015).

El producir conocimiento acerca de las prácticas y discursos que producen y circulan las diferencias de género, raciales, sexuales, de edad y de capacidad en contextos escolares, implicó entonces documentar aquellos sistemas de conocimiento que sostienen estas relaciones y categorías. Por ejemplo, en el caso de las construcciones esencializadas de género –expresadas tan recurrentemente en la idea de que las niñas son mejores para cierto tipo de actividades académicas que los hombres, o en la típica escena escolar en donde el gritarle a alguien "¡es niñita!, ¡es niñita!" describe el llamado de atención de que alguien no está actuando acorde a los criterios de valentía o de razonamiento esperados, etc.–, indica cómo los atributos femeninos son vistos y enseñados como una deficiencia. Por lo tanto, el describir cómo, a través de qué mecanismos y con cuáles supuestos explícitos e implícitos estas ideas son sostenidas de manera natural y sin llamar la atención de las comunidades escolares, fue el desafío de nuestra investigación. Dicho de otra manera, el esfuerzo investigativo no ha estado puesto en los sujetos que son foco de estas formas de producir diferencias, como por ejemplo las niñas (pero podrían ser también los migrantes, los indígenas, etc.) sino en describir aquellas prácticas y discursos que refuerzan performativamente, por ejemplo, la idea de que los hombres son mejores para las matemáticas que las niñas, o que está bien indicar características atribuidas a lo femenino como deficiencias (e.g. llorar, hablar mucho, ser sensible, etc.). En este sentido se trata de un ejercicio profundamente crítico y político: primero, porque requiere nombrar aquello que parece tan "obvio", abandonando su estatus de verdad; y segundo porque hace que la etnografía sea un ejercicio permanente de cuestionamiento del cómo nombramos aquello que mostramos como "la realidad escolar".

Es así como el objetivo entonces fue entender lo político de los lenguajes disponibles para narrar la experiencia etnográfica, aquellos conocimientos disponibles y las normas y prácticas escolares que facilitan la circulación de estas ideas de normalidad y diferencia explicadas más arriba. De esta manera podíamos adentrarnos en comprender cómo los individuos y grupos ocupan posiciones específicas (de privilegio o subordinación) y, en función de esto, cómo producen sus propias biografías y experiencias escolares.

Sobre discurso y etnografía

En coherencia al enfoque anteriormente presentado, concebimos la producción de un campo y del conocimiento etnográfico como parte de un discurso performativo. Esto quiere decir que aquello que declara la etnografía como "conocimiento" no es más que el efecto de su propia producción (Britzman, 1999). Por lo mismo, nuestro interés en politizar aquellas estructuras para nombrar género, raza, capacidad y sexualidad por parte del equipo de investigación fue vital para la producción del terreno. Pensada de esta manera, la etnografía se constituye en un acto altamente político en tanto crea aquello que estudia (St. Pierre, 1997; Pillow, 2003; Stewart, 1996; Trinh, 1989; Viswewaran, 1994). Por ejemplo, en la medida en que las propias formas de nombrar y producir conocimiento acerca de raza o género no son puestas en tensión al momento de producir textos etnográficos, se conduce a que aquellas diferencias que ponemos en cuestión continúen estructurando la vida social y cultural de la escuela, tal como la conocemos. En otras palabras, y en concordancia con nuestro problema de investigación, raza y género (por nombrar algunas de las categorías de interés) no tienen un contenido en sí mismas que pueda ser "encontrado", "visto" y "descrito", sino que más bien son el efecto de múltiples y cambiantes proyectos políticos que organizan los cuerpos y las comunidades con el fin de servir a agendas específicas. Al respecto Benjamín Báez (2004) pregunta "¿qué pasaría si el conocimiento de la diferencia no es visto como la representación de algo innato acerca de los individuos, sino como la creación de textos acerca de estos individuos?" (p. 302). Sin duda, esta pregunta nos lleva a indagar en aquello de la producción etnográfica que debemos someter a escrutinio para avanzar en la producción de un conocimiento nuevo, explorador y creativo. Con esto nos referimos fundamentalmente a los supuestos en función de los cuales registramos, decidimos, describimos, narramos y escribimos la experiencia cotidiana de la escuela en lo que refiere a la articulación de las ideas de diferencia y normalidad.

Entonces, desde nuestra investigación, el primer supuesto que ponemos en tensión es que la etnografía pretenda escribir lo "real" a través del lenguaje disponible del/la investigadora (Tsolidis, 2008; Wise y Fine, 2000). En otras palabras, una pregunta vital para la práctica etnográfica que desarrollamos durante el proyecto tuvo que ver con cómo la etnografía reinscribe al momento de la observación e instituye al momento de la escritura el privilegio asociado a las categorías de género, raza y discapacidad, en la medida en que no cuestiona la producción de sus propias categorías con las que observa y registra. Algunas de las preguntas que aparecen a propósito de estos cuestionamientos tienen que ver con ¿cómo las categorías de género, raza, edad, etc., están disponibles en el terreno para ser registradas? Así como Deborah Britzman (2000) propone, "en versiones posestructuralistas, 'lo real' de la etnografía es considerado como un efecto de los discursos de lo real; la etnografía puede construir la misma materialidad que intenta representar" (p. 28). A partir de esto, fue un desafío para todo el equipo de investigadores e investigadoras producir una etnografía que se vinculara con supuestos más orientados a pensar a los sujetos como inestables en su producción identitaria, reconocer la parcialidad del lenguaje como estructurante en las versiones de aquello que aparecía descrito como "la escuela", y reconocer el peso significativo que tiene la posibilidad de contar experiencias de quienes hacían trabajo de campo para la producción de conocimiento, lo que se vuelve relevante para contestar nuestra pregunta de investigación.

Nuestro interés de investigar en cómo la normalidad y la diferencia se relacionan y articulan para dar vida a la idea de que existen estudiantes que son distintos y otros que son normales, o que existen prácticas normales y otras anormales, requiere preguntar de qué manera la etnografía reitera los mismos supuestos y las mismas formas discursivas de producir la desigualdad y las relaciones de poder en el contexto escolar. Al respecto, debemos advertir que en ningún caso hemos considerado estas dos dimensiones del trabajo (la relación normalidad/diferencia y las formas cómo la etnografía reproduce esta relación) como dos objetos de estudio correspondientes a órdenes o niveles diferentes, ya que precisamente lo que queremos señalar es su indisociabilidad. Abordarlos de manera autónoma hace creer que lo real y lo epistémico son unicidades que contienen racionalidades y principios de verdad propios, y lo que proponemos es lo contrario.

Un caso habitual en nuestras discusiones del trabajo etnográfico tuvo que ver con la descripción que se hace de los espacios escolares en relación con el género. Siguiendo el ejemplo presentado en páginas previas, cuando se anuncia: "los niños jugaban en el patio", las preguntas que siguen serían, ¿es una escuela solo de hombres?, ¿en ese momento había una actividad solo dirigida a los niños? Si es así, ¿dónde estaban las niñas? (en el entendido que todavía se cree que hablar de "niños" incluye a "las niñas" en las descripciones etnográficas). En este caso en particular debiéramos politizar tanto el conocimiento del que escribe como lo que se escribe. Esto es un ejemplo de cómo cualquier construcción que hagamos desde la etnografía no puede ser puesta en el lugar de algo real y nos empuja a mirar cómo se hace política la producción personal del texto etnográfico (Trinh, 1989; Viesweswaran, 1994; Pillow, 2003), particularmente cuando el problema de nuestra investigación insiste en que lo que estamos documentando son relaciones de poder y no atributos de personas particulares.

En síntesis, sostenemos que una etnografía de la normalidad debe evitar describir las relaciones de poder a partir de unidades estrictas y definidas que impongan categorías para situar a los individuos, ya que esto insistiría en la idea de que el problema son los sujetos. Como plantea Deborah Britzman (1999), "precisamente porque la forma en que ordenamos la experiencia estructura lo inteligible y lo no inteligible, y porque el ordenamiento conceptual de la experiencia es un efecto del discurso, una también debe ser capaz de emplear discursos más sospechosos que excedan las prácticas de normalización" (p. 38).

Siendo estos planteamientos sumamente complejos en su definición y ejecución, a continuación presentamos parte de las etapas y requerimientos seguidos para concretar nuestra investigación. Como mencionamos antes, las formas que tomaron nuestras etnografías no estaban dispuestas desde un principio. Más bien, y nuevamente debido a la exigencia del problema de investigación, los procesos y preguntas acerca de cómo se producían los terrenos se fueron reinventando en la medida en que se profundizaba en la reflexión misma sobre el terreno.

Etnografiar "lo normal"

El trabajo de campo

El trabajo de campo fue encargado a un equipo de doce investigadores/as (dos hombres y diez mujeres) formados/as en el área de las ciencias sociales y humanidades (antropología, sociología, historia, psicología, educación) con alguna formación básica en áreas relacionadas con los "estudios culturales" (género, raza, etnia, etc.). Sin ser un requisito, se valoró el que hayan tenido alguna experiencia realizando trabajo de terreno en el marco de investigaciones cualitativas.

El proyecto concentró su trabajo de terreno en seis establecimientos educacionales. La selección de estos implicó una importante discusión dentro del equipo, precisamente porque este proceso parecía exigir una definición *a priori* de criterios asociados a marcadores de diferencia (características de los y las estudiantes, consideraciones asociadas a diversidad en los proyectos educativos, entre otros), los cuales debíamos a su vez identificar en las escuelas para luego priorizar, clasificar y seleccionar. Tal proceso nos enfrentó entonces, ya desde el inicio del proyecto, a problematizar el uso de identificadores asociados a categorías de las que se desprenden identidades (tales como migración, sexo, religión, entre otras), y más aún, a problematizar la manera en que la focalización en estos aspectos reproducía el supuesto de que son los sujetos/escuelas los portadores de la diferencia. En otras palabras, en la medida que nuestro foco de interés era la normalidad, la identificación de la diferencia para seleccionar las escuelas en las cuales hacer el terreno resultaba en sí compleja. Siendo coherente en términos teóricos y metodológicos, ocurría que toda escuela contendría un modo propio de enmarcar el binomio normalidad/diferencia y por lo tanto todas estaban aptas para formar parte de nuestra investigación.

No obstante, tomamos algunas definiciones generales. Escogimos escuelas de la comuna de Santiago, bajo la premisa de que es un territorio en el que, de manera particular dentro de Chile, residen o transitan identidades diferentes y representaciones de las mismas en términos de orígenes nacionales y regionales, de diferentes clases sociales, de distinto género, etc. A su vez, optamos por incorporar establecimientos con distintas formas de administración (particular pagado, particular subvencionado y municipales) que tuvieran composición diferenciada de sexo en su población estudiantil (mixtas, mujeres, hombres), considerando como supuesto que estas características son centrales en la particularización de las comunidades escolares y en la especificidad de sus proyectos normativos. Sin embargo, el principal aspecto que consideramos para seleccionar y luego contactar a las escuelas fue el interés que a través de sus directivos estas manifestaron tener en los temas del proyecto. El resultado fue que logramos conseguir la última escuela recién al decimoséptimo intento[4].

El trabajo etnográfico en cada escuela fue realizado por una dupla de investigadores e investigadoras de terreno, quienes durante un promedio de cinco meses (entre mayo y septiembre de 2013) realizaron observaciones etnográficas en los barrios en que se ubican los establecimientos y en los espacios comunes e instancias colectivas (no aula) de las escuelas. Además, realizaron entrevistas a agentes que participan cotidianamente de la vida escolar (docentes, paradocentes, profesionales de los equipos de apoyo, directivos, personas a cargo de labores de mantención de los establecimientos, entre otros) y aplicaron otros instrumentos de investigación (*focus group* y cuestionarios). Así, de manera au-

---

4   Es importante mencionar que nuestra invitación a las escuelas consistió en la siguiente proposición: "ser parte de un estudio acerca de cómo se aprenden en la escuela patrones acerca de quiénes son los y las estudiantes normales y los y las estudiantes distintos". Ante nuestra motivación, la reacción inmediata de varios de los establecimientos que se negaron a participar del estudio fue que no participarían ya que ellos no tenían "estos problemas". Siendo un tema que da para una reflexión en sí misma, creemos que es un ejemplo del modo restringido en que se entiende la diversidad en los establecimientos escolares. Pero también de las resistencias y temores que provoca el indagar en los procesos internos de producción de la misma. ¿Qué se piensa cuando se dice que es posible que una escuela no tenga diversidad?, ¿el que no se identifiquen conflictos asociables a la diversidad puede significar que no se esté enseñando modos rígidos y estables acerca de lo que son las identidades?

264

tónoma e independiente, cada pareja de investigadoras e investigadores produjo un terreno y un conjunto de materiales etnográficos asociados a cada escuela: notas de campo y tres informes de síntesis, uno asociado al proceso de entrada al terreno y descripción de la escuela, otro de problematización de las formas en que cada establecimiento organiza la relación entre normalidad y diferencia y otro final con las conclusiones principales.

Reflexividad y desestabilización de las identidades

Durante la realización del trabajo de terreno el equipo se reunió semanalmente con los investigadores y las investigadoras principales del proyecto a discutir y reflexionar tanto acerca de los registros elaborados como del proceso mismo de producción del terreno en cada escuela. Esta instancia fue fundamental dentro del trabajo de formación, análisis y construcción de los marcos interpretativos y teóricos del proyecto, ya que dio lugar a reflexiones acerca de lo que implica la deconstrucción de categorías y formas de conocer lo normal y lo diferente. Esto, referido tanto a las maneras presentes en las escuelas como a aquellas que portábamos las propias investigadoras y los investigadores. Ejemplo de esto fue la realización de ejercicios de análisis de registros producidos por los investigadores y las investigadoras y que eran asociados a escenas del terreno en las que se podían observar hábitos de género, el color, la "vulnerabilidad", entre otros. Las preguntas que nos hicimos y forzamos críticamente a responder eran: ¿Cómo se organiza el género/color/vulnerabilidad en la escuela? ¿Cuáles son los discursos normativos y valorativos asociados al género/color/vulnerabilidad en la escuela? ¿De qué manera afecta mi propio género/color/vulnerabilidad en la observación y descripción anteriormente hecha? ¿Es posible describir la propia experiencia como observador/a del género/color/vulnerabilidad basados en las categorías y valores que ordenan tal experiencia?

A continuación presentamos el extracto de un registro en el que una investigadora de terreno describe y reflexiona a propósito de estas preguntas:

> Referido al color: la escuela organiza su autoridad de modo jerárquico, y el color sirve para uniformar y normalizar las posiciones que se establecen en la jerarquía escolar. ¿Quiénes llevan uniformes? Los niños y las niñas, pero también las/os educadoras/es en práctica y a veces los/as profesores/as. El color del uniforme indica identidad, nos deja leer esa identidad... permite hablar de género y participación. Permite ver una trayectoria sin cuerpo, la trayectoria de un artefacto del género, del rol y del estatus que se le asigna a esos cuerpos: el delantal. Delantal que se llama cotona y es café para los hombres y azul a cuadros para las niñas y que solo ocuparían los cursos desde

1° a 7° básico, aunque no falta la resistencia rebelde de algunos/as que no lo usan aun cuando no son del 8° "no yo no lo uso, me retan, pero no lo uso".

Cómo aparecen estos colores: en el patio el azul oscuro de los chalecos predomina, los pantalones también; en las escaleras se cuelan los delantales azules, en los pasillos y transitando por los rincones de la escuela también. El azul claro a cuadros de las niñas se ubica más bien de modo estacionario, y ocupa considerablemente menos espacio que las cotonas y los pantalones de los niños. En este caso el color es artefacto del cuerpo para poder ser leído desde el género […] se convierte en una característica propia de cada sexo: marca esa diferencia.

Quizás la mejor función del color que he observado en mis jornadas en la escuela es cómo el color, en su versión luz y sombra, sirvió como escondite y lugar para un estudiante de 7° básico" (Extracto de registro de un etnógrafo o una etnógrafa durante el proceso de análisis).

Este texto ayuda a entender el tipo de búsqueda que fuimos teniendo de nuevas narrativas y nuevas formas de narrar la experiencia de lo normal y diferente en la escuela. El color como elemento "real" no existe, sin embargo a través de él fue posible observar las formas cómo el discurso desde el cual opera el trabajo etnográfico ordena y selecciona sus capturas visuales y experiencias de la investigadora en el terreno, poniendo con esto, a su vez, a la vista aquello que resulta legítimo o ilegítimo dentro de la escuela.

De esto podemos proponer que, de cierto modo, al producir nuestro objeto de estudio nos producimos a su vez como sujetos investigando la normalidad y la diferencia. En términos generales, esto puede asociarse con aquello que etnográficamente se ha entendido como práctica "reflexiva". Tal como lo indica Pillow (2015), la idea de la reflexión y la reflexividad en el campo de la investigación cualitativa, y en particular de la etnografía, es omnipresente. Para algunos autores (Cefaï, 2013), esta práctica es propia del trabajo etnográfico en la medida que, bajo la premisa de que este se orienta a asumir la actitud natural de los actores, requiere interrogarse acerca de su propia actividad, sus condiciones de posibilidad, sus modalidades prácticas de realización, sus consecuencias para el investigador, sus informantes y su entorno (p. 109). En grueso, la reflexividad ha sido entendida como una capacidad del investigador de hacer consciente la relación que establece con su objeto de estudio integrando esta información en el proceso analítico, lo cual implica establecer una ruptura con el objeto de estudio a partir de la visualización de aquello que lo vincula a él. Al menos tres declinaciones emergen de este ejercicio. Por un lado, desde un enfoque interpretativo, la reflexividad se orienta a la explicitación e integración de la subjetividad del mismo investigador en el proceso investigativo, explicitando sus elecciones (Geertz, 1973). Por otro lado, la reflexividad se ha asociado con el proceso de objetivación (Bourdieu, 1992) a partir del cual el investigador analiza su interés y su compromiso con el objeto de estudio, lo cual resulta ser central para entender críticamente la posición y distancia que este tiene con respecto al sujeto investigado. Por último, la reflexividad puede asociarse también con la capacidad del investigador de romper críticamente con las prenociones que operan a nivel del sentido común y de las cuales inevitablemente este hace parte. Todas estas derivas del concepto hacen parte del debate que desde hace décadas se tiene acerca de la etnografía, y en nuestro caso, siendo esto relevante, la práctica reflexiva se nutrió además de lecturas contemporáneas provenientes de los estudios culturales y la teoría feminista. Tal como sostiene Pillow (2015), estos trabajos posicionan el tema de la reflexividad en la medida que ponen particular atención en el poder y en lo político de la observación e investigación. Al respecto, la autora diferencia dos formas de reflexividad: una interpretativa y otra genealógica. La primera, entendida como una práctica metodológica, es útil para una mejor comprensión y producción del objeto de investigación; y la segunda, que deriva de enfoques posestructurales, más que la adecuación al sujeto/objeto de investigación, se dirige a reflexionar sobre su performatividad a través de las instituciones que les dan forma, es decir, concibe la reflexividad puesta al servicio de mostrar cómo las alianzas teóricas o sistemas de pensamiento perpetúan prácticas y sistemas de privilegios teóricos, epistemológicos y ontológicos, en función de los cuales es posible observar los límites en términos de calidad, textura y valor de nuestro objeto de investigación.

De esta forma, el producirnos como investigadoras e investigadores que estudian la normalidad y la diferencia nos condujo a realizar una práctica reflexiva de nuestras propias formas de pensar, conocer y narrar nuestras identidades. Es decir, a desarmar subjetivamente nuestros supuestos discursivos, nuestras matrices normativas en torno a las cuales, a nosotras, al igual que a los y las estudiantes de las escuelas, se nos enseñó y enseñamos a distinguir entre aquello normal y diferente. Un ejemplo de este ejercicio es el que se muestra a continuación en el extracto de una descripción asociada a hábitos de género de unas investigadoras que trabajaron en una escuela de mujeres:

> Dentro de las voces agudas, chillonas de las niñas que corren y se mueven por el patio, resaltan aquellas chicas que solo dan vueltas por la cancha, y visten de forma "particular" entre todo el resto: Tres chicas con vestimenta de jeans pitillo y polerón holgado negro se mueven lentamente por el patio. Una de ellas tiene una chaqueta *blazer* de corte masculino y el pelo bastante corto, las otras dos solo tienen el pelo corto en el casco y largo hacia el cuello (Extracto registro de observación).

Como hemos podido observar, estas chicas no pasan desapercibidas dentro del colegio, y a nuestros ojos tampoco. Para sus compañeras de otros cursos, frente a lo cual se ha determinado que son de cursos menores, son "las raras", quienes tienen alguna conducta que les llama la atención, que saben que es dándoles un registro de significación característica, la cual las diferencia del resto de las niñas que se pasean por el patio central del colegio, pero no refieren qué, como si ellas representaran lo oculto, indebido, puede que incluso "lo prohibido" y que debiera denunciarse: "Sí, las raras po', si ellas piensan que no cachamos ná', pero sabemos que son las raras, y no son las únicas" (Niña 10 años, extracto registro de observación).

Al decir que esta escena *no pasa desapercibida* a sus ojos, quienes hacen el registro y trabajo de campo se refieren a que son sus propios hábitos de género los que el terreno fue poniendo en cuestión y, asociado a esto, las formas que puede adquirir la sexualidad. De hecho, parte importante de las reflexiones grupales giraron en torno a cómo la observación etnográfica las incitaba a descentrarse de sus propias construcciones identitarias. En síntesis, la investigación fue exigiéndoles a los investigadores y las investigadoras desatender aquellas identidades aparentemente fijas y de acuerdo con las cuales aparentemente se organizan las vidas en las escuelas, pero, de manera fundamental, desestabilizar las formas identitarias en torno a las cuales ellas y ellos mismos se habían constituido de manera de permitirse ir más allá en su observación. Ejemplo de esto fue, a propósito de este caso, sobrepasar los referentes heteronormativos para poder observar y nombrar las interacciones de las estudiantes. Así, el proyecto fue intencionando la descripción de aquellas formas y sujetos que, precisamente producto de su inestabilidad, eran entendidas como desajustadas a la norma, es decir: "diferentes".

En este sentido, el trabajo de análisis grupal consistió en problematizar los discursos y prácticas presentes en las escuelas, orientando la atención hacia aquello que, por ordinario, cotidiano o naturalizado, resulta invisible. De cierta manera, la etnografía exigió someternos a un trabajo ortopédico, ya que teniendo una historia de cómo definir y representar lo distinto, tuvimos que educar nuestros propios cuerpos y sentidos para observar aquello a partir de lo cual se define lo correcto, lo esperado, lo derecho o lo normal en las escuelas.

Compromiso político y ético

Indirectamente, lo normal se asocia o refiere a una verdad, la cual se juega en una doble dimensión. Por un lado, en el plano del conocimiento, de la política y de las instituciones, las cuales definen desde el poder que estas tienen aquello que se espera de la sociedad y lo que los sujetos deben ser ("una buena migrante", "un alumno ideal", "una verdadera señorita", etc.). El trabajo de estas instituciones es crear tecnologías y políticas para que se produzca un ajuste a aquello que es lo normal o lo naturalmente verdadero. Pero, por otro lado, lo normal y la verdad se juegan en el plano de la subjetividad y la ética, es decir, en aquello que refiere al ajuste con lo que uno es ("soy mujer, pero me gustan las mujeres", "soy peruano, pero me siento chileno", "quiero aprender, pero no tan rápido", "somos una escuela, pero no enseñamos, sino que acogemos y contenemos", etc.). Esta última dimensión, que a diferencia de la primera despliega evidentemente mayores márgenes de libertad, confronta al sujeto e incluso a las instituciones a la verdad con respecto a sí mismas. Siendo así, una etnografía de la normalidad como la que hemos aquí descrito nos ha requerido un trabajo permanente de desmontar certezas y verdades acerca de las identidades y de los órdenes y jerarquías asociados a las dos dimensiones recientemente descritas. En este sentido, etnografiar lo normal consiste en un ejercicio permanente de resistencia al objeto tal cual se nos presenta y al proceso de conocimiento que tiende a estabilizar ideas acerca de lo observado. Pero, en nuestro caso, etnografiar también ha significado asumir las resistencias tanto de los sujetos e instituciones etnografiados como las de las investigadoras y los investigadores, ya que problematizar lo normal desestabiliza las verdades que los y las sostienen. Así, la etnografía de la normalidad es fuertemente política y tiene una responsabilidad ética que hemos sido permanentemente conminadas (por los investigadores y las investigadoras, por las escuelas y los profesores y las profesoras) a explicitar y justificar. Pero, ¿cómo enfrentar política y éticamente un proyecto de investigación cuya naturaleza es hacer su objeto "lo obvio", aquellas identidades que se dan por sentado y con base en las cuales se organizan relaciones de poder?

Durante la última década diversos trabajos han puesto en cuestión el sentido político y ético que ha tenido a lo largo de la historia la producción etnográfica (Fassin, 1999; Clarke, 2010). Estas críticas se han centrado en evidenciar cómo el conocimiento etnográfico ha servido y puede continuar sirviendo a proyectos de colonización, de despojo de recursos económicos, de violencia, racismo, etc. Tal como plantea Clarke (2010), esto ha ocurrido en gran medida debido a una inacción etnográfica que de cierto modo ha sido cómplice de procesos de reproducción de la violencia, el despojo y la subordinación. Ante esto, el autor releva la importancia de que el compromiso etnográfico no se reduzca exclusivamente a comprender, observar y visualizar críticamente los fenómenos de sufrimiento, sino que también se haga parte del modo cómo se comparte el conocimiento, cómo y con qué propósitos este se usa en el proceso de toma de decisiones políticas. Dicho de otro modo, y en el contexto del debate actual acerca del lugar de la etnografía en Chile, resulta profundamente necesario reflexionar no solo acerca de su poder explicativo, sino también sobre su relación con la praxis. Es decir, preguntarse acerca de cómo y para qué sirve la etnografía al dominio público.

En este sentido, el trabajo etnográfico de NDE ha tenido desde sus inicios el propósito de definir un ámbito de investigación, configurar un campo de interés y preocupación, politizar un ámbito de la vida social y, en especial, de la vida escolar. En este contexto, el trabajo investigativo lleva implícito un interés por incitar un giro en el modo de comprender la diversidad en educación y, por lo tanto, afectar las maneras cómo ha sido abordada. En concreto, esto nos ha significado instituir un discurso. Aun cuando esto pueda aparecer paradojal a la luz del enfoque teórico de nuestra investigación, estamos convencidas que no puede sino ser así, debido a que conocer e investigar implica siempre instalar un discurso. La sola diferencia con cualquier otro tipo de etnografía y objeto de estudio es que a esta raramente se le demanda explicitar su discurso. Sin embargo, al estudio de la normalidad sí, ya que al desestabilizar precisamente las identidades y las relaciones de poder resulta crítico el establecer las formas en las que la etnografía, en tanto práctica investigativa, produce el objeto que nombra.

¿Cómo lidiar política y éticamente con una praxis investigativa cuya naturaleza es precisamente hacer de la verdad, de lo normal, un escándalo permanente? El trabajo político de problematización de la normalidad y producción de un campo discursivo crítico de la diversidad nos ha ido por tanto confrontando a decisiones que nos interpelan epistemológica y éticamente. ¿Qué significa mantener una coherencia epistémica y práctica haciendo etnografía de lo normal? ¿Qué implica resguardar una honestidad ética y política en cuanto investigadoras comprometidas con un enfoque que creemos abre espacios de libertad a la producción de identidades de los sujetos?

A partir de la noción de *parrhêsia*, Foucault (2009) reflexiona en su curso en el College de France del año 1984, en torno al riesgo asociado a la valentía de contar/se uno mismo. El autor identifica en esta noción una manera de referirse a aquella práctica subversiva, libertaria, que se orienta a decir la verdad, *le dire-vrai*. Rastreando en las filosofías no cristianas a lo largo de la historia, Foucault traza un recorrido conceptual a partir del cual, si bien en un principio este concepto se identificaba "en la práctica política y en la problematización de la democracia, con el tiempo esta deriva hacia la esfera de la ética personal y de la constitución del sujeto moral" (Foucault, 2009, 10). Tomándonos de esta idea de implicación entre verdad y sujeto, entendemos que la coherencia teórica y práctica, así como nuestra honestidad ética y política, se sostienen en un discurso acerca de lo normal cuya veracidad no está en su argumentación racional-cognitiva, sino en la posibilidad de libertad que esta forma de conocer comporta. Al respecto, hemos podido constatar cómo a través de nuestras conversaciones y preguntas etnográficas los actores amplían su campo de visión acerca de lo que aparece como "normal" y, asociado a esto, se abre un espacio de acción investigativo y pedagógico, que oxigena y da libertad para desatar las identidades. En el caso de los profesores y las profesoras, pensar en "lo normal" y problematizarlo les ha permitido romper con la manera estable desde la cual ven su sala de clase, el patio, su práctica pedagógica, pero también sus propias experiencias biográficas asociadas a cómo ellas y ellos aprendieron el orden hegemónico de las identidades. Y esto ha repercutido en el modo de verse a sí mismos y a sus estudiantes, pero también les ha permitido pensar en otras formas de hacer sus clases y tomar nuevas decisiones pedagógicas. Como ejemplo de este proceso, que es fruto del trabajo etnográfico, presentamos a continuación un mail que nos envió espontáneamente un profesor con el cual trabajamos desde hace dos años:

> Estimadas:
> Me encontré con un punto que involucra los espacios físicos, es decir, los recreos, donde yo soy el adulto responsable de las actividades, disciplina y control de este. Las niñas son marginadas sobre todo en el juego de "pelotas", donde ellas pasan a ser observadoras. Pues bien, a partir de hoy miércoles 22 de abril, ellas tendrán un recreo para que puedan jugar a la "pelota" en forma exclusiva, en la cancha que tiene arcos de futbolito (espacio ocupado solo por varones y muy pocas niñas que juegan con ellos). Algunos niños criticaron la medida, "que ellos son más", "que las niñas no saben jugar", etc… y otros se ofrecieron voluntariamente para ser "entrenadores" y/o jugar en forma mixta. Pude observar a una niña de 6° básico que en los recreos pasaba sola y sentada, ahora jugando con sus compañeras de curso. Creo que el experimento superó mis expectativas y veré a futuro otras actividades donde las niñas no sean marginadas o pasen a ser observadoras.

Tal como se percibe en el relato, el profesor nos escribe a nosotras las investigadoras para contarnos que, habiendo evidentemente asumido que "las niñas son más tranquilas y que nos les gusta el fútbol", él nunca había pensado en liberar/asegurar una cancha para ellas. Pero con orgullo nos hace saber que, a propósito del trabajo etnográfico, él se abrió a la posibilidad de desplazar las fronteras evidentes de lo normal. Así, pudo ver situaciones invisibilizadas y por tanto otras formas de pensar en modos de hacer su trabajo, con consecuencias para él inesperadas. Este caso es expresión de cómo la investigación acerca de la relación entre normalidad y diferencia tiene un componente político en cuanto interviene y transforma, aportando al desarrollo de una sensibilización crítica del aprendizaje de lo normal.

Consideramos, entonces, que la etnografía de "lo normal" puede resultar ser una manera de documentar ámbitos poco atendidos de la experiencia escolar y que permiten descentrar el foco de aquello que se ha entendido como el "problema de la diversidad". En consecuencia, su potencial no solo tiene que ver con producir conocimiento académico, sino que también con informar los procesos de toma de decisiones de la macro y la micropolítica en el plano educativo.

Reflexiones finales

En nuestra investigación hemos explorado la diversidad en las escuelas desde perspectivas que contemplan no solo la idea de las minorías y de los "diferentes", sino que, en términos más generales, las nociones de género, raza, clase, y las relaciones de poder asociadas a una política cultural. El foco de interés, por tanto, ha sido la normalidad, ya que entendemos que es solo a partir de esta que la diferencia resulta posible. El objetivo fue, entonces, rastrear cómo en las escuelas se aprende la articulación entre ambos conceptos. El supuesto fue que la idea de la normalidad se transmite mediante múltiples instituciones, profesiones, discursos y prácticas, sosteniéndola y valorándola de manera implícita. Para ello etnografiamos el espacio escolar con el fin de problematizar los ordenamientos de identidades, sus jerarquizaciones, los usos de conceptualizaciones del poder y relevar la característica performativa en la producción de identidades y subjetividades.

Etnografiar lo normal consistió en un proceso mediante el cual el propio problema de investigación fue definido, permitiéndonos documentar los patrones a partir de los cuales la diversidad es gestionada en el espacio educativo. Producto de esto, los límites (temporales y epistémicos) de la etnografía se fueron extendiendo, lo que nos hizo más explícitamente politizar nuestro quehacer investigativo. Esto se debió a que la reflexión acerca de los alcances de la etnografía permitió construir un discurso de cómo resulta adecuado investigar la diversidad. Además, a que la comunicación de este discurso intervino en las experiencias de los profesores y las profesoras interlocutores de la etnografía afectando sus decisiones acerca de las prácticas pedagógicas y reorganizando las vidas cotidianas en las escuelas.

Considerando que el lenguaje y el conocimiento hegemónico que actualmente orienta el quehacer en las escuelas es el de las cifras y resultados estandarizados (Beaud et Prévost J.G., 2000), para terminar, queremos relevar de nuestra experiencia el potencial enorme que tiene la investigación etnográfica. Esta permite y requiere al mismo tiempo observar y observarse despertando tanto en el investigador como en los sujetos investigados nuevas formas de conocer. Tal como hemos mostrado a partir de nuestro trabajo etnográfico, esto amplía y transforma las dinámicas socioculturales en las escuelas. En la medida en que se desnaturalizan ciertas identidades hegemónicas, se abre una posibilidad a pensar de otro modo a los y las estudiantes y modificar las prácticas pedagógicas. De este modo, creemos que la etnografía de lo normal puede ser un aporte para evitar reproducir formas normativas acerca del ser sujeto y desplazar el "problema de la diversidad" desde los sujetos diferentes hacia formas que problematicen las relaciones de los actores que participan de la cotidianeidad de la escuela.

Referencias

BÁEZ B. (2004). The study of diversity: the "knowledge of difference" and the limits of science. *The Journal of Higher Education, 75*(3), 285-306.

BEAUD J. P., PRÉVOST J. G. (Eds.). (2000). *L'ère du chiffre. Systèmes statistiques et traditions nationales*. Sainte-Foy (Québec): Presses de l'Université du Québec.

BOURDIEU P. (1992). *Réponses*. Paris: Le Seuil.

BRITZMAN D. (1999). "The question of belief": writing poststructural ethnography. En W. Pillow y E. St. Pierre (Eds.) *Working the ruins: feminist poststructural theory and methods in education* (pp. 27-40). New York: Routledge.

CEFAÏ D. (2013). ¿Qué es la etnografía? Debates contemporáneos. Primera parte. Arraigamientos, operaciones y experiencias del trabajo de campo. *Persona y Sociedad, XXVII*(1), 101-119.

CLARKE K. (2010). Toward a critically engaged ethnographic practice. *Current Anthropology, 51*(S2), S301-S312.

DAS V. (2007). *Life and words: violence and the descent in the ordinary*. Berkeley: University of California Press.

DAVIS L. (2013). *The end of normal. Identity in a biocultural era*. Michigan: The University of Michigan Press.

FASSIN D. (1999). L'anthropologie entre engagement et distanciation. Essai de sociologie des recherches en sciences sociales sur le sida en Afrique. En C. Becker, J. P. Dozon, C. Obbo, M. Touré (Eds.), *Vivre et penser le sida en Afrique* (pp. 41-66). Paris : Codesria/Karthala.

FOUCAULT M. (2009). *Le courage de la vérité: Le gouvernement de soi et des autres II*. Paris: Gallimard/Le Seuil.

GEERTZ C. (1973). *The interpretation of cultures. Selected Essays*. Nueva York: Basic Books.

INFANTE M. (2007). Inclusión educativa en el Cono Sur: Chile. Taller Regional Preparatorio sobre Educación Inclusiva América Latina, Regiones Andina y Cono Sur. Buenos Aires, Argentina, 12 – 14 de septiembre 2007. UNESCO.

INFANTE M. y MATUS C. (2009). Policies and practices on diversity: possibilities to reimagine new discourses. *Disability and Society, 24*(4), 437-445.

Jackman M. C. (2010). The trouble with fieldwork: queering methodologies. En K. Browne y C. J. Nash (Eds.). *Queer methods and methodologies. Intersecting queer theories and social science research* (pp. 113-128). England: Ashgate.

Matus C. e Infante M. (2011). Undoing diversity: knowledge and neoliberal discourses in colleges of education. *Discourse: Studies in the Cultural Politics of Education, 32(3)*, 293-307.

Pillow W. (2003). Confession, catharsis, or cure? Rethinking the uses of reflexivity as methodological power in qualitative research. *International Journal of Qualitative Studies in Education, 16(2)*, 175-196.

Pillow W. (2015). Reflexivity as interpretation and genealogy in research. *Cultural Studies and Critical Methodologies, 15(6)*, 419–434.

St. Pierre E. (1997). Methodology in the fold and the irruption of transgressive data. *International Journal of Qualitative Studies in Education, 10(2)*, 175–189.

Stewart K. (1996). *A space on the side of the road. Cultural poetics in an "other" America.* New Jersey: Princeton University Press.

Trinh M. (1989). *Woman, native, other.* Bloomington: Indiana University Press.

Tsolidis G. (2008). The (im)possibility of poststructural ethnography-researching identities in borrowed spaces. *Ethnography and Education, 3(3)*, 271-281.

Visweswaran K. (1994). *Fictions of feminist ethnography.* Minneapolis, MN: University of Minnesota Press.

Weems L. (2006). Unsettling politics, Locating Ethics. Representation of reciprocity in postpositivist inquiry. *Qualitative Inquiry, 12(5)*, 994-1011.

Wise L., Fine M. (2000). *Speed bumps: a student-friendly guide to qualitative research.* New York: Teachers College Press.

Youdell D. (2010). Queer outings?: uncomfortable stories about the subjects of post-structural school ethnography. *Qualitative Studies in Education, 23(1)*, 87-100.

La etnografía en el estudio de los procesos de construcción cotidiana de política educativa en espacios escolares

Jenny Assaél, Felipe Acuña, Paulina Contreras y Eduardo Santa Cruz[1]

Introducción

La constitución de la etnografía como una perspectiva relevante en el campo de la investigación educacional del país precisa, entre otras cosas, de un debate reflexivo sobre la propia práctica etnográfica. Esto supone a una comunidad académica interesada en realizar y poner en debate este ejercicio. En este capítulo hemos hecho un esfuerzo como equipo de investigación por historizar reflexivamente nuestro devenir etnográfico en un trabajo de campo en espacios escolares que hemos realizado desde 2009 a la fecha.

En esta reconstrucción de nuestra práctica etnográfica señalamos los cambios significativos que fuimos experimentando en el camino, de modo de aportar al debate sobre qué significa y cómo se hace etnografía en espacios escolares. Para ello hemos distinguido cuatro periodos en nuestro devenir etnográfico: i) 2009-2011: del estudio de casos a la etnografía; ii) 2012: el problema de la cultura escolar; iii) 2013: ¿escuelas moribundas?; y iv) 2014: contornos borrosos de la cultura escolar. En la descripción de cada uno de estos momentos, reflexionaremos sobre la forma en que nuestro problema de investigación se fue complejizando gracias a la práctica etnográfica. Finalizamos con un breve cierre sobre el problema de la escritura en la etnografía.

[1] Miembros del Equipo de Investigación en Políticas Educativas y Cultura Escolar. Este Equipo es parte del Programa de Psicología y Educación (EPE) de la Universidad de Chile. El trabajo etnográfico que hemos desarrollado ha contado con la participación de distintas personas que han contribuido en distintos momentos y que quisiéramos reconocer: durante 2012 Francisca Corbalán participó produciendo y analizando datos en calidad de etnógrafa; el año 2013 Belén Peralta participó realizando análisis cualitativos en calidad de estudiante en práctica de antropología social; durante 2014 Bárbara Campillay y Benjamín Pujadas participaron asistiendo el trabajo de terreno del proyecto en calidad de estudiantes en práctica de psicología y antropología social respectivamente. Ambos, durante 2015, se integran al equipo en calidad de asistentes de investigación.

2009-2011: del estudio de casos a la etnografía

Nuestra investigación se inicia en el Departamento de Psicología de la Universidad de Chile, al alero del equipo de investigación Políticas Educativas y Cultura Escolar. Este grupo nace el año 2009 con la intención de conocer los efectos, debilidades e incongruencias en las comunidades escolares sobre la implementación de las políticas de rendición de cuentas que a mediados de la década del año 2000 se desplegaban de manera acelerada en el sistema escolar, particularmente la Ley de Subvención Escolar Preferencial (SEP) (Assaél, Redondo, Sisto, Contreras, Corbalán e Inzunza, 2009). Buscábamos destacar los significados, valoraciones e interpretaciones producidos por los actores escolares, en particular de los docentes (Assaél, Contreras, Corbalán y Redondo, 2010; Assaél, Contreras, Corbalán, Palma, Campos, Sisto y Redondo, 2011). En el desarrollo de esta investigación seminal fuimos tomando la decisión de abandonar el debate sobre el déficit de implementación (Subirats, Knoepfel, Larrue y Varone, 2012) o de la débil apropiación del sentido de la política educativa (Fullan, 2002), pues en el material acumulado comenzaba a hacerse evidente el carácter performativo de las nuevas políticas. Esta necesidad nos llevó a adoptar un esquema conceptual que le asigna un carácter productivo a las distintas etapas de la política, incluida aquella que se produce al interior de las propias escuelas, incorporando la idea de que la política educativa es multidimensional, multinivel y tiene lugar en múltiples espacios (Rizvi y Lingard, 2013). Desde esta óptica, el diseño e implementación aparecen como un proceso dinámico, no lineal e iterativo; es decir, los actores escolares no son considerados meros ejecutores que aplican dispositivos diseñados fuera de la escuela, sino que, en la adaptación de normativas externas a la realidad concreta de la escuela, realizan trabajo político (Ball, Maguire y Braun, 2012), cuestión que Bernstein (1994) y Ball, Maguire y Braun (2012) llaman recontextualización. En este proceso, es clave el concepto de traducción, que alude a la recodificación de materiales, prácticas, conceptos, procedimientos y orientaciones de la política en relación con contextos, culturas y lógicas de la práctica específicos (Ball, Maguire y Braun, 2012). En cada escuela la política es desarrollada en el contexto de un juego de presiones y prioridades entre valores, deseos, concepciones y propósitos rivales.

Este desplazamiento del objeto de investigación se explica, en parte, por la necesidad de contar con nuevas herramientas conceptuales que ayudasen a explicar los procesos de transformación del sistema escolar generados por las políticas de rendición de cuentas. Los hallazgos mostraban que la escuela era un espacio de elaboración y construcción de política, que los actores escolares jugaban un rol clave en dicho proceso, y que como equipo de investigación precisábamos de nuevas herramientas teóricas y metodológicas para avanzar en la comprensión de dichos fenómenos. Esto nos llevó a incorporar categorías analíticas que permitieron construir nuevos problemas de investigación e iluminar de mejor modo los ya existentes, a la vez que dejar de lado ciertos conceptos o énfasis analíticos. De ese modo, a una perturbación en el proceso de investigación, provocada por la dificultad de encajar nueva evidencia en el esquema existente, le siguió un acomodo en el problema y el armazón conceptual que soportaba la investigación (Rockwell, 2009). Se hizo necesario profundizar en la comprensión de la cultura escolar y las relaciones sociales, privilegiando la estancia prolongada en el campo. De ese modo pasamos de los estudios de caso a la indagación etnográfica.

El primer desafío fue realizar un diseño de investigación etnográfico, cuestión que implicaba para la coordinadora del equipo retomar una práctica profesional que había realizado durante la década de los años 1980 y comienzos de los años 1990, historia que se detalla en la primera parte de este libro. Las escuelas donde decidimos realizar las etnografías fueron dos, cantidad que podíamos etnografiar de acuerdo a los recursos con los que disponíamos[2]. Las escogimos de entre aquellas en las cuales habíamos realizado los estudios de casos, lo que nos permitía aprovechar tanto el vínculo ya establecido como la información producida en el contexto de dicha investigación. Ambas se encontraban en las comunas más pobres de Santiago y tenían bajos rendimientos en el Sistema de Medición de la Calidad de la Educación (SIMCE), prueba estandarizada con altas consecuencias para las escuelas. Esto las volvía objeto de focalización de las políticas de rendición de cuentas, por lo cual vivían con mayor intensidad los efectos de la presión de estas.

En cuanto a las técnicas de producción de datos, el diseño original contemplaba:

1. Observaciones participantes, diario de campo y registros etnográficos ampliados: cada visita a la escuela sería acompañada con anotaciones en un diario de campo, donde se consignaría toda la información recogida, pareciera o no relevante en el momento. Además, se definieron como *settings*, que revestían particular interés para el estudio, las reuniones entre profesionales que tenían lugar en el establecimiento escolar, bajo el supuesto de que allí podríamos observar la manera en que la escuela discutía la implementación

    [2]   Los tres años de investigación fueron financiados por tres fuentes de financiamiento pequeñas, que juntas permitían financiar dos etnógrafos por media jornada, transcripciones y otros insumos menores. Las fuentes fueron el Proyecto PIA-CONICYT, código CIE-05, del Centro de Investigación Avanzada en Educación; el Magíster en Psicología Educacional del Departamento de Psicología, Facultad de Ciencias Sociales; y el Fondo de Investigación Disciplinaria – Perfil 2 de la Facultad de Ciencias Sociales, todas instituciones de la Universidad de Chile.

de la política educativa. Por cierto, en este supuesto ya se evidenciaba nuestra comprensión de quiénes eran los constructores de política educativa en la escuela. Por otra parte, consideramos que el acceso al aula sería excesivamente invasivo, tomando en cuenta que los dispositivos de la política implicaban la presencia de varios profesionales además del profesor dentro de ellas, cuestión que, de acuerdo con los propios profesores, dificultaba su trabajo. Los espacios que observamos comprendían, en principio, reuniones de Jefes de las unidades técnico-pedagógicas (UTP) con encargados del programa de Subvención Escolar Preferencial (SEP), Consejo de Profesores, reuniones de docentes en distintos niveles de enseñanza, reuniones de docentes con asistencias técnicas educativas externas (ATE), reuniones de rendición de cuentas y reuniones de análisis de los resultados del SIMCE. La observación de estos *settings* se haría mediante registros etnográficos ampliados, construidos a partir del registro *in situ*, que era completado 48 horas después con los detalles que no era posible registrar en el momento, y que fueron el principal material analizado más tarde. Esto se complementó con notas de campo, que contextualizaron los registros.

2. Entrevistas: el equipo tenía contemplado realizar entrevistas semiestructuradas en profundidad a directivos, docentes, otros profesionales incorporados al trabajo cotidiano de las escuelas a partir del plan de mejoramiento (psicólogos, otros docentes, psicopedagogos, etc.) y asesores externos. Su objetivo era indagar en las significaciones que los diferentes actores atribuían a sus prácticas y cómo estas variaban o no a través del proceso de implementación de la política.

2012: el problema de la cultura escolar

Retomamos el contacto con las escuelas reuniéndonos con los equipos directivos y luego con los docentes de cada una. Una vez que profesores y equipos directivos accedieron a participar del estudio, comenzamos a realizar las observaciones en los *settings* previamente definidos. El espacio de reunión que observamos más sistemáticamente fue el Consejo de Profesores, que tenía lugar, generalmente, una vez por semana, durante las tardes. También observamos esporádicamente otros espacios de reunión, como las del Equipo de Liderazgo Educativo (ELE), reuniones de directivos, de apoderados y capacitaciones de las ATE.

Si bien inicialmente los profesores habían aceptado en forma explícita ser observados durante los Consejos de Profesores, en algunas ocasiones manifestaron su rechazo a la presencia permanente del etnógrafo en un espacio considerado íntimo, ya sea señalando que les molestaba ser constantemente observados, o solicitándole al etnógrafo que no asistiera cuando querían discutir un tema que consideraban desagradable. Este rechazo inicial fue disminuyendo a medida que transcurría el tiempo de observación y se construían vínculos con docentes y directivos.

Además de las observaciones, sostuvimos conversaciones informales con profesores, alumnos, directivos y asistentes de la educación, que registramos mediante notas de campo. Luego realizamos a los directivos algunas entrevistas formales, semiestructuradas y grabadas, con el objetivo de complementar y profundizar en los significados de lo que se observaba.

Gracias a estos datos pudimos ir abordando el principal objetivo de este primer año: hacer una caracterización general de la cultura escolar de las dos escuelas estudiadas, para así tener una visión global que nos permitiera entender la manera específica en que cada una traducía la política educativa. De esta forma, los principales focos de indagación fueron: los contextos en que se situaban las escuelas, su historia, la pérdida de matrícula sostenida durante la última década, las características principales de las familias y los alumnos, las diversas demandas "externas" a las que tenían que hacer frente las escuelas, y las características principales de los profesionales que trabajaban en ellas. Fuimos dando forma a estos focos mediante procesos sistemáticos de análisis inspirados en la teoría fundamentada (Strauss y Corbin, 2002). Nuestros principales hallazgos fueron que en ambas escuelas estaba presente una autopercepción de estar –en palabras de los propios actores de una de las escuelas– "en la Unidad de Cuidados Intensivos" (UCI), es decir, moribundas; y, por otra parte, que los directivos y personas que provenían de agencias externas solían monopolizar la palabra en el espacio del Consejo de Profesores. Lo hasta aquí expuesto lo elaboramos en el artículo "Transformaciones en la cultura escolar en el marco de la implementación de políticas de *accountability* en Chile. Un estudio etnográfico en dos escuelas clasificadas en recuperación" (Assaél, Acuña, Contreras y Corbalán, 2014).

Este primer año logramos fortalecer nuestros vínculos con los equipos directivos, quienes parecían encontrar relevante y significativa nuestra presencia en las escuelas. Por otro lado, se nos hizo evidente la necesidad de afianzar lazos con los docentes, quienes aún se mostraban reticentes a nuestra presencia. Por este motivo, y también como estrategia para retroalimentar nuestros análisis e interpretaciones, fue que diseñamos lo que llamamos Talleres de Retroalimentación. Se realizaron al finalizar el año, en cada escuela, con cada estamento por separado, pues ya sabíamos que en espacios grupales los profesores hablaban poco y los directivos monopolizaban la palabra. Duraron alrededor de una hora y media cada uno, donde presentamos sucintamente tres hallazgos generales, en torno a los cuales planteamos la pregunta: ¿les hace sentido esto que estamos observando sobre su cotidianeidad escolar? Este dispositivo nos permitió mostrar, sobre todo a los profesores, en qué consistía nuestro trabajo, reduciendo así el halo de incertidumbre y misterio respecto de lo que hacíamos con lo que observábamos.

El equipo tuvo que enfrentarse a la complejidad de investigar la cultura escolar. Era un concepto que si bien había acompañado nuestras preocupaciones desde un inicio –por ello el equipo se denominaba Políticas Educativas y Cultura Escolar– de alguna forma se había mantenido relativamente estable durante los años. El desplazamiento de nuestro "objeto de investigación" desde el problema de la implementación de la política al problema de la recontextualización de la misma, cambió la posición que la cultura escolar tenía en nuestra investigación. Al estudiar la implementación, el foco estaba puesto en la percepción de los efectos de la política educativa por parte de diversos actores escolares. Los significados que construían estos actores al respecto eran la manera que teníamos de ver los cambios en la cultura escolar; ellos eran la voz de la cultura escolar. En cambio, al estudiar la recontextualización de la política, cobra importancia la manera en que los miembros de una institución van decodificando y recodificando una política educativa, identificando puntos de articulación y autorización que permiten dar prioridad, asignar valor y ponderar sus distintos aspectos y dispositivos (Ball, Maguire y Braun, 2012). Cuando la política es puesta en acción (*enacted*) cotidianamente en el espacio escolar, cobra relevancia la descripción de los procesos de invención y mantención de la política educativa donde esta se re-produce, re-crea y re-significa.

Se observa cómo la cultura escolar comienza a cambiar su significado y relevancia para nuestra investigación. Si seguimos el trabajo de Agnes Heller (1987) es posible señalar que lo que experimenta el equipo es la constatación de que los cambios sociales –en este caso los cambios educacionales que la política educativa busca generar– no pueden ser implementados exclusivamente desde una escala macro hacia una micro, pues se vuelve fundamental lo que ocurre en esa microcotidianidad. Lo cotidiano es el ambiente inmediato donde interactúa una comunidad (educativa) particular, es allí donde se produce la recontextualización de la política educativa, donde la comunidad media con lo no cotidiano, realizando un doble proceso de dar forma al mundo y darse forma a sí misma. En este sentido, es a partir de la comprensión en profundidad de la cultura escolar cotidiana de un establecimiento educativo que podemos comprender mejor el complejo proceso de recontextualización de una nueva política educativa (Ball, Maguire y Braun, 2012).

Este desplazamiento en el objeto de investigación que experimenta el equipo abre nuevas preguntas: ¿Cómo se interpretan y traducen las políticas que circulan por la escuela? ¿En qué espacios y tiempos? ¿Quiénes son los principales actores que le dan vida a estas políticas? ¿De qué forma se relaciona la creación de la micropolítica en la escuela con las demandas que realiza la macropolítica a la escuela?

2013: ¿escuelas moribundas?

El segundo año el foco de la etnografía estuvo en profundizar etnográficamente en torno a los dos hallazgos del primer año. Las preguntas acerca de la traducción e interpretación de la política, los actores que participan y los lugares donde suceden se sintetizaron en dos preguntas que orientaron la etnografía en este periodo: ¿qué quiere decir que la escuela esté en la UCI? Y, ¿por qué directivos y asesores monopolizan el espacio en los Consejos de Profesores?

Para ello intensificamos y focalizamos nuestras observaciones de los espacios de reunión entre profesores: asistimos a todos los Consejos de Profesores del primer semestre y a gran parte de los consejos del segundo semestre, concentrando nuestra atención en las dinámicas que allí se producían. Paralelamente continuamos realizando análisis sistemáticos, tanto del material producido el primer año como del que fuimos produciendo el segundo.

Respecto al proceso de análisis, a medida que emergieron las categorías axiales o ejes (Strauss y Corbin, 2002) que ya mencionamos, surgió la necesidad de relacionar lo que observábamos en la micropolítica de la escuela con la macropolítica en la que se enmarcaba. Para ello nos acercamos a un análisis de discurso más deductivo basados en el trabajo teórico de Ball (1993), pues nos permitía articular lo que observábamos en la escuela con el contexto sociohistórico de la política educativa chilena. Analizamos los discursos macro de la política a partir de fuentes secundarias, identificando tres discursos centrales presentes en las escuelas cuando los actores se referían a la política educativa: el discurso del mercado educativo, el discurso de la mejora de la eficacia escolar y el discurso de la rendición de cuentas. También nos resultó útil comprender nuestro hallazgo "la escuela en la UCI" a partir de la teoría sobre las metáforas de Lakoff y Johnson (1995), desde la cual orientamos el análisis y el terreno en la exploración del potencial analítico de la metáfora médica (UCI) para comprender la cotidianidad de la vida escolar (Hass y Lakoff, 2009). De esta forma fuimos sofisticando nuestros análisis en la medida en que íbamos incorporando marcos teóricos y analíticos. Así, consideramos que esta metáfora significaba y traducía la política educativa de la que era objeto la escuela. En este proceso elaboramos dos categorías centrales:

1) *El tránsito desde el diagnóstico externo al autodiagnóstico*, que refiere a los significados en torno a los diagnósticos que las comunidades escolares perciben que otros realizan sobre ellos y cómo estos diagnósticos externos se relacionan con la forma en que ellos definen sus propios problemas o se autodiagnostican.
2) *El tratamiento y monitoreo*, que refiere a los significados asociados a las soluciones de las problemáticas que otros y la propia comunidad educativa generan.

La necesidad de vincular la etnografía con el marco de la política mostraba el límite de intentar comprender la cotidianeidad de la vida escolar solo desde esa misma cotidianeidad, sin considerar que esta es parte de procesos socio-históricos mayores, por ejemplo las políticas educativas del nivel nacional, que restringen y condicionan las posibilidades de sentir, hacer y pensar de una comunidad escolar. Integrar elementos históricos y teóricos al análisis de lo que observábamos en terreno nos permitió reenfocar tanto el terreno como el análisis, despejando algunas interpretaciones voluntaristas respecto a la capacidad de agencia de la comunidad escolar. De esta forma se hizo presente la advertencia de Ball (1993) con respecto a no perder de vista los discursos de la "macro" política. Esto parecía congruente con el planteamiento de Elsie Rockwell (2009), sobre la necesidad de incorporar la teoría y el contexto histórico a la interpretación de la cultura.

Fue así como ordenamos el análisis en torno a las categorías de diagnóstico y tratamiento, lo que permitió la emergencia de tres hallazgos durante este segundo año. Por un lado, afirmamos que las comunidades escolares significaban los diagnósticos que hace la política como excesivamente generales, no logrando observar la complejidad de su cotidianeidad escolar. Junto con ello, que en esta cotidianeidad se vive una paradoja en torno a los estudiantes, pues son significados, por una parte, como deseados, por conllevar mayores recursos –dada la focalización de recursos que hace la política en estudiantes con dificultades económicas y cognitivas–; sin embargo, por otra parte, son rechazados por ser responsables de la fuga de matrícula de los "buenos" estudiantes y la consecuente dificultad de la enseñanza. También encontramos que las comunidades escolares reconocían la necesidad de recibir "medicamentos", pero que criticaban la intervención excesiva a la que estaban sometidas. Lo hasta aquí expuesto lo elaboramos en el artículo "La traducción de los discursos de la política educativa en la cotidianidad de dos escuelas municipales chilenas: la metáfora médica como vía de análisis" (Acuña, Assaél, Contreras y Peralta, 2014).

En cuanto a nuestro trabajo en terreno, si bien habíamos logrado salvar las desconfianzas iniciales con docentes y directivos, aún constatábamos que existía cierta distancia con los docentes. Lo atribuíamos al problema de la entrada o el acceso al campo que, tal como Paul Atkinson y Martyn Hammersley (2007) han descrito, puede generar rudas sorpresas. Básicamente, nuestro acceso había sido completamente el opuesto al descrito por Erving Goffman (1989), quien recomendaba que al realizar trabajo de campo uno siempre se debe mover "desde abajo" hacia "arriba"; es decir, desde quienes están en una posición de subordinación hacia los que tienen una de mayor poder. Su argumento descansaba en que "los de arriba" siempre iban a entender que uno estaba estudiando a "los de abajo", pero que los de abajo, si uno viene desde arriba, lo etiquetarían a uno como soplón o *sapo*[3]. Esto fue exactamente lo que nos pasó con los docentes al estar nuestra entrada construida desde los equipos directivos. Por lo mismo, a mediados del año 2013 decidimos hacer entrevistas etnográficas (Guber, 2011) especialmente con profesores, cuyo objetivo era profundizar nuestros vínculos de confianza con ellos. Con una pauta muy flexible, lo que hicimos fue preguntarles por su historia de vida, su trayectoria como docentes y su llegada a la escuela, buscando con esta conversación más personal lograr fortalecer los vínculos de confianza entre ellos y el equipo.

Este uso de la entrevista etnográfica con un doble fin, construcción de vínculo de confianza y producción de conocimiento, era novedosa para el equipo. En los estudios de casos las entrevistas estaban orientadas fundamentalmente a la producción de conocimiento sobre las políticas educativas, a tratar de entender el punto de vista de los actores sobre las políticas. En el contexto de la etnografía emergía una nueva preocupación: fortalecer los vínculos de confianza como una manera de conocer con mayor profundidad la cotidianeidad de la vida escolar. La lectura de Elsie Rockwell (2009) y Rosana Guber (2011) fue muy útil para comprender la importancia de la construcción de vínculos sociales con el otro para la investigación etnográfica. Tal como señalan estas autoras, los vínculos de confianza dificultan que el proceso de objetivación del otro se solidifique a tal punto que pierda su complejidad; esto es, evita caer en el peligro de reificar al otro abstrayendo sus propiedades humanas, observando la cotidianidad escolar como algo externo e independiente de los sujetos que día a día le dan vida. Así, sucede que, con algunos actores escolares, como nos ocurrió en ambas escuelas, se comienza a construir vínculos más y más estrechos, posibilitando el acceso al conocimiento de aquello que no se dice en público,

---

[3]   Cabe mencionar los significados que carga, en la cultura popular chilena, el término "sapo". Hace alusión al soplón en general, pero también, en particular, a los soplones que en época de Dictadura denunciaban a sus pares a la policía secreta (DINA), por lo que el término lleva implícita la desconfianza no solo respecto del ser observado, sino también de ser denunciado y, como consecuencia, torturado e incluso desaparecido. De ahí la importancia de desmarcarse de este rol para poder hacer la etnografía.

lo íntimo de la cotidianidad de la vida escolar. Estos vínculos fueron cruciales para acceder a un registro distinto, aquella intimidad donde hallamos las tramas que subyacen a los problemas públicamente declarados, lo cual aporta a su comprensión, aun cuando por razones éticas no hagamos pública aquella intimidad que aporta inteligibilidad.

Nuestro trabajo se iba volviendo más denso y más complejo. Esto fue evidente en el caso del trabajo intensivo que hicimos dentro de los Consejos de Profesores, donde nos enfrentamos al desafío de analizar registros ampliados de forma sistemática. Realizamos dos informes muy completos que consideramos una suerte de descripción densa de estos espacios, buscando encontrar los significados en la trama de la cultura escolar. Describimos el uso del espacio físico, quiénes participaban, la estructura temporal de los consejos, quiénes intervenían, cómo lo hacían y cuáles eran los contenidos, detallando de forma muy exhaustiva lo que allí ocurría. Adicionalmente realizamos un análisis del uso retórico del discurso, identificando las posiciones subjetivas que los principales "hablantes" utilizaban en dicho espacio para hacer valer su opinión. Esto, siempre en el marco de la comprensión de los procesos de traducción de la política que podían ocurrir dentro de los Consejos de Profesores. De esta forma, durante el segundo año, este espacio se convirtió en nuestro microcosmos desde donde observábamos la cotidianidad de la cultura escolar. Ahora bien, los productos finales fueron informes de uso interno del equipo de alrededor de 100 páginas para cada una de las escuelas. La dificultad de transitar desde estos informes al formato del artículo académico es un punto que retomaremos al cierre del capítulo.

Al finalizar este segundo año, y dado que habíamos tenido una buena experiencia el año anterior, volvimos a realizar los talleres de retroalimentación, exponiendo nuestras interpretaciones sobre la realidad de cada escuela. El desafío era problematizar la idea de escuelas moribundas, pues tal como habíamos advertido con el análisis de la metáfora médica, había tensiones en la vida cotidiana más complejas que daban forma a la sensación de estar moribundas. Entre estas estaban los conflictos con las familias y los estudiantes; la sensación de tener una doble tarea, en muchos sentidos contradictoria, expresada en tener que, por un lado, enseñarles a los estudiantes a "ser personas" y, por otro, entregarles "conocimiento"; y también una desafección brutal con el espacio del Consejo de Profesores que hacía inteligible el silencio que habíamos hallado en el primer año. Entrabamos así a nuestro último año de trabajo.

2014: contornos borrosos de la cultura escolar

El último año de la investigación el equipo contaba con una gran cantidad de registros etnográficos, por lo que tomamos la decisión de concentrar nuestras fuerzas en el proceso de análisis y producir información en función justamente de los vacíos que este análisis fuera evidenciando. Explicitamos en las escuelas que nuestros procedimientos de investigación cambiarían este año, pues ya se habían acostumbrado a nuestra presencia semanal. Intuíamos que era importante ir espaciando nuestra presencia en la escuela, como adelantando un proceso de desvinculación.

Al finalizar el segundo año considerábamos que, si bien habíamos excedido los límites de la escuela a través del análisis de los macrodiscursos de la política, aún nos faltaba hacerlo en términos territoriales, por lo que se hizo necesario conocer mejor el barrio donde se situaban las escuelas, su contexto inmediato. Para ello contamos con la colaboración de dos estudiantes en práctica durante 2014, cuya tarea principal fue elaborar un informe sobre la historia del barrio y sobre las percepciones de los vecinos circundantes a la escuela respecto a la misma. Para ello se observó, fotografió y entrevistó a informantes clave del barrio. Junto con ello, a mediados de año y cuando nuestro trabajo de análisis avanzaba con mayor profundidad, emergió la necesidad de integrar a nuestra investigación la voz de dos actores escolares que hasta ahora no habíamos considerado: apoderados y estudiantes. Esto, pues nos parecía clave contar con algunas pistas sobre cómo estos actores comprendían su escuela para poder construir una imagen más compleja de su cultura escolar.

El trabajo con apoderados consistió en la observación y registro de reuniones de apoderados y la realización de grupos focales con ellos. En cambio, el trabajo con los estudiantes fue bastante más original: realizamos talleres de fotoelicitación en dos cursos en cada establecimiento, en uno con estudiantes de 4° y 8° básico, y en el otro con estudiantes de 8° básico y 3° de enseñanza media. Se le pidió a un par de estudiantes que se ofrecieran voluntariamente para tomar fotografías de su escuela con la consigna: "muéstranos tu escuela, lo bueno y lo malo, lo feo y lo bonito, lo que te gusta y lo que no te gusta…". No tenían límites de fotos. Luego de una hora nos juntamos con los estudiantes y les solicitamos que escogieran las diez fotografías que les parecía mejor representaban a su establecimiento. La semana siguiente revelamos estas fotografías para trabajar en grupos de cinco estudiantes. La consigna ahora era: "supongan que llega un estudiante nuevo a la escuela y ustedes quieren que se quede, ¿qué fotos le mostrarían y qué fotos no, y por qué motivo?". Esa conversación fue grabada y finalmente mostraron las fotografías frente al curso, cuestión que no estaba planificada de antemano y que surgió desde ellos mismos.

Este fue el último material producido como equipo. A fines de 2014 realizamos una devolución en formato Power Point de lo que fue el trabajo de investigación durante estos tres años y, a mediados de 2015, un informe para cada escuela con los principales resultados de estos años de trabajo. Nos despedimos y dimos por cerrado el trabajo, quedando, desde el punto de vista del equipo al menos, en buenas relaciones con ambos establecimientos.

El siguiente cuadro sintetiza los datos producidos entre 2012 y 2014:

	2012	2013	2014	Total
Registros ampliados	31	33	2	66
Notas de campo	24	28	9	61
Entrevistas	4	11	7	22
Taller de retroalimentación	5	6	2	13
Taller de fotoelicitación	0	0	4	4

A estas alturas el problema del tiempo prolongado de estudio en un mismo espacio social empezó a cobrar sentido (Rockwell, 2009). No solo se desplazaba nuestro objeto de estudio, sino que además podíamos observar un conjunto novedoso de unidades temporales dentro de la cultura escolar. Por ejemplo, la unidad "año escolar", que va desde el inicio del año escolar (marzo) hasta la salida de vacaciones del cuerpo docente (enero), o aquellas de mayor alcance, como el periodo de gestión de los equipos directivos, o los periodos en que un docente debe "preparar" a un curso con un fin particular, por ejemplo desde primero hasta cuarto básico, "preparándolos" para el SIMCE, o desde primero a cuarto de enseñanza media, "preparándolos" para la Prueba de Selección Universitaria (PSU). También emergieron subunidades de menor duración, como un semestre, una unidad de enseñanza y aprendizaje, una semana, un día especial, como el día del apoderado, una mañana o un momento del día como el recreo. Estas reflexiones nos mostraron cuán anclada estaba nuestra temporalidad al tiempo de los propios actores escolares con los que trabajamos, fundamentalmente directivos y profesores. Esto es en buena medida lo que permite el trabajo etnográfico diacrónico, ir descubriendo obviedades.

Este último año nos alejó como equipo de las relaciones estrechas que construimos con docentes y directivos, y nos acercó a la familia, los estudiantes y algunos vecinos de las escuelas. Fue un proceso muy interesante para problematizar nuestro propio quehacer. La tríada terreno, análisis y teoría dificultó la solidificación de la identidad del equipo. De alguna forma el tiempo, la rutina, el día a día, hacen que las "cosas" que suceden en la institución escolar sean vistas como naturales –"siempre ha sido así", uno suele escuchar–, provocando una suerte de fosilización de la vida escolar. Y nosotros no estábamos ajenos a esta fosilización. Este último año fue, antes que nada, un año de búsqueda de nuevas perspectivas y análisis de los años anteriores, un intento por mantener encendida y cuidar nuestra capacidad de problematizar.

Así, a comienzos del año 2015 decidimos embarcarnos en la escritura de un trabajo más reflexivo sobre algunos incidentes críticos que consideramos habían impactado nuestro trabajo etnográfico. Problematizamos dos elementos: la negociación de la entrada, que ya hemos mencionado, y las posiciones subjetivas atribuidas a los etnógrafos en ambas escuelas. Sobre este último elemento, solo nos gustaría indicar que fue vital para el equipo poder reflexionar sobre la posición de "soplón" o "sapos" y sobre la posición de "voceros" que nos fueron atribuidas con distintos matices en ambas escuelas durante los tres años. Estas etiquetas, tal como indica Goffman (1989), hay que saberlas gestionar, pues empiezan a estabilizarse y solidificarse al ritmo de la vida escolar. La capacidad de agencia que tiene el equipo sobre estas etiquetas y lo que muestran u ocultan, es algo que discutimos con mayor profundidad en el artículo "Construyendo saber etnográfico: reflexión sobre la práctica a partir de la experiencia de campo en instituciones escolares" (Contreras, Assaél, Acuña, Santa Cruz, Campillay y Pujadas, 2016).

En ambos casos, tanto con el problema del acceso como con el de las posiciones atribuidas a nosotros, es importante destacar que en buena medida fue una vez finalizado el terreno que tomamos conciencia de que eran problemas altamente informativos sobre la cotidianeidad de la vida escolar misma. Intuitivamente, actuamos con diversos dispositivos para movilizar estos problemas, pero es desde la reflexión *a posteriori* que podemos hablar acerca de la relevancia que tiene desarrollar estrategias específicas para entrar a una institución escolar y construir dispositivos que permitan reflexionar y movilizar las etnocategorías atribuidas a uno, pues estas son intentos de objetivación de los etnógrafos por parte de la cultura escolar que pueden tener grandes consecuencias en la lectura que estos hacen de la misma cultura.

La escritura etnográfica en tiempos de rendición de cuentas

A modo de cierre, nos gustaría reflexionar brevemente sobre el problema de la escritura que ha enfrentado el equipo. Dos elementos nos han llamado profundamente la atención respecto al quehacer etnográfico propiamente tal. El primero, vivido con similar intensidad en la década de los años 1980 por la coordinadora de equipo, es la abundancia en la producción de información. No es solo la cantidad, sino además la variedad de información producida: entre notas de campo, registros ampliados, entrevistas más o menos formales, talleres de retroalimentación, grupos focales y el trabajo con fotografías. Acopiamos un conjunto riquísimo de información que no fuimos capaces de procesar y analizar del todo. Contamos con entrevistas transcritas que nunca hemos analizado como equipo, registros que nunca hemos leído en conjunto. Y esto no debiera sorprender, pues en nuestras reuniones semanales de análisis de cuatro horas (que el año 2013 aumentaron a ocho horas), apenas alcanzábamos a leer la nota de campo y registro de una escuela. Durante estos tres años sentimos que el terreno y la producción de datos iban a un ritmo mayor que la capacidad del equipo de procesar lo que se producía en terreno. Por eso el año 2014 intentamos ir más lento, con el análisis por delante y, pese a ello, terminamos produciendo nueva y variada información que también, en gran medida, solo analizamos superficialmente. Tal abundancia de material de terreno dificultó nuestra capacidad de sistematizar, analizar y escribir sobre estos.

El otro aspecto con que conectamos el problema de la escritura es el soporte de la misma. Escribiendo para nosotros, como lo hicimos en los informes internos, podíamos desplegar una descripción bastante exhaustiva, al menos con un tipo de información como los registros ampliados. Ahora bien, los fondos que financiaban nuestra investigación traían aparejados compromisos de producción de artículos de divulgación académica. Así, frente a la disyuntiva entre concentrarnos en redactar reportes descriptivos de cada escuela o escribir los artículos que nuestras fuentes de financiamiento demandaban, decidimos cumplir con nuestros compromisos y, de esa manera, actuar en función de la rendición de cuentas a la que el propio equipo se encontraba sometido. Esto significó una merma en la capacidad de elaborar una descripción densa más completa de los tres años, pues los artículos, por su propia estructura, obligaban a escoger ciertos elementos donde focalizar la mirada y el análisis. De esta forma, el dispositivo artículo encuadró nuestro proceso analítico al circunscribir a sus parámetros nuestro quehacer.

Visto en perspectiva, es muy interesante notar la forma en que aquello que estábamos estudiando emergió con fuerza en nuestra propia microcultura como equipo de investigación. La política de financiamiento de los fondos que permitieron la existencia de estos tres años canalizó nuestras potencialidades analíticas y escriturales. Al igual que las escuelas, podíamos quejarnos o reflexionar sobre estos límites, pero en la práctica cumplimos con lo que se nos pedía. Quizás por temor a perder el financiamiento, quizás porque la lógica del artículo comienza a hacer sentido en nosotros, el punto es que, tal como las escuelas, que significaban a los estudiantes prioritarios e integrados como algo positivo por permitirles mayores ingresos y negativo por alentar la fuga de los "buenos" estudiantes, nuestro equipo de investigación empezó a significar a los artículos como algo positivo para continuar en el juego de los fondos y negativo por impedirnos desplegar nuestras potencialidades de descripción etnográfica.

Lo aquí expuesto es un problema abierto, que comenzamos a reflexionar. Creemos que, en el contexto actual, donde la producción académica está vinculada fuertemente a la producción de artículos, preferiblemente en inglés, es difícil desplegar la densidad narrativa de la descripción etnográfica que junto con Geertz (2005) y Rockwell (2009) compartimos. Nuestra pregunta es ¿qué consecuencias tiene para el quehacer etnográfico la cultura del artículo? Si la escritura es fundamental en el quehacer etnográfico, ¿cómo se escribe en esta cultura del artículo? ¿Llegó el tiempo de dejar la estela de las novelas y empezar a pensar desde el cuento corto? Y si así fuera, ¿cómo impacta esta cultura del artículo en el propio quehacer etnográfico? Nosotros seguimos haciendo etnografía sometidos a una serie de constricciones, entre las que se encuentra el financiamiento condicionado a un tipo específico de producción textual, que intentamos problematizar.

Referencias

ACUÑA F., ASSAÉL J., CONTRERAS P. y PERALTA B. (2014). La traducción de los discursos de la política educativa en la cotidianeidad de dos escuelas municipales chilenas: La metáfora médica como vía de análisis. *Psicoperspectivas*, *13*(1), 46-55.

ASSAÉL J., ACUÑA F., CONTRERAS P. y CORBALÁN F. (2014). Transformaciones en la cultura escolar en el marco de la implementación de políticas de *accountability* en Chile. *Estudios Pedagógicos*, *40*(2), 7-26.

ASSAÉL J., CONTRERAS P., CORBALÁN F., PALMA E., CAMPOS J., SISTO V. y REDONDO J. (2011). Ley SEP en escuelas municipales emergentes: ¿cambios en la identidad docente? *Revista de Pedagogía Crítica Paulo Freire*, *11*, 219-230.

ASSAÉL J., CONTRERAS P., CORBALÁN F. y REDONDO J. (2010). *Cambio en el rol docente*. Ponencia presentada en la jornada Formación Docente y Cambio Cultural, Universidad Arturo Prat, 3 y 4 de noviembre de 2010. Recuperado de www.facso.uchile.cl/psicologia/epe/_documentos/GT_cultura_escolar_politica_educativa/publicaciones/assaelcontrerascorbalanyredondo(2010)sepycambioenelroldocente.pdf

ASSAÉL J., REDONDO J., SISTO V., CONTRERAS P., CORBALÁN F., INZUNZA J. (2009). Procesos de implementación de la Ley de Subvención Escolar Preferencial en escuelas municipales emergentes vulnerables de la Región Metropolitana: estudio de casos. Informe de resultados. Fondo VID-CIAE, Universidad de Chile. [No publicado].

ATKINSON P. y HAMMERSLEY M. (2007). *Ethnography. Principles in practice*. (3ª edición). London: Routledge.

BALL S. J. (1993). What is policy? Texts, trajectories and toolboxes. *Discourse*, *13*(2), 10-17.

Ball S. J., Maguire M. y Braun A. (2012). *How schools do policy. Policy enactments in secondary schools*. New York: Routledge.

Bernstein B. (1994). *La estructura del discurso pedagógico*. Madrid: Morata.

Contreras P., Assaél J., Acuña F., Santa Cruz E., Campillay B. y Pujadas B. (2016). Construyendo saber etnográfico: reflexión sobre la práctica a partir de la experiencia de campo en instituciones escolares. *Athenea Digital*, 16(3), 55-79. DOI: 105565/REV/ ATHENEA.1629.

Fullan M. (2002). El significado del cambio educativo: un cuarto de siglo de aprendizaje. *Profesorado, revista de currículum y formación del profesorado, 6*(1-2).

Geertz C. (2005). *La interpretación de las culturas*. Barcelona: Gedisa.

Goffman E. (1989). On fieldwork. *Journal of contemporary ethnography, 18*(2), pp. 123-132.

Guber R. (2011). *La etnografía. Método, campo y reflexividad*. Buenos Aires: Siglo XXI.

Haas E. y G. Lakoff. (2009). Marcos, metáforas y políticas educativas. En M. Pini (ed.), *Discurso y educación: herramientas para un análisis crítico* (pp. 174-189). Buenos Aires, Argentina: Unsamedita.

Heller A. (1987). *Sociología de la vida cotidiana*. Barcelona: Ediciones Península.

Lakoff G., Johnson M. (1995). *Metáforas de la vida cotidiana*. Madrid: Cátedra.

Rizvi F. y Lingard B. (2013). *Globalizing education policy*. London: Routledge.

Rockwell E. (2009). *La experiencia etnográfica. Historia y cultura en los procesos educativos*. Buenos Aires: Paidós.

Strauss A. y Corbin J. (2002). *Bases de la investigación cualitativa. Técnicas y procedimientos para desarrollar la teoría fundamentada*. Medellín: Editorial Universidad de Antioquia.

Subirats J., Knoepfel P., Larrue C. y Varone F. (2012). *Análisis y gestión de políticas públicas*. Madrid: Ariel.

Reseña de los autores

Felipe Acuña Ruz. Antropólogo Social y Magister en Psicología Educacional por la Universidad de Chile. Actualmente se encuentra realizando un doctorado en el Instituto de Educación de *University College of London*, en Renio Unido. Sus temas de investigación se relacionan con las subjetividades e identidades que permite el espacio escolar; las formas en que en este espacio se produce y traduce política educativa; y las posibilidades de imaginar otros modos de organizar este espacio.

Jenny Assaél Budnik. Psicóloga. Académica Departamento de Psicología, Facultad de Ciencias Sociales, Universidad de Chile, y miembro del Observatorio Chileno de Políticas Educativas (opech). Posee vasta experiencia en investigación etnográfica. Actualmente trabaja temas relacionados con políticas educativas, trabajo docente y cultura escolar. Desde el año 2000 es Investigadora de la Red Latinoamericana sobre Estudios de Trabajo docente estrado y de los grupos de trabajo del Consejo Latinoamericano de Ciencias Sociales clacso "Educación, Trabajo y Exclusión"; "Políticas Educativas y Desigualdad en América Latina y el Caribe" y "Políticas educativas y derecho a la Educación en América Latina y el Caribe".

Carlos Calvo Muñoz. Educador con estudios formales en Filosofía, Educación y Antropología. Académico del Departamento de Educación de la Universidad de La Serena. Observador de los procesos educativos informales que lo motivaron a investigar los procesos etnoeducativos, la teoría del caos y la complejidad. La conjunción sinérgica entre ellos le permitió desarrollar una propuesta educativa diferente a la escolarizada predominante en el sistema escolar. La docencia e investigación etnográfica le permiten sustentar que la propensión a aprender, negada por prácticas escolares inadecuadas y convertida en privación cultural, puede revertirse gracias a la intervención intencionada de un(a) mediador(a).

Ramiro Catalán Pesce. Antropólogo Social de la Universidad de Chile, Magister en Estudios Latinoamericanos y Doctor en Antropología por la Universidad Complutense de Madrid. Investigador del Centro de Investigación en Educación Inclusiva de la Universidad Católica de Valparaíso. Ha realizado diversas investigaciones en el ámbito de la educación, específicamente desarrollando etnografía escolar en temáticas vinculadas al uso de las nuevas tecnologías, la interculturalidad y la ciudadanía en comunidades escolares.

Paulina Contreras Leiva. Psicóloga y Magíster en Psicología Educacional de la Universidad de Chile. Investigadora del Equipo de Política Educativa y Cultura Escolar del Departamento de Psicología del Universidad de Chile. Ha investigado los efectos de las políticas de rendición de cuentas, dispositivos de evaluación nacional, asesoría a instituciones escolares y etnografía escolar en Chile.

Sofía Druker-Ibáñez, Antropóloga, Magíster en Antropología en Estudios Andinos y Dra. © en Antropología Social por la Universidad de Manchester, UKA. Ha trabajado como investigadora en el ámbito del desarrollo productivo campesino, ha estudiado el fenómeno de la migración del pueblo aymara en la región de Arica y Parinacota, el saber pedagógico en la práctica docente en escuelas de distintas regiones y las percepciones sobre aprendizaje y educación que tienen familias de nuestros pueblos originarios.

Pablo Herraz Mardones. Magister© en Filosofía por la Universidad de Chile y psicólogo de la Pontificia Universidad Católica de Chile. Co-investigador del Centro de estudios interculturales e indígenas CIIR, Pontifica Universidad Católica de Chile. Investigador plataforma interdisciplinaria de investigación "Normalidad, Diferencia y Educación" NDE. Sus intereses han estado por una parte en el estudio filosófico de la relación entre violencia y política; y por otra, en temáticas de poder, autoridad, así como la producción de la normalidad y las diferencias culturales en el espacio educativo.

Minka Herrera Barraza. Educadora de Párvulos y Escolares iniciales, candidata a Magíster en Psicología Educacional de la Universidad de Chile. Su trabajo de investigación ha estado centrado en el aprendizaje, en un inicio, en niños escolares y actualmente en jóvenes y sus prácticas mediáticas en la escuela. Ha publicado un artículo relacionado con el aprendizaje, prácticas pedagógicas, producción mediática y etnografía. Es ayudante de investigación del proyecto FONDECYT "Alfabetizaciones mediáticas y aprendizajes situados".

FELIPE HIDALGO KAWADA. Profesor de Educación Física y Magíster en Psicología Educacional por la Universidad de Chile. Actualmente, es docente del Departamento de Estudios Pedagógicos de la Universidad de Chile; de la Escuela de Educación en Ciencias del Movimiento y Deportes de la Universidad Católica Silva Henríquez y; del Departamento de Formación Pedagógica de la Universidad Metropolitana de Ciencias de la Educación. Sus áreas de investigación han estado vinculadas con el trabajo docente y los procesos de configuración de subjetividades y corporeidades en el contexto educativo.

NOLFA IBÁÑEZ SALGADO. Doctora en Educación. Profesora Titular de la Universidad Metropolitana de Ciencias de la Educación, donde dirige el Doctorado en Educación. Sus líneas de investigación abarcan el ámbito de las emociones en el aula, la diversidad en la construcción de mundo, el saber pedagógico y la interculturalidad. Su interés principal es visibilizar la importancia de la atención pedagógica a la diversidad en el aula, tanto en la formación como en la práctica docente, entendiendo que esta diversidad es condición de la situación educativa y que corresponde a modos distintos de convivencia , distintas construcciones de mundo, por lo que es siempre legítima.

JOSÉ ANDRÉS ISLA MADARIAGA. Antropólogo, Magister en Antropología de la Escuela de Altos Estudios en Ciencias Sociales (EHESS - Paris), Candidato a Doctor en Antropología de la Escuela de Altos Estudios en Ciencias Sociales (EHESS - Paris). Profesor del Departamento de Antropología de la Universidad de Chile y miembro del "Núcleo de Teoría Etnográfica". Sus temas de investigación se relacionan con los Métodos de Investigación Social, la Antropología Política y la Etnología Mapuche.

LAURA LUNA FIGUEROA. Doctora en Antropología Social por la Universidad de Manchester y profesora asociada del Campus Villarrica de la Pontificia Universidad Católica de Chile. Investigadora Adjunta del Centro de Estudios Interculturales e Indígenas (CIIR). Sus principales áreas de investigación son: diversidad, inclusión, interculturalidad en educación que ha abordado principalmente mediante etnografías escolares. También ha cultivado un especial interés por los procesos educativos e identitarios en contextos indígenas, particularmente mapuche.

CLAUDIA MATUS CÁNOVAS. Ph.D en Educación de la Universidad de Illinois, Estados Unidos. Actualmente es Profesora Asociada y Directora de Investigación de la Facultad de Educación de la Pontificia Universidad Católica de Chile. Sus publicaciones están orientadas a problematizar temas como la normalidad, la diferencia y las políticas de producción de conocimiento en las universidades. Sus áreas prioritarias de investigación son el tiempo, el espacio, las subjetividades y los discursos. Su más reciente publicación es "Imagining Space and Time in Universities: Bodies in Motion" publicado en Palgrave, Estados Unidos.

CAROLINA ROJAS LASCH. Doctora en Sociología de l'École des Hautes Études en Sciences Sociales-Paris. Docente en la Facultad de Educación y en el Programa de Antropología de la Pontificia Universidad Católica de Chile. Su trabajo se orienta al estudio etnográfico de las políticas y las prácticas de tratamiento de las desigualdades y de las diferencias socioculturales en contexto neoliberal. Co-investigadora proyecto FONDECYT Regular y miembro de la plataforma de investigación interdisciplinaria Normalidad, Diferencia y Educación-NDE (www.nde.cl).

EDUARDO SANTA CRUZ GRAU. Sociólogo y Doctor en Educación por la Universidad de Granada. Es investigador posdoctoral del Centro de Investigaciones Avanzadas en Educación (CIAE) de la Universidad de Chile y del Programa Interdisciplinario de Investigaciones en Educación (PIIE). Ha trabajado en España y Chile sobre privatización y políticas de rendición de cuentas, elección de centro, mediatización y procesos de *enacment* de la Reforma Educativa.

ANDREA VALDIVIA BARRIOS. Antropóloga social y doctora en educación. Es académica y directora de investigación del Instituto de Comunicación en Imagen de la Universidad de Chile. Su trabajo de investigación se inscribe en el campo de la comunicación-educación, centrado en el aprendizaje, las identidades y las prácticas mediáticas de jóvenes. Ha publicado sobre temas relacionados con alfabetización, prácticas pedagógicas, producción mediática, etnografía e interculturalidad. Actualmente, además de ser la investigadora responsable del proyecto Etnografía Escolar en Chile, Iniciativa Bicentenario, conduce una investigación etnográfica sobre aprendizajes y producciones mediáticas de jóvenes secundarios.